行政手続の理論と実務
デジタル社会を見据えて

橋本 博之
日本行政書士会連合会
編

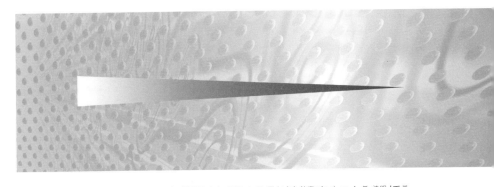

橋本 博之 Hiroyuki Hashimoto
明治大学専門職大学院法務研究科教授

山田 洋 Hiroshi Yamada
一橋大学名誉教授

米丸 恒治 Tsuneharu Yonemaru
専修大学大学院法務研究科教授

川合 敏樹 Toshiki Kawai
國學院大學法学部教授

大江 裕幸 Hiroyuki Oe
東北大学大学院法学研究科教授

清水 晶紀 Akinori Shimizu
福島大学行政政策学類准教授

清水 知佳 Chika Shimizu
駿河台大学法学部准教授

伊藤 智基 Tomoki Ito
山梨県立大学国際政策学部准教授

穴沢 大輔 Daisuke Anazawa
明治学院大学法学部教授

常住 豊 Yutaka Tsunezumi
会長

金沢 和則 Kazunori Kanazawa
副会長

平岡 康弘 Yasuhiro Hiraoka
副会長

田後 隆二 Ryuji Tago
専務理事

関口 隆夫 Takao Sekiguchi
専務理事

関谷 一和 Kazuto Sekiya
常任理事・デジタル推進本部長

大塚 謙二 Kenji Otsuka
常任理事、行政書士制度調査室長

徳永 浩 Hiroshi Tokunaga
理事、行政書士制度調査室副室長

鎌田 惇 Atsushi Kamata
行政書士制度調査室室員

藤原 将史 Masafumi Fujihara
行政書士制度調査室専門員

飯田 森 Shin Iida
行政書士制度調査室専門員、国士舘大学法学部助教

日本評論社

巻頭言

　社会・経済におけるデジタル化の進展は、わが国の行政手続の在り方に大きな変革をもたらすとともに、対応が必要な多くの法的課題を生じさせている。本書は、学界の第一線にある行政法学・刑事法学の研究者と、行政手続実務の専門職として豊富な知識経験をもつ行政書士が集結し、デジタル社会における行政手続の理論と実務を統一テーマに掲げた論文集である。

　本書の執筆者は、「行政書士制度に関する研究会」の構成員として、研究活動を行っている。行政手続に関する法学的研究は、法制度の基幹となる行政手続法・行政不服審査法の実定法学的分析を柱としつつ、手続のオンライン化・デジタル化に対応した論点を抽出して組み立てられることが多いが、当研究会では、行政手続実務を担う行政書士の参画を得て、多岐にわたる個別法領域と具体的な申請手続の現状を視野に収めた実践的研究に力点が置かれている。さらに、当研究会では、2024年能登半島地震の被災地での対応の検証、海外における行政手続のデジタル化の調査、行政官庁担当職員からのヒアリングなど、座学にとどまらない活動も積極的に行っている。

　本書は、上記研究会の活動の成果の一端として、各執筆者が法学的・法理論的な考察を纏め上げた論攷を持ち寄った、本格的論文集である。出版事情の厳しい折り、このような成果物を公刊できたことについて、研究会を設置する日本行政書士会連合会、強いリーダーシップを持って研究会を先導された同会の常住豊会長に、深甚なる謝意を表する。本書がデジタル社会の在り方に関心を寄せる方々に広く読み継がれ、行政手続の将来像について議論が深められることを念じて止まない。

　2024（令和6）年10月

明治大学専門職大学院教授　橋本 博之

ごあいさつ

　「行政書士制度に関する研究会」は、国民と行政の双方から信頼される専門職であり、今後ますます国民の利便、権利利益の実現に資するための行政書士制度を築くため令和4年に発足しました。

　本研究会には、行政法・刑事法の第一線で活躍されている有識者の皆さまに参加いただき、行政書士制度に有用な学術的、大局的なご意見ご指摘をいただいております。ここでの研究成果を会内狭くに置かず、広く世に出すことが、行政法学研究の場、行政実務の場、そして行政書士個々人にとり有益であると考え、このたびの論文集発刊を企画いたしました。

　研究者である法学者と実務家である行政書士が揃い行政書士制度に関する本格的な論文集を編むのは初の試みですが、ここに所収された論考をお読みいただければ本書の意義を汲み取っていただけると思います。

　本書を形にすることができましたのも、本研究会の座長を引き受けてくださいました明治大学専門職大学院の橋本博之教授をはじめ、ご参加いただいております学識者の先生方のお陰様であると深く感謝しております。

　また、本研究会の幹事として様々に研究活動を支えてくださいました明治大学情報コミュニケーション学部の清水晶紀准教授には、様々に大変お世話になりました。

　本書が、今後発展していく我が国のデジタル社会に薫染し、また日々の行政手続の現場において利活用され、読者皆さまの学術的教養を深める一助となれば幸いに思います。

　　2024（令和6）年10月

日本行政書士会連合会会長　常住　豊

目　次

巻頭言 ……………………………………………………… 橋本 博之　i

ごあいさつ ………………………………………………… 常住　豊　iii

行政手続と公共政策法務
── 「行政手続に関する法律実務」の可能性

……………………………………………… 橋本 博之　1

 I 本稿の主題
 II 行政書士制度の変革と「行政手続に関する法律実務」
 III 行政書士法の目的規定の意義
 IV 行政判例と「行政手続に関する法律実務」
 V おわりに

申請処理手続と事後手続
── 「事前手続と事後手続」再論

……………………………………………… 山田　洋　25

 I はじめに
 II 事前手続と事後手続
 III 事後手続の構造
 IV 許認可等の職権取消し
 V むすびにかえて

行政手続における機械の利用

……………………………………………… 飯田　森　39

 I はじめに
 II 行政手続における機械の利用に係る実務・学界の動向
 III 補助行為における機械の利用
 IV 事実行為における機械の利用
 V 権力的行為における機械の利用
 VI 結びにかえて

申請処理の遅延と「時の裁量」

....清水 晶紀 61

Ⅰ　はじめに

Ⅱ　申請処理の遅延をめぐる手続法的規律

Ⅲ　申請処理の遅延と裁判実務

Ⅳ　申請処理の遅延と「時の裁量」──中野最判の再検討

Ⅴ　結び──デジタル社会と申請処理の遅延

廃棄物処理法における手続的課題
──一般廃棄物処理業に関する計画許可制度をめぐって

....川合 敏樹 79

Ⅰ　はじめに

Ⅱ　一廃処理業に関する規制の仕組み

Ⅲ　計画許可制度と審査基準との関係

Ⅳ　おわりに

自治体情報システムの標準化と地方自治

....清水 知佳 95

Ⅰ　はじめに

Ⅱ　自治体情報システムの標準化に至る歴史的経緯

Ⅲ　標準化法の基本枠組みとその特徴

Ⅳ　結び

行政手続法・行政手続条例の適用場面と手続の瑕疵
──若干の行政不服審査答申例・裁決例を概観して

....鎌田　惇 115

Ⅰ　はじめに

Ⅱ　国・地方公共団体の行政手続法制

Ⅲ　「要綱」による処分と行政手続法制

Ⅳ　「一般処分」と行政手続法制

Ⅴ　結びに代えて

裁決にみる判断過程審査に関するおぼえがき

....藤原 将史 133

 I はじめに

 II 行政不服審査制度について ── 行政不服審査制度の二面性

 III 判断過程審査について

 IV 裁決の検討

 V おわりに

法律に強く、法律を使おうとする行政書士像

── 審査基準・ガイドラインに拘泥することなく、国民の権利利益を実現する
 行政書士とは

....伊藤 智基 157

 I はじめに

 II 考察の手がかり

 III 法律に強く、法律を使おうとする行政書士

 IV 行政書士であれば本来ここまでできるはず

 V 身に付けるべき法的素養

 VI 想定される疑問とそれに対する回答

 VII おわりに

AI技術の発展と行政書士業務への影響・課題

....米丸 恒治 173

 I AI技術の発展 ── 特に生成AIの現状に限定して

 II AIの利用と士業への影響 ── 弁護士業務を例に

 III 行政書士業務をめぐるAIの利用

 IV おわりに

行政書士法19条1項違反の罰則について

──「報酬を得て」という文言をめぐって

....穴沢 大輔 193

 I はじめに

 II 弁護士法違反と司法書士法違反

 III 「事実証明に関する書類」について

 IV 行政書士法19条違反について ── 改正の方向性

 V おわりに

あとがき……………………………………………………徳永　浩　209

参考資料…………………………………………………………………211

執筆者一覧………………………………………………………………218

行政手続と公共政策法務
―― 「行政手続に関する法律実務」の可能性 ――

橋本　博之

I　本稿の主題

　行政法学の泰斗として知られる兼子仁博士は、実体法と対置される「手続法的観点」に立脚した行政法体系を主唱する[1]一方、「行政法学的」な「逐条研究書」として、行政書士法に係る本格的コンメンタールを単著として刊行し、その改訂を継続している[2]。同書において、兼子博士は、行政書士法を「行政組織法と行政作用法とにまたがる行政法の一般法律」と位置付けて

---

[1] 兼子仁「行政法学における手続法の概念」兼子仁・磯部力編『手続的行政法学の理論』（勁草書房、1995年）3頁以下は、兼子博士による「手続的行政法学」の理論的骨格を提示する重要論文である。同論文は、1993年の行政手続法制定という機会をとらえ、行政法学における「手続法」の理論的意味を吟味し直すものとして、兼子博士自らの還暦記念論文集の巻頭に置かれる。兼子博士は、同論文の「序説」において、処女作である『行政行為の公定力の理論』（東京大学出版会、1961年）の刊行と並ぶ「学問人生の節目」において、「再びそして今日的に、行政法学における『手続法と実体法の区別』の必須性を論じようとする」と記し、事前手続の一般法である行政手続法の登場により、手続的行政法学が「可視的な手続制度の法としてのみ捉えられ」ることを危惧し、真に手続法的観点に照らした行政法学構築の必要性を力説する。そして、民事法・刑事法の本質的構造要因たる実体法と手続法の区別について、かつての行政行為論、より現代的な行政過程論の双方において「混淆」が内在していることを徹底的に批判し、行政と国民の間に生じうる法的紛争解決に係る決定権限如何に目を向ける「手続法的観点」を基軸とする行政法学の必要性を説く（行政活動の内容に関する実体法は、「各個別行政ごとに特有な法理」として、「個別法」の内容になる）。兼子説によるなら、行政処分（とりわけ「公定力」と呼ばれる法的現象）は国民と行政主体の法的紛争を裁判判決前に（仮に）解決する手続として理解されるであろうし（モーリス・オーリウのいう「裁判手続と結合」した「予先的決定」に類比されよう）、行政手続法の解釈論についても、申請制度、（申請と関連する）行政指導等の全体について、行政処分に連結する手続と再構築して理論的に捉えることになる。

[2] 兼子仁『行政書士法コンメンタール』（北樹出版、2004年初版、2005年新版、2024年新14版、以下新14版で引用）。

その「体系的・条理的法解釈」を行い、「将来の確認改正立法を地ならし的に準備する意味合い」を含めた「逐条研究」を展開する[3]。兼子博士は、行政書士法の重要性を、行政書士が「弁護士と並ぶ一般法律専門職」であり、かつ、「行政手続」専門職であり、電子申請システムの担い手であることから帰納している[4]。

　兼子学説は、行政法と特殊法の並置を謳うが、行政書士法が特殊法ではなく「行政法の一般法律」に位置付けられることは、わが国の地方行政制度に根差し、行政処分法制の柱である「行政手続」に係る法律専門職たる行政書士に対する兼子博士の認識をよく示す。その一方、理論的にも法制的にも行政処分法制と抗告訴訟制度が分かち難く結びついていることから、行政救済という側面で、行政書士法は、弁護士法72条等による「業際問題」の議論を生起し易い。本稿は、このような「業際問題」に立ち入ることはせず[5]、また、行政書士による権利義務・事実証明に関連する業務についても直接の考察対象から外したうえで、行政書士法1条にいう「行政に関する手続の円滑な実施に寄与」し、「国民の権利利益の実現に資する」法律実務とは何か、「行政手続」に係る一般的法律専門職の在りようを念頭に考察する。このことは、行政書士と法学研究者がともに研究業績を発表するという本書の趣旨に照らし、行政手続法が制定されて30年が経過し、事前手続としての行政手続法・行政手続条例が行政実務に定着する一方、行政手続のオンライン化・申請等のデジタル化に係る実定法制化が急速に進展する中[6]、事後手続を含む行政手続に関する法律実務全般のあり方を理論的に検討することが、とりわけ行政法学の観点から重要な今日的課題であるとの認識に基づく[7]。

---

[3]　兼子・前掲書（注2）12頁以下。本稿もまた、行政書士法の将来像を見据えて、「立法の地ならし」に資すべく執筆された。なお、行政法体系書として行政書士制度に触れるものとして、宇賀克也『行政法概説Ⅰ〔第8版〕』（有斐閣、2023年）92頁。

[4]　兼子・前掲書（注2）3頁以下。同箇所では、行政書士について、「民事書類づくりの専門資格者」であることも併せて説明されていることは言うまでもない。

[5]　弁護士法との関係では、「一般の法律事件」に係る「法律事務」を業とすることが罰則をもって禁じられていることは明白であり、そのことに尽きる。

[6]　2023（令和5）年法律63号による情報通信技術を活用した行政の推進等に関する法律（デジタル行政手続法）改正を解説する文献として、巽智彦「デジタル社会における行政手続」法学教室517号（2023年）10頁以下。

以下、本稿では、かねてより筆者が主張する公共政策法務[8]の一環として「行政手続に関する法律実務」を想定し、行政書士法と行政手続法・行政不服審査法の関係性を踏まえた実定法の構造、行政判例に見られる行政手続的要素の広がりという2つの角度から、その内容につき検討を進める。

Ⅱ　行政書士制度の変革と「行政手続に関する法律実務」

今世紀初頭のわが国では、にわかに勢いを得た「司法制度改革」なる掛け声の下、一連の法改正がなされた。この平成司法制度改革期における行政書士制度に関わる重要な法改正として、2001（平成13）年法律77号による行政書士法1条の3の改正と、2003（平成15）年法律128号による弁護士法72条ただし書の改正がある。前者により行政書士業務として契約締結代理・相談が明記される一方、「他の法律においてその業務を行うことが制限されている事項」が除かれるとされ、後者では同ただし書きに「又は他の法律」との文言が加えられ、1998年に成立していた債権管理回収業に関する特別措置法（サービサー法）[9]等と並んで、行政書士法を改正することで罰則をもって禁じられる非弁行為の例外を設定する立法論的可能性が生じた。平成司法制度改革において、行政書士を含む隣接法律専門職種の位置付けにつき、規制改革的なベクトルでの議論がされたことの帰結と評される。

7　今般、行政手続のデジタル化、より一般的に「デジタル社会」において機能を発揮するべく、行政書士法改正に向けた検討が進められると側聞するところである。行政書士制度に係る戦略的な法改正、わが国における申請制度の変化を正しく予測し、一歩先を見据えて、デジタル社会における「国民の権利利益の実現」に資する行政書士法改正の実現が期待される。

8　筆者の「公共政策法務」という考え方については、参照、橋本博之「特定行政書士の可能性」月刊日本行政572号（2020年）3頁以下。

9　サービサー法には、許可の消極要件として「常務に従事する取締役のうちにその職務を公正かつ的確に遂行することができる知識及び経験を有する弁護士のない株式会社」（5条4号）が置かれ、「当該取締役がその所属する弁護士会の推薦を受けた者であるとき」には上記要件をクリアできる仕組みが定められている（6条2項）。所属弁護士会の「推薦」（それ以外は法務大臣による日本弁護士連合会への義務的意見聴取）により、弁護士法72条の例外につき弁護士側が関与し能力担保を図る制度的仕組みである。筆者は、同法制定当時、日弁連の嘱託弁護士からの依頼により、弁護士会の「推薦」につき紛争が生じた場合の解釈論（処分性の有無、訴訟類型選択等）に係る議論に参画したことがある。

その後、2008（平成20）年法律3号による行政書士法1条の3第1号の改正により、不利益処分に係る聴聞・弁明の機会の付与の手続その他の意見陳述手続の代理業務が付け加えられる。この改正条文については、官公署に提出する書類の「受理」に関して行われる意見陳述手続という通常の行政手続法の解釈論では理解の難しい法概念が用いられていること、そもそも聴聞等の手続段階では国民（不利益処分の名あて人となるべき者）と行政機関との間で法律上の争訟たる紛争事件が生じているとは言えず、改正前から行政書士が合法にすることが可能な業務につき「確認立法化」したにとどまるのではないかとの評価等、それ自体として論争的なものを含んでいる[10]。しかしながら、不利益処分に係る意見陳述手続の代理について行政書士の業務であることが明確にされたことは、「行政手続に関する法律事務」の一端につき実定法化が進展した、と評価され得る。

　他方、改正条文において、弁護士法72条に規定する「法律事件に関する法律事務」に該当するものを除くとの規定が置かれたことにより、不利益処分の名あて人となるべき者と行政機関と間に具体的な法的紛争が認められるケースにおいて行政書士による意見陳述手続の代理は禁止される。これは、意見陳述手続について、行政書士には法律専門性の能力担保に欠ける部分があり、「法律事件に関する法律実務」すなわち法的紛争性のある案件の代理につき弁護士の業務独占を崩すことはできない、との趣旨を示す。他方で、不利益処分の事前手続としての意見陳述手続は当該行政手続の当事者である国民（不利益処分をされるべき者）の手続的権利保障であるという本質から、聴聞等の意見陳述手続の代理業務につき、「法律事件に関する法律実務」とそうでない「法律実務」を峻別する、という立法者意思が示されていることもまた明らかである。このことは、弁護士法にいう「法律事件に関する法律実務」とは別に、本稿に言う「行政手続に関する法律実務」が存在することの裏付けになり、また、行政書士法1条の3第1項1号に規定する「法律事件に関する法律実務」の範囲に係る解釈問題の実在を示す[11]。

　2014年、行政不服審査法の全部改正と同時に行政書士法改正が実現し、一

10　兼子・前掲書（注2）42頁以下。

定の制約はあるものの、行政不服申立てに係る代理業務が法定された。従前、弁護士法72条は、行政書士法による業務につき一般的にこれを制約する立法者意思を示すものであったところ、同条に基づく弁護士の業務独占たる「法律実務」につき同条ただし書きに基づく「他の法律」による例外を設定したことは、法体系上も極めて大きな意義を有すると考えられる。同年の行政不服審査法全部改正については、当初、2008年に法案が閣議決定されて国会に提出されたが、継続審議を経て2009年の衆議院解散により廃案となった。この時の政権交代の結果、新しい法案の作成作業がなされたものの法改正には至らず、2012年の自公連立政権復活後、2008年法案を基本的に維持したものが、行政手続法改正法案、整備法案とともに成立を見た。このように、行政不服審査法全部改正は、基本的に2008年の政府案のまま成立・施行されるが、2014年段階で全く新しく付加されたものが、訴訟に係る不服申立前置を定めた個別法の整理と、特定行政書士制度を創設して行政不服申立の代理を認める行政書士法改正であった。これらが、国民の側から見た行政不服審査の使い勝手の良さを実現すること、行政訴訟と行政不服申立ての「差違」を確保することの正しい反映と評されることは言うまでもない。

　かくして、弁護士法72条が「一般の法律事件」の例示とする「行政庁に対する不服申立事件」について、同条にいう「他の法律」である行政書士法により、非弁護士の取扱い禁止の例外が創設された。特定行政書士制度については、代理の範囲の制約等の法の定め、法定研修制度、現実の機能・役割等面で課題も指摘されるが、制度創設の意義を踏まえて、将来に向かってこれを活かすことが期待される。特定行政書士は、国民・事業者の手続的権利・利益を守ることに加え、行政決定における公正さ・透明性の確保をその業務の目的とし、各種申請手続のデジタル化・オンライン化という現代的要請に制度設計段階からいち早く参画すべきである。

　特定行政書士に係る現在の法的仕組みを前提にすると、特定行政書士によ

11　兼子・前掲書（注2）43頁は、行政書士法1条の3第1項1号かっこ書きの解釈について、「聴聞で予定処分を争わないことや、事実主張のみで法解釈主張をなし得ないと解することは拡張に過ぎており」、「処分根拠法律の違憲無効を唱える訴訟的主張のみが除外されている」との限定解釈を主張する。

る行政不服申立の代理業務の主要領域として想定されるのは、申請制度の下での行政処分に関する争訟案件ということになる。特定行政書士は、申請手続のデジタル化の急速な進展という現状に照らすと、オンライン申請の一般化に対応し、事前・事後の行政手続（申請の処理）全体の専門性を活かし、総務省・デジタル庁等の協力も得ながら、デジタル社会の基幹インフラとなる新しい申請制度全体（許認可のみならず、補助金・助成金等の申請交付等を幅広く含むもの）の「法律実務」の担い手たることが期待される。

Ⅲ　行政書士法の目的規定の意義

　行政不服審査法の全部改正、特定行政書士制度の創設という節目を経た後、行政不服審査法について附則に定められた政府による法施行5年後の見直しが終了し、特定行政書士法定研修についても安定的に推移している。しかしながら、行政不服審査法については法改正ではなく総務省当局による事務取扱ガイドラインの公表等に止まり、特定行政書士についても実際の代理業務に結びつくケースが少ない等の限界が明らかになりつつある。今後、2014年の法改正の趣旨に立ち戻った課題の克服が必要であろう。

　そのような中、2019（令和元）年法律61号による行政書士法改正により、同法1条において、同法の目的に「国民の権利利益の実現に資すること」が明記された。これにより、同法1条は、「この法律は、行政書士の制度を定め、その業務の適正を図ることにより、行政に関する手続の円滑な実施に寄与するとともに国民の利便に資し、もつて国民の権利利益の実現に資することを目的とする」と改められた。「もつて」という規定振りから、行政書士制度の究極の目的が「国民の権利利益の実現に資すること」であることを明確に示す[12]。これは、行政手続法1条1項において、同法の目的が「もって国民の権利利益の保護に資すること」と定めていることを直ちに想起させる。

　行政手続法1条1項は、同法の目的として、①行政運営における公正の確保と透明性の向上、②国民の権利利益の保護の2つを掲げ、「①、もって

---

[12] 地方自治制度研究会編『詳解行政書士法〔第5次改訂版〕』（ぎょうせい、2024年）26頁。

②」という規定振りにより、②が究極の目的であることを示す。上記①についても、行政の意思決定過程における「公正の確保」と「透明性の向上」という2つの要素が含まれており、仮に両者が衝突する場合、②に照らした（②の枠内での）解釈が求められる。加えて、行政運営上のメリットと、国民（広く一般公衆を指すのではなく、行政上の意思決定につき手続上直接の関係性が認められる者をいう）の権利利益の保護が衝突・競合する場合、具体的・特定的な国民の権利利益の手続的保護が優越すると解される。このことは、「行政手続に関する法律事務」の基盤ともなる、重要な立法者意思である。

　翻って、行政書士法1条は、行政書士の「業務」と「行政に関する手続」の両面から、「国民の権利利益の実現」を枠付けている。このうち、後者は、行政手続法が具体的な行政手続に関連する「国民の権利利益の保護」を趣旨として掲げることとも併せ、行政書士法において、事前手続たる行政手続はもちろんのこと、事後手続である行政不服審査法（における代理業務）の全体を通して、行政書士業務が「国民の権利利益の実現」を究極の目的とすることを示す。これは、行政書士の業務が、許認可申請実務等に係る行政運営・行政実務上行政側のメリットとなる要素があっても、それらは究極のところ、行政手続に関わる具体的国民の権利利益の実現を趣旨とする、という重要な含意を示す。前者についていては、行政書士の業務が行政手続に限定されないことを踏まえ、民事法領域での業務を視野に収めつつ、「国民の権利利益の実現」を趣旨とするものであろう。

　このように、行政手続法1条1項と、行政書士法1条は、行政手続を通して「国民の権利利益」の保障を図るという共通の制度趣旨を有する。行政手続法の規定する事前手続としての行政手続の意義は、行政決定がなされるプロセスで、利害関係を有する国民による権利利益の手続的防御と、多様な利害を調整する合意形成とを趣旨とするものであり、法令が定める行為要件（処分要件）に適合するという意味で行政活動の「内容＝実体」の正しさを重視する古典的な行政訴訟中心の行政行為観と対抗的なものであるし、国民の権利利益が侵害された紛争局面のみを規律するものでもない。「法律事件」という法概念が、国民の権利利益が個別具体的に侵害された紛争におい

て事実認定と法の解釈により処分要件不充足と言えるか、という争訟手続に関わるものであるなら、事前手続である行政手続を支える基本的な考え方とはその次元を異にする。行政手続法、行政書士法ともに、行政による意思決定のプロセスにおいて公正さ（fairness）を求め、手続の公正さに独自の価値を認める行政手続の理念を基盤とし、行政書士の法的専門性も、行政手続におけるフェアネスの社会実装に求めるべきであろう。

　上述したように、2014年の一連の法改正により、法定研修を経た特定行政書士に限定して、弁護士法72条ただし書に基づく弁護士の業務独占の例外として、行政不服申立ての代理業務が立法者により認められた。このことは、行政書士法１条にいう「行政に関する手続」に、事後的な行政手続であり、かつ、争訟性のある「法律事件」に関わる、行政不服申立てが包含されたことを意味する。そこで、行政不服申立ての一般法たる行政不服審査法の目的規定（同法１条１項）を見ると、「国民の権利利益の救済を図るとともに、行政の適正な運営を確保することを目的とする」という規定振りとなっている。国民の権利利益の救済と行政の適正の運営の確保という２つの目的は並置されており、両者が衝突するケースでの優先に係る立法者意思は示されていない。行政不服審査法における「国民の権利利益の救済」という法目的は、同法の規律する審査請求手続が国民の権利利益の救済に関わる限度で法定されているという、限定的解釈論の根拠となっている[13]。どちらが優先するかという立法者意思が示されないと同時に、「国民の権利利益の救済を図る」ことは、審査請求手続という法的手段の「目的」のひとつに過ぎない。ゆえに、総務省筋の解説では、「国民の権利利益の救済」というのは、審査請求手続が、国民の権利利益の救済に関わる限度で法定される趣旨を表す限定的解釈の道具となっている。

　このように、行政手続法と行政不服審査法では、目的規定が定める「国民の権利利益」の扱いにおいて、本質的差異がある。また、現時点では、行政書士法において、行政不服審査法が一般法として規律する行政不服申立てに

13　主観的争訟に限定する最３小判昭53・３・14民集32巻２号211頁（主婦連ジュース訴訟最高裁判決）を追随する当局の趣旨であろう。行政管理研究センター編『逐条解説行政不服審査法』（ぎょうせい、2016年）16頁。

係る代理業務の範囲は限定されている。しかし、解釈論としては、「国民の権利利益」の「保護」と「救済」を連続的なものと捉え、事前・事後を通じた統一的な行政手続の意義を見いだすことはできる。行政書士法１条が、「行政に関する手続」を通じた「国民の権利利益の実現」を究極の法目的と定めたことは、行政手続実務を専門領域とする行政書士の活動がその実現に寄与し、将来に向けて「行政手続に関する法律実務」の担い手たらんとすることを期待させる。

Ⅳ　行政判例と「行政手続に関する法律実務」

1　処分性の解釈と行政手続実務

　行政実務上、行政処分でないと扱われていた行為（多くは行政指導であると扱われていた行為）について、裁判所が処分性を認めるケースがある。その場合、行政処分であれば必要とされる行政手続は当然履践されておらず、直ちに当該事案において行政側敗訴となるのか、という問題がある。さらに、処分性を肯定する判決が言い渡されると、行政側として、爾後は行政処分としての手続的規律（行政手続法、行政手続条例等の適用）が及ぶことから、当該行為の根拠規範の建て付けから行政実務上の困難を来すことも考えられる。すなわち、処分性という論点には、当事者間の具体的な法的争訟（行政裁判、行政不服審査等）に係る救済方法の選択問題として側面のみなく、行政実務上の運用のあり方の決定という側面がある。このように考えるなら、「法律事件に関する法律実務」とは平面を異にする、「行政手続に関する法律実務」として処分性という論点を捉え直すことができる。

　例えば、新宿区たぬきの森マンション建設事件としれ知られる一連の裁判例において、東京高判平21・1・14民集63巻10号2724頁は、建築基準法の委任を受けて制定された東京都建築安全条例４条３項（大規模建築物の敷地に係る接道要件について、「建築物の周囲の空地の状況その他土地及び周囲の状況により知事が安全上支障がないと認める場合」に適用除外とする規定）により行われた新宿区長による安全認定処分について、「明らかに合理的根拠を欠」き、裁量権逸脱・濫用した違法なものであると判断した（さらに本

件安全認定処分を前提とする建築確認も違法として取り消している）[14]。

　この判決は、「法律事件」としては、土地及び周囲の状況を幅広く勘案した上で接道要件の例外的な適用除外を認める処分庁の行政裁量について、居住者・住民等の安全という重要な法益の規制・侵害に係るという観点から、定められた接道要件の「例外」を認める「合理的根拠」の主張・立証がなければ違法と解するという法理を示したものと考えられる。要するに、建築物の居住者・近隣住民の生命・身体の安全に対するリスクが考慮要素となるとすれば、司法審査の密度が高められ、行政裁量は狭くなるという法理である。

　他方、この判決が言い渡された後の行政実務のあり方に視座を移すと、安全認定について、行政実務上はこれを建築確認に先行する行政指導と扱っていたところ、爾後は申請に対する処分と解されることを意味する。すると、行政手続法の規律に照らして、審査基準を設定・公開し、また、申請拒否処分をする場合には理由の提示が義務付けられる。しかし、東京都建築安全条例4条3項が、行政実務上、個別具体的な土地利用のあり方に照らし、防災上等の観点から既存物件の改築を例外的に許容する余地を認めるものであるとすれば、予め審査基準を設定するのが難しく（設定すると個別の例外許可という仕組みが崩れるおそれがある）、理由の提示が困難であるがゆえに申請拒否処分のハードルが上がる、といった解釈問題が生じる。

　結局のところ、本件事案において、東京高裁が安全認定処分について裁量統制を行い、違法性の承継を認めて建築確認を取り消す判断をしたことは、争訟の存在を前提とする「法律事件」という次元とは別に、接道要件の規制強化とその例外の判断という行政実務のあり方というレベル、すなわち、「行政手続に関する法律事務」という側面での重要な意義が指摘できる。加えて、本判決において、安全認定が違法であるとの判断が「合理的根拠を欠く」との認定判断に依拠することは、行政処分に関する紛争事例において、実質的に、行政手続という側面が重要な機能を負っている（行政裁量論が、行政決定プロセスのあり方の規律という行政手続の問題に置き換わってい

――――――――――
14　同判決については、違法性の承継を認めた上告審判決（最1小判平21・12・17民集63巻10号2631頁）について、多数の評釈がある（文献引用も含めて、倉地康弘・最高裁判所判例解説民事篇平成21年度960頁）。

る）ことも強く示唆する。すなわち、当該判例について、法的紛争事例の処理という側面とは別に、紛争を前提としない行政運営上の課題として読み解くことが必要と考えられるのである。

2　行政手続の瑕疵と行政処分の違法

　行政手続法の行政実務への定着に伴い、各種の裁判例において、行政手続の瑕疵により行政処分が違法と判断されるケースが増えている。講学上は行政手続の瑕疵が当該行政処分の取消事由（ないし無効事由）となるか、という解釈問題ということになるが、見方を変えると、通常の行政実務において行政手続に一定の瑕疵があることが実体法上も許容されないことを意味するのであり、行政処分がされた後の紛争事例というより、事前の行政手続実務それ自体に係る紛争の事前防止につながる。このような観点から行政手続の瑕疵に関する裁判例を分析することは、公共政策法務ないし「行政手続に関する法律実務」の中身と直接結びつくであろう。

　例えば、京都市生活保護「増収指示」国家賠償事件として知られる、最判平26・10・23判時2245号10頁が挙げられる[15]。京都市伏見福祉事務所長（処分庁）が、生活保護受給者Ｘに対して、生活保護法27条1項に基づく指示を書面でした後に、指示書に基づく「指導・指示」の不履行を理由として生活保護の廃止決定をしたところ（同法62条3項）、Ｘが京都市を相手に国家賠償請求を争った事案である。Ｘは、白地の反物に手書きで絵付けを行う友禅の絵付け師であり、この仕事のため小型自動車を購入して使用しており、生活保護の開始決定の際に、事業用資産としてこの小型自動車の保有が認められていた。その後、ケースワーカーは、Ｘに対して、自動車の保有を続けるには一定額以上の収入を得ること、収入を増やせないなら自動車の保有が認められない、という趣旨の口頭での指導をした。処分庁は、Ｘに対して、法律に基づく「指示」をしたが、「指示書」には、指示の内容として、友禅関連の請負業務による収入を11万円まで増収すべきことのみが記載されていた。

---

[15] 判例評釈は多数見られるが、文献も含め、岩本浩史「判批」判時2268号（2015年）158頁、川久保寛「判批」北大法学論集66巻6号（2016年）232頁等を参照。

この事案で、最高裁は、「指示」の内容は指示書の書面の所定欄に記載された内容に限られるとの解釈をとり、「増収」のみが法にいう指導・指示の内容であるとの解釈を採った。この結果、本件の差戻審は、「生活保護法27条1項に基づく指導又は指示の内容が客観的に実現不可能又は著しく実現困難であるにもかかわらず、保護の実施機関が、その指導又は指示に従わなかったことを理由に同法62条3項に基づき生活保護廃止決定をすることは違法であり、また、違法、無効な指導又は指示に従わなかったことを理由に保護の廃止をしてはならないという職務上の義務にも違反したものとして、国家賠償法上も違法である」との判断がされた。

この判例の考え方は、生活保護におけるケースワークの過程や、指示書に書かれた「指示の理由」等の全体から、自動車を保有し続けるには一定の仕事量をこなす必要があるという趣旨の「指示・指導」があったと解釈することはできず、指示書の「指示の内容」として明確に記載されたもののみが、生活保護廃止処分の前提となる「指導・指示」になる、というものである。要するに、収入を上げろという「指示の内容」は実現不可能な内容であり、それが実現できないから保護を廃止するのは違法というロジックである。行政側としては、収入が増やせないなら小型自動車を処分しなさい、という指示を含んでいたという主張をしたのであろうが、書面で指示する以上、「指示の内容」としての明記が必要ということになる。

これは、法の定める書面による指示という行政手続の重要性、手続の瑕疵がもたらす結果の大きさを示唆するものであり、行政側による口頭等で丁寧に対応したという反論が通らないことを意味する。紛争事案の解決という「法律事件に関する法律事務」としても重要な判例ではあろうが、むしろ、より日常的な行政実務における紛争予防、すなわち、「行政手続に関する法律事務」の参考になるのではなかろうか。

もう1つ、遺族年金決定請求書用紙の不交付につき国家賠償請求が認容された裁判例として、東京高判平19・5・31判時1982号48頁を紹介する[16]。事

---

16 評釈として、木藤茂「判批」自治研究85巻5号（2009年）123頁。なお、原審判決では、Xを遺族に該当しないとした本件処分は違法であるとして処分を取り消す一方、職員には手続上の違法行為があったが、Xには精神的苦痛が存するとは認められないとして国家賠償請求を棄却していた。

案は、以下のようなものである。公立学校教員であったAは、退職して地方公務員等共済組合のひとつから退職年金を支給されていたところ、行方不明となり失踪宣告を受け、死亡とみなされるに至った。Aの妻であるXは、共済組合に対して遺族共済年金の決定請求をしようとしたところ、二か月にわたり、要件を満たしていると認められる場合に決定請求書を渡しているとの説明を受け、遺族年金決定支給書を交付されなかった。その後、Xは、共済組合から、遺族に該当しないとの理由で請求（申請）を棄却する処分を受け、これを裁判で争ったところ、この処分が違法として取り消されるともに、請求書用紙を交付しない行為について、行政手続法7条（いわゆる審査応答義務）に違反する行為であるとして、国家賠償請求（慰謝料請求）が認容された。

　右判決では、行政手続法に定める義務に違反する行為が直ちに国家賠償法上違法になるものではない、としつつ、①義務違反の態様、②違反した義務の手続における重要性、③申請の結果に及ぼした影響、④そのことにより申請者等の受けた財産的損失の有無・程度、精神的苦痛の有無・程度、を考慮要素として違法な損害に該当するか否かを判断すべきとした。要するに、判決は、申請者を「前さばき」して申請書を渡すという行政実務について、行政手続法との抵触という観点から裁判所が厳しい対応をすることを示している。また、判決は、共済組合職員の行為について、行政手続法5条3項違反（審査基準を公にする義務の違反）と、9条1項（申請に関する情報提供の努力義務）の趣旨に反する不適切な行為があったことも認定されたが、国家賠償法1条1項にいう違法とは認められないとする。このことは、申請実務上、処分庁に行為義務を課す規定（審査応答義務）と、単なる努力義務規定（情報提供等）で扱いが異なり、裁判所は前者に引きつけて違法と判断する傾向性を示唆する。

　紹介した2つの裁判例は、行政と国民の「紛争」事案としても重要であるが、それ以上に、行政処分に係る行政実務において、日常的に求められる行政手続法理が示されたものと考えられる。このような観点での判例分析が、「行政手続に関する法律事務」の担い手にとって、必須の知見と言えよう。

14

3 行政裁量と「行政手続実務」(その1)

　司法裁判所において行政処分の違法が争われる場合、根拠規範に照らして
何らかの裁量権が認められれば、司法審査の方法は一定の制約を受ける。行
政裁量に関する司法審査において、実体上の審査(裁量権行為の逸脱・濫用
の有無の審査がデフォルトである)とは別次元で、処分庁が行うべき事前手
続の観点から裁判的コントロールを及ぼす方法があることが知られている。
このリーディング・ケースが、個人タクシー事件最高裁判決(最判昭46・
10・28民集25巻7号1037頁)である[17]。

　この個人タクシー事件は、行政手続法の成立よりもずっと以前の事案であ
るが、現在の行政手続法に当てはめるなら、申請拒否処分を申請者が争う典
型といえる。最高裁は、個人の職業選択の自由にかかわりを有する免許の許
否について、多数の者のうちから少数特定の者を、具体的個別的事実関係に
基づき選択して決するような場合に、行政庁は事実の認定につき行政庁の独
断を疑うことが客観的にもっともと認められるような不公正な手続をとって
はならない、とした上で、行政庁には、免許について内部的な審査基準を設
定し、場合によりこの基準の適用上必要な事項を申請人に対して示す義務が
あると判断し、右義務に反する審査手続による行政処分を違法とした。当時、
個人タクシー事業免許の許可要件は、不確定概念により定められている上、
「左の基準に適合するか、審査して」免許するという規定振りであり、要件
裁量は極めて広い。他方で、申請者からの意見聴取手続が特に法定されてお
り、最高裁は、憲法上の権利の規制であることに着目し、意見聴取手続を実
施する以上、一定の審査基準を定め、申請者にそれを伝えて反論が可能にす
る手続的義務を課したものと解される。この個人タクシー事件判決は、現在
でも重要性を保つ判例であるが、憲法上の権利を巡る法的紛争として当事者
が裁判に持ち込んではじめて問題になりうる、という側面が否定できない。
要するに、「法律事件に関する法律事務」プロパーの憲法判例・行政法判例
のように思える。

　それに対して、行政手続における配慮義務(事前協議義務)を提示した紀

---

[17] 評釈類については、文献引用も含めて、中川哲男・最高裁判所判例解説民事篇昭和46年度619頁。

伊長島町水道水源条例事件の最高裁判決（最判平16・12・24民集58巻9号2536頁）は、行政手続法理の定着に伴う問題状況の変化をよく示している[18]。紀伊長島町水道水源条例事件は、同町内に産業廃棄物中間処理施設を設置しようとするXの計画を知った同町が、水源保護条例を制定して同町内での施設の設置を阻止しようとした案件である。同条例には、町長が水源保護地域を指定し、同地域では町長が認定する規制対象事業場の設置を禁止する仕組みが定められる（違反につき刑事罰あり）一方、規制対象事業場の認定について、事業者から町長に協議を申し出た後、同町水道水源保護審議会の意見を聴く手続が置かれていた。町長が、条例に基づいて本件施設予定地を含む区域を水源保護地域と指定・公示したため、Xは町長に対して協議書を提出したが、町長側は手続を進めて本件施設を本件条例の規制対象事業場と認定する旨の処分をした。そこで、Xが、本件認定処分の取消しを求めて出訴した。

　判決において、最高裁は、次のように述べる。「本件条例は、水源保護地域内において対象事業を行おうとする事業者にあらかじめ町長との協議を求めるとともに、当該協議の申出がされた場合には、町長は、規制対象事業場と認定する前に審議会の意見を聴くなどして、慎重に判断することとしているところ、規制対象事業場認定処分が事業者の権利に対して重大な制限を課すものであることを考慮すると、上記協議は、本件条例の中で重要な地位を占める手続である」。また、本件条例は、「Xが町の区域内に本件施設を設置しようとしていることを知った町が制定したものであり、町長は、Xが本件条例制定の前に既に産業廃棄物処理施設設置許可の申請に係る手続を進めていたことを了知して」いた。「そうすると、町長としては、Xに対して本件処分をするに当たっては、本件条例の定める上記手続において、上記のようなXの立場を踏まえて、Xと十分な協議を尽くし、Xに対して……予定取水量を水源保護の目的にかなう適正なものに改めるよう適切な指導をし、Xの地位を不当に害することのないよう配慮すべき義務があったものというべきであって、本件処分がそのような義務に違反してされたものである場合には、

18　評釈類については、文献引用も含めて、杉原則彦・最高裁判所判例解説民事篇平成16年度810頁。

本件処分は違法となる」。

　このように、最高裁は、条例の定める「協議」手続規定の解釈として、「狙い撃ち」にされた事業者の地位を不当に害さないよう「配慮すべき義務」を問題とする。本件では、条例による規制が、特定の地域内で、指定施設の設置を一律に禁止するという極めて強力な営業規制（不利益処分よりも強い、一般的・抽象的な禁止）であり、条例の規制それ自体が過剰規制として憲法違反等とされそうにも見えるところ、裁判所は、条例を合憲・適法とするためには、協議の実質化という解釈論が不可欠であり（限定解釈）、それが、行政手続における配慮義務というかたちとなる。

　紀伊長島町水道水源条例事件の判決は、営業の自由の規制という問題状況を手がかりに、行政手続を重視して行政処分の違法を導くという意味で、かつての個人タクシー事件の発展型を示している。しかし、条例の定める協議や指導の必要性がポイントになっているという部分では、大きな変化がある。個人タクシー事件は、法律が特に定めていた申請者への聴聞（意見聴取）に着目してこれを実質化すべきとの立場を示したが、紀伊長島町水道水源条例事件では、法律に基づいて適法に得た許可を妨害する禁止システムについて、事前手続・事前指導を十分に行わない限り、別の法的道具（配慮義務違反）により違法とするとしている。要するに、紀伊長島町水道水源条例事件判決は、許認可実務の現場で行政側が乱暴な手法を用いているよう場合に、行政手続・適正手続に引きつけた解釈技術により対抗できることを示している。これは、行政手続におけるフェアネスの重視であり、廃棄物処分場設置に関する政策対応・合意形成の問題であり、広い意味で、迷惑施設の設置に係る申請制度のあり方の問題である。ここに、争訟事案の処理を前提とする「法律事務」としての行政手続法理から、行政側と申請者の争訟を回避するために何が必要かという「行政手続に関する法律実務」としての行政手続法理への、判例の「進化」が指摘できるのではなかろうか。

4　行政裁量と「行政手続実務」（その２）

　筆者は、より一般的に、行政裁量の司法審査の問題が、行政の意思決定過程のあり方を追試的にチェックするという手続問題へと置き換わりつつある

と考えている。審査基準、処分基準等のかたちで具体化されることの多い裁量基準の合理性に着眼するもの、行政決定の判断過程で用いられる考慮要素を手がかりとするもの、行政による意思決定につき「合理的理由」の有無を基準とするもの等、近時の裁判例による裁量統制の手法は、行政手続の問題と何らかの結び付きが指摘できるものが多く見られる。これは、行政手続の仕組みが、裁量権行使の適法性という実体法上の違法と切り離せないことを意味し、その帰結として、行政手続実務について専門性のある行政書士であれば、行政決定・行政処分の実体法上の適法性や、行政裁量の限界についても、正しく見通すことができることになり、行政的な紛争を予防し、これに対応する局面で、専門的な判断が活かせることにつながるであろう。これが、筆者の考える「行政手続に関する法律実務」の重要な構成要素であり、行政と国民の紛争の問題を行政手続と連結した紛争性の問題として捉え直すべきことを含意する。

　以下、この問題意識と関連する裁判例を2つ紹介しておく。

　まず、射撃教習資格不認定処分取消請求事件（東京地判平30・5・24判タ1465号106頁）を紹介したい[19]。事案は、Xが、銃砲刀剣類所持等取締法4条1項1号の規定による猟銃の所持の許可を受けようとする者が受けなければならないとされている同法9条の5第1項所定の射撃教習（教習射撃指導員が教習用備付け銃を使用して行う猟銃の操作・射撃に関する技能の教習）を受けるため、同条2項に基づき、射撃教習を受ける資格の認定申請（本件申請）をしたところ、都公安委員会（Y）により拒否処分をされたため、申請型義務付け訴訟を提起（義務的に取消請求を併合）したものである。Yは、拒否処分の理由として、Xが同法5条1項18号所定の欠格事由（他人の生命、身体若しくは財産又は公共の安全を害するおそれがあると認めるに足りる相当な理由がある者）に該当する（したがって、同法5条の4第1項ただし書に規定する者〔同法5条の許可の基準に適合しないため猟銃の所持の許可を受ける資格を有しないと認められる者〕に該当することから、同法9条の5第2項に定める射撃教習資格の認定の除外事由に該当する）ことを理由とし

---

[19] 関連して、横浜地判平18・3・15判例地方自治285号105頁も参照。

て提示しており、上記の欠格事由に該当するとしたＹの判断に裁量権逸脱・濫用が認められるか、②理由の提示が行政手続法8条1項に照らして瑕疵があるか、が争点となった。

判決は、上記争点①について、警察官による調査におけるＸの周辺者らに対する聞き取り調査の結果、Ｘの犯罪歴・これに対するＸの認識等を考慮した都公安委員会の判断は、合理的な根拠を有するとして、裁量権の逸脱・濫用を認めず、適法とした。他方で、判決は、上記争点②について、本件処分の際に原告に対して提示された理由は、銃刀法5条1項18号の欠格事由に該当する旨を指摘し、同号の文言を記載しているほかは、原告が粗暴な言動を繰り返していた旨を記載しているにすぎないところ、ここで問題とされている原告の粗暴な言動とはいかなるものであるかということが、抽象的にも明らかにされているとはいえないから、いかなる事実関係に基づき本件処分がされたのかを、処分の相手方である原告においてその記載自体から了知し得るとはいえないものと評価せざるを得ない等として、違法と判断した。

この事案について、裁判所は、行政手続法上の理由の提示について、相当程度厳格な判断を行っている。行政側は、聴取した周辺者が原告から報復されないよう、具体的な事実関係の提示を避けた等の反論をしていたが、いずれも退けられている。他方で、裁判所は、理由の提示の瑕疵により不認定処分を違法として取り消したものの、認定の義務付けについては棄却しており（裁判所自らが、原告には銃刀法の定める欠格事由が認められるとした）、紛争それ自体の解決というより、行政手続法の解釈・運用のあり方が示されたという性格が強い。このような判例を研究することは、具体的な争訟を前提としない「行政手続に関する法律実務」に資する知見となるであろう。

最後に、近時の重要判例として、映画「宮本から君へ」助成金不交付決定処分取消請求事件（最判令5・11・17裁判所HP）を紹介しておきたい。助成金申請に対する不交付決定の適法性が争われた事案であり、表現の自由の規制に関する憲法判例として重要であることはもちろんであるが、行政手続に着眼した行政裁量の司法審査のあり方という観点からも、極めて示唆に富

20　平裕介「『宮本から君へ』事件」法学セミナー830号（2024年）16頁。

む判例である[20]。

　事案は、映画製作会社（X）が、独立行政法人日本芸術文化振興会（Y）の理事長に対し、「宮本から君へ」と題する映画（本件映画）の製作活動につき、文化芸術振興費補助金による助成金の交付の申請をしたところ、理事長から、本件助成金を交付することは公益性の観点から適当でないとして、本件助成金を交付しない旨の決定（本件処分）を受けたため、Yを相手に本件処分の取消しを求めたものである。助成金支給の根拠規定は独立行政法人日本芸術文化振興会法（振興会法）14条1項1号であるが、同法には資金支援がYの「業務」であることのみが規定され、助成対象事業・交付要件・交付手続等に関する具体的な定めは一切ない。他方で、同法17条が補助金等に係る予算の執行の適正化に関する法律（補助金等適正化法）の規定の準用を定めていることから、助成金交付が申請制度によるものであり、本件不交付決定が申請に対する処分となる。要するに、国から交付される補助金を財源として助成金を交付することがYの「業務」であることのみが法令で定められ、具体的な交付要件・交付手続等は理事長の裁量により要綱で定める仕組みである。本件事案当時、要綱に定める助成金交付手続は、①基金運営委員会の下で専門家による審査・答申を経て理事長が行う交付内定[21]、②交付内定通知を受けた者から交付申請書の提出を受けて理事長が行う交付決定、という二段階となっていた。本件事案は、交付内定の後、本件映画の出演者の一人がコカイン使用により逮捕・起訴されて有罪判決が確定したという状況下、Xが助成金交付申請を行ったところ、理事長が、本件映画には有罪判決が確定した者が出演しているので「国の事業による助成金を交付することは、公益性の観点から、適当ではない」として、不交付決定をした、というものであった。

21　詳細は以下のようなものである。本件助成金の交付を受けようとする者は、助成金交付要望書を理事長に提出する。理事長は、要望書を受理したときは、外部の有識者で構成される芸術文化振興基金運営委員会の議を経て、本件助成金の交付の対象となる活動及び交付しようとする助成金の額を内定し、提出者に通知する。基金運営委員会は、分野別の部会及び専門委員会による審査の結果を踏まえて理事長の諮問に対する答申を行う。劇映画の審査基準は、企画意図に則した優れた内容の作品であること、スタッフ・キャスト等に高い専門性、新たな創造性が認められること等であった。

20

　ここで、本件処分は、専門家の審査による内定を経た後、再度の審査や、内定の撤回等をすることなく、②の段階でされたことが理解される。一般的に推察されるのは、Y側としてXが申請を「自粛」すると考えて①段階の手続の処理を放置したところ、Xからの申請がなされたため、理事長が裁量権を行使して不交付決定をした、という展開であろう。助成金交付について補助金適正化法の準用があることから、交付・不交付の決定について、公益性、すなわち、助成の適正性という観点から、理事長に行政裁量が認められることは一応明らかである。しかし、本件事案からは、理事長による裁量判断について、法令レベルの縛りが極めて緩やかであるものの、芸術性を認められた映画上演の事実上の自粛、憲法21条1項の保障する表現の自由の規制・抑制という重大な帰結をもたらす以上、司法審査が厳格なものでなければならないことも必然であろう。

　一審の東京地判令3・6・21判時2511号5頁は、本件不交付決定について、裁量権の逸脱・濫用を認め、違法であるとして取り消した[22]。判決は、本件交付決定の根拠法は、助成の対象・手続等の詳細を理事長の合理的な裁量に委ね、これにより理事長は要綱を定めたところ、要綱の内容から、交付内定の審査において芸術的観点からの専門的知見に基づく判断を尊重する趣旨が読み取れることを指摘し、理事長が法の趣旨を踏まえて要綱を策定した以上、理事長による交付・不交付の判断も、本件要綱の仕組みを踏まえたものでなければならないとする一方、「公金を財源とする助成事業の性質上」、公益性の観点から不交付決定とする裁量の余地を認める[23]。その上で、判決は、裁量権逸脱・濫用審査の判断枠組みとして、「交付内定の取消し又は不交付決定の根拠とされた公益の内容、当該芸術団体等に対し助成金を交付することにより当該公益が害される態様・程度、交付内定の取消し又は不交付決定により当該芸術団体等に生じる不利益の内容・程度等の諸事情を総合的に考慮して、交付内定の審査における芸術的観点からの専門的知見に基づく判断を

---

[22]　一審判決について、平裕介「判批」法学セミナー804号（2022年）2頁。
[23]　要綱には公益性の観点から不交付にできるとの要件は定められていなかったが、東京地判では、要綱に定めのない公益性を根拠に不交付とすることが直ちに裁量権の逸脱・濫用にならないとの解釈を述べている。

尊重する本件要綱の定めや仕組みを踏まえてもなお助成金を交付しないことを相当とする合理的理由があるか否かを検討するべき」とした。

　上記の解釈枠組みの下で、東京地判は、①薬物乱用防止という公益との関係で、本件映画を対象とする本件助成金が交付されることにより、「国が違法薬物の使用に対し寛容である」等の誤ったメッセージを発信したと受け取られ、その結果、違法薬物に対する許容的な態度が一般に広まるおそれがあるとはいえない、②本件不交付決定によりXに生じる不利益は、映画製作事業の実施に係る経済的な面においても、また、映画表現の重要な要素の選択に関する自主性の確保の面においても、小さいものではない、③そうすると、本件においては、交付内定の審査における芸術的観点からの専門的知見に基づく判断を尊重する本件要綱の定めや仕組みを踏まえてもなお本件助成金を交付しないことを相当とする合理的理由があるということはできない、と判断し、本件不交付決定は裁量権逸脱・濫用に当たり違法との結論に至る。

　ところが、控訴審（東京高判令4・3・3判タ1505号41頁）は、理事長による不交付決定の裁量判断につき「重要な事実の基礎を欠いているか、又は、その判断の内容が社会通念に照らし著しく妥当性を欠いている」か審査するとの解釈枠組みを立て、①本件出演者は映画のストーリーにおいて重要な役割を果たす著名人である、②本件出演者の有罪判決等が広く報道された、③本件出演者が犯したのは重大な薬物犯罪である、④本件出演者が出演していた他の映画等の多くでは代役による再撮影等の対応が採られていたこと等を認定し、薬物乱用が深刻な社会問題となっている状況の下において、理事長が、本件内定後に本件有罪判決が確定した事実を踏まえ、薬物乱用の防止という公益の観点から本件処分をしたことにつき、重要な事実の基礎を欠いているとか、その判断の内容が社会通念に照らし著しく妥当性を欠いているということはできない、とした。さらに、東京高判は、本件助成金の交付により、薬物に対する許容的な態度が一般的に広まり、本件助成制度への国民の理解を損なうおそれがあることも併せて認定し、本件処分は適法との判断を下した[24]。

24　高裁判決について、野田崇「判批」ジュリスト1583号（2023年）37頁。

最高裁は、本件助成金の交付に係る判断につき理事長の裁量を認め、その逸脱・濫用があった場合に違法になる、という基本的な解釈枠組みを示した後、理事長は、「芸術的な観点からは助成の対象とすることが相当といえる活動についても、本件助成金を交付すると一般的な公益が害されると認められるときは、そのことを、交付に係る判断において、消極的な事情として考慮することができる」とする一方、「芸術的な観点からは助成の対象とすることが相当といえる活動につき、本件助成金を交付すると当該活動に係る表現行為の内容に照らして一般的な公益が害されることを理由とする交付の拒否が広く行われるとすれば、公益がそもそも抽象的な概念であって助成対象活動の選別の基準が不明確にならざるを得ないことから、助成を必要とする者による交付の申請や助成を得ようとする者の表現行為の内容に萎縮的な影響が及ぶ可能性がある」ことを指摘し、「このような事態は、本件助成金の趣旨ないしＹの目的を害するのみならず、芸術家等の自主性や創造性をも損なうものであり、憲法21条１項による表現の自由の保障の趣旨に照らしても、看過し難いもの」であり、「本件助成金の交付に係る判断において、これを交付するとその対象とする活動に係る表現行為の内容に照らして一般的な公益が害されるということを消極的な考慮事情として重視し得るのは、当該公益が重要なものであり、かつ、当該公益が害される具体的な危険がある場合に限られる」との判断基準を示す。

これを踏まえ、最高裁は、本件出演者が本件助成金の交付により直接利益を受ける立場にないこと、本件助成金の交付により直ちに薬物に対する許容的な態度が一般に広まる根拠もないこと等から、「薬物乱用の防止という公益が害される具体的な危険があるとはいい難い」として、このことを消極的な考慮事情として重視することはできず、「本件処分は、重視すべきでない事情を重視した結果、社会通念に照らし著しく妥当性を欠いたものであ」り、理事長の裁量権の範囲を逸脱・濫用したものとして違法という結論に至る。

最高裁は、交付決定に係る裁量権について、表現の自由の保障の趣旨に照らし、これを「一般的な公益が害されるという理由」で規制・制約することが許されるのは、「公益」が「重要」であり、かつ、「公益が害される具体的な危険がある」場合に限られるとした。これを、「行政手続に関する法律実

務」という視点から捉えると、本判決については、①理事長が自らの裁量判断で構築した「内定」手続（助成対象に係る芸術的観点からの審査）による審査結果が、それを前提とする申請手続における裁量審査の厳格化をもたらしている、②本件処分につき理事長が提示した「理由」の内容が司法審査の決め手となっている、という二重の意味で、行政手続（ないし処分庁による手続的裁量の行使）のあり方が、実体的な裁量統制と分かち難く切り結んでいることが指摘できる。本判決が明らかにした法理は、申請拒否処分を国民が争う局面で重要な役割を果すことはもちろんであるが、補助金・交付金等の申請制度における行政実務上のあり方という部分でも、極めて重要な意義を有する。

V　おわりに

筆者は、かねてより、行政法総論の体系的叙述において、「適正手続」原理に基づく「行政手続」を行政組織・行政作用・行政救済という3類型から独立した類型ととらえ、行政処分手続・アカウンタビリティ確保の手続・合意形成手続・行政不服申立て・行政機関による紛争処理という5項目を含めることを試みてきた[25]。本稿は、筆者が構想する行政法の考察枠組みを行政書士法の解釈に投影し、訴訟対応を前提としない「行政手続に関する法律実務」として行政実務に活かすことができないか、問うものである[26]。行政手続のデジタル化・オンライン化という潮流の中、行政法学と行政手続実務の架橋の一端を担うことができれば幸いである（2024年5月脱稿）。

---

[25] 櫻井敬子・橋本博之『現代行政法』（有斐閣、2004年）132頁以下。本稿は、筆者がかねてより構想してきた考察枠組みを、行政書士法の解釈に投影する試みである。さらに、山田洋「事前手続と事後手続」磯部力ほか編『行政法の新構想II』（有斐閣、2008年）219頁以下は、行政処分における事前手続・事後手続を（ミクロの行政過程として）一体として把握するという視点から、申請に対する処分・不利益処分・利益調整型処分のそれぞれに係る行政手続を整理・検討する。

[26] 筆者による行政法総論体系の考察について、橋本博之「行政法総論体系と『法的仕組み』」斎藤誠・山本隆司編『宇賀克也先生古稀記念・行政法の理論と実践』（有斐閣、2025年刊行予定）。

申請処理手続と事後手続
―― 「事前手続と事後手続」再論 ――

山田　洋

I　はじめに

1　たとえば、飲食店の営業は、私人の自由に属する活動であり、公共の福祉による制約を具体化した食品衛生法やこれに基づく条例による制約に抵触する事実が存在しない限り、私人は、本来、これを適法になしうる法的地位を有することになる。ただし、公衆衛生に係る設備等の制約については、それへの抵触の有無を一次的に私人の判断に委ね、刑罰等による事後的制裁によってコントロールすることでは、公衆衛生上の重大な事態を招くおそれもある。そのため、営業の開始前に（知事等の委任を受けた）保健所長の判断を介在させることとし、この判断によって、具体の個人に営業をなしうる地位が発生する仕組みとされている。この保健所長による判断が食品衛生法による飲食店の営業許可ということになる。

　いうまでもなく、この場合、法的な仕組みとしては、具体の事業者の法的地位は、保健所長の判断に依拠することとなっているが、結局のところ、その地位の有無は、食品衛生法等の根拠法令によって決まるものであり、それが法治主義の要請でもある。たとえば、予定された設備のあり方といった客観的な「事実」が（条例等の定める）法定の要件が当てはまれば、許可がなされて法的地位が具体化し、当てはまらなければ、不許可となって法的地位は発生しないこととなる。こうした事実の有無を認定することは、一義的には、保健所長の役割ということになるが、客観的な事実と合致する認定をし、それに基づき許可の是非を判断すべきことは、法治主義により導かれる法的義務ということになる。やや一般化していえば、客観的な事実に合致した認

定に基づいて許認可の可否の判断をなすべきことは、許認可庁の法的義務なのであって、これを「調査義務」と呼ぶことができよう[1]。

　ちなみに、上記のことは、事実の認定と結論が直結せず、そこに政策判断や科学技術的判断などが介在するいわゆる裁量の余地のある許認可についても同様に妥当する。ここでも、その間に評価的要素が介在するとはいえ、事実の認定と法令への当てはめによって判断がなされるわけで、客観的な事実に合致した認定が求められることに変わりはない。たとえば、科学的判断を伴うとされる原子炉設置の許可といった広い裁量を伴うとされる許認可においても[2]、予定される施設のあり方や周辺の地理的状況（たとえば、断層の存在）などといった客観的な事実の認定が前提となり、判断を支える正しい事実の認定が必要とされる。これを欠く裁量判断は、「事実の基礎を欠く」ものとして違法とされることになるのである[3]。

2　さて、以上のような許認可の行政判断に係る法的なプロセスは、現行制度においては、許認可庁自身の職権によってスタートするわけではなく、ほぼ例外なく、それによる法的地位を得ようとする私人の「申請」によってスタートする仕組みである[4]。そのプロセスを行政手続法が「申請に対する処分」の手続と整理している所以である。さしあたり、これを申請処理手続と呼ぶとすれば、この申請処理手続は、上に述べたこととの関係でいえば、何よりも許認可の基礎となる事実認定のプロセスの性格を有するというべきである。ここでは、許認可の法定要件に当てはめるべき事実や効果の選択を支える事実が認定され、これを根拠法に当てはめることにより、判断がなされることになる。手続法的に表現すれば、これが申請の審査とそれに基づく諾否の応答ということになる。そして、これをなすべきことが許認可庁の義務

---

[1] 許認可を含む行政処分一般に関する行政庁の調査義務について、法治主義の帰結として説明するものとして、小早川光郎「調査・処分・証明」成田頼明ほか編『行政法の諸問題（中）（雄川一郎先生献呈論集）』（有斐閣、1990年）266頁。

[2] 原子炉の設置許可における裁量性につき、たとえば、最1小判平4・10・29民集46巻7号1174頁。

[3] 「事実の基礎を欠く」裁量権の行使が違法であるとする判例として、たとえば、最大判昭53・10・4民集32巻7号1223頁。

[4] 申請と審査権の意味について、さしあたり、薄井一成「申請手続過程と法」磯部力ほか編『行政法の新構想Ⅱ』（有斐閣、2008年）270頁。

であり、これを受けることが申請者の権利とされていることも言を俟たない。

　もっとも、許認可の判断を支える事実を調査すること、さらには客観的な事実に合致した認定をすべきことが許認可庁の義務であるとしても、ここでも、白紙で調査がスタートするわけではなく、申請者による申請が前提となる。すなわち、許認可の申請書類には、当該施設等が許認可の法定要件に合致するという事実に関する申請者による主張が内包されているはずで、とりあえずは、主張されている事実が客観的な事実に合致するか否かが審査されることとなろうし、そこでは、まずは申請者の提出した添付書類等が審査の素材となるのが通例であろう。とはいえ、許認可の種類や個別の案件のあり方によって、許認可庁に求められる審査のあり方も多様であることも、自明であり、そこでの調査が申請書類に記載され、添付書類等から認知できる範囲に止まるわけでもない[5]。

3　いずれにせよ、求められる調査を尽くし、許認可庁が事実に関する一定程度の確信に至れば、それが法令に当てはめられ、許認可の判断（諾否の応答）がなされることとなる。ただし、許認可の可否やそれによって生ずべき申請者の法的地位に関する行政判断のプロセス、あるいは、その前提となる事実の認定のプロセスが許認可の判断の時点で完結するとは限らない。もし、それに関する許認可庁の判断（許認可処分や申請拒否処分）に対して申請者等から行政不服審査法に基づく審査請求等がなされれば、審査庁等によって許認可の要件等に係る事実認定等の審査は継続されるわけで、裁決等によって新たな結論が出されるまで、許認可の可否や申請者の法的地位に関する最終的判断は、ペンディングとなる。あるいは、一度、許認可がなされたとしても、これを許認可庁が職権によって取り消すことを検討すべく、事実の審査等が再開されることもありうる。

　そうであれば、現行法上は、行政手続法に基づく事前の申請処理手続と行政不服審査法に基づく事後の審査手続とに二分されているとはいえ、申請から許認可に至るプロセスとその後の審査請求等のプロセス、あるいは、そこ

5　申請処理手続においても、行政庁に調査義務があることについて、小早川・前掲論文（注1）267頁、薄井・前掲論文（注4）273頁。

における行政庁の事実認定のプロセスは、許認可で分断すべきものではなく、一貫したものとして把握されるべきことになろう[6]。本稿では、そうした観点から、許認可に係る私人の法的地位の確定過程を概括的にとらえ、その構造を見直すことを試みたい。

II 事前手続と事後手続

1 筆者は、行政不服審査法の改正前の2008年、「事前手続と事後手続」と題する拙稿を公刊する機会を得たが[7]、その中で、平凡ながら、以下のようなことを述べた。すなわち、行政判断における事前手続と事後手続は、現行法においては規律される手続法を異にしているものの、根拠法に基づく私人の法的地位などに関する行政判断の一貫したプロセスであり、とりわけ、許認可等の判断プロセスにおいては、たとえ拒否処分等がなされても、その段階で申請者の地位に変動が生ずるわけではなく、最終的な行政判断は、事後手続の終了をもって完結する。そうした意味では、このプロセスを行政処分の時点で分断し、事前手続を処分の手続的要件と整理し、事後手続を裁判手続と接続する救済（行政争訟）の手続と整理する伝統的な発想は、転換する必要があるのではないか。

　当時、そこで念頭に置き、さらには例として挙げていたのは、行政機関情報公開法や条例に基づく文書開示請求についての申請処理手続であった[8]。この分野においては、この時期から、とりわけ判断の別れうる事案については、不開示処分等に対する多くの審査請求等がなされ、その段階で要求されている第三者機関である審査会による審査によって、原処分が覆る例も少なからず知られていた。ここでは、当該文書が開示されるか否かは、まさに審査会による判断を経た審査請求の裁決等によって決まり、原処分庁による処分は、とりあえずの判断に止まるという実感があった。とりわけ、インカメ

---

[6] 事前手続と事後手続との一貫した把握の必要性を強調するものは多いが、代表的なものとして、常岡孝好「行政手続法改正法案の検討」ジュリスト1371号36頁（2009）。

[7] 山田洋「事前手続と事後手続」磯部ほか編・前掲書（注4）219頁。

[8] 山田・前掲論文（注7）219頁。

ラ審査がなされる審査会の審査においては、原処分庁による審査以上に丁寧な審査（とりわけ事務事業への影響といった事実認定）がなされることにより、手続の重点が事後手続に移行している面もあり、むしろ事前手続と事後手続は、一貫したプロセスと捉えることが自然であると考えられた。それを踏まえて、前稿では、「申請に対する処分においては、最終的に申請が認められるか否かは、不服申立てに対する裁決……によって決まるわけで、拒否処分の前後で相手方の実体的な地位に変動が生ずるわけではないから、そのプロセスのどの段階を行政処分とし、事前と事後の手続を分けるかは、かなり相対的である」とも述べた[9]。

2　このような前提から、これも前稿で述べたことであるが、許認可等に関する行政判断の手続についても、申請から審査請求裁決までのプロセスをトータルに捉えて、そこにおける手続保障を含めた審査のあり方について、フレキシブルに制度設計するべきこととなる。その結果、プロセス全体の合理化の観点から、たとえば、情報公開制度における審査会への諮問が審査請求手続の段階に設定されていること、あるいは、より一般的に、許認可等の申請処理手続には申請者の意見陳述の手続がなく、結果的に審査請求手続段階に先送りされていること、なども正当化できることとなろう。言い換えれば、手続保障についても、必ずしも原処分に先行する事前手続の段階に拘泥する必要もなく、事後手続を含めたプロセス全体の中で考えるべきこととなろう[10]。

　逆の例を挙げれば、主として不利益処分についてではあるが、行政不服審査法改正前の行政手続法27条2項は、事前の聴聞手続を経た処分について、事後の異議申立てを排除していた。事前手続の重さを考慮して、事後手続を軽減したものである。この規定は、行政不服審査法の改正によって、異議申立制度自体がなくなり、さらには不服審査手続全体の重みが増したために、聴聞手続でこれを代替できなくなったと考えられたために、削除された[11]。もちろん、プロセス全体のバランスと合理性という観点からは、この立法措

9　山田・前掲論文（注7）223頁。

10　山田・前掲論文（注7）225頁。

11　高木光ほか『条解行政手続法〔第2版〕』（弘文堂、2017年）332頁［高木執筆］。

30

置には疑問の余地もありえよう[12]。

3　2016年施行の新たな行政不服審査法により、審理員制度と行政不服審査会等への諮問制度が導入されるなど、わが国の事後手続は一新されることとなった。そこでの当事者の手続保障は、格段に充実したものとなり、立法過程における議論で用いられた用語に従えば、かなり「重たい手続」になったといえる。審査請求数の増加や認容率の上昇等の新制度による現実的な効果については、なお評価が分かれるであろうが[13]、ここで対象としている申請処理手続の全体的プロセスにおいても、実態としても、事後手続の重みが増したことは、異論のないところであろう。

　やや観点を変えれば、先に述べた行政庁の事実認定のための審査あるいは調査についても、改正による制度の充実により、事前手続との比較において、事後手続における認定の重み、言い換えれば、その信頼性が高まったということになろう[14]。先の表現を繰り返せば、情報公開の分野のみならず、許認可等の申請処理に係る行政判断全般について、許認可等の成否は、結局のところは審査会の審理等を経た審査請求の裁決で決まるもので、原処分庁による原処分は、とりあえずの結論に過ぎないという状況となりそうである。要するに、許認可等の成否を決める事前と事後の一貫したプロセスにおいて、事後手続の重みが増したということである。

Ⅲ　事後手続の構造

1　先にも述べたとおり、処分をなすにあたって、事前手続において必要な調査をなし、客観的な事実に合致した事実を認定して、これに基づいて判断をなすべきことは、行政庁の義務である。このことは、とりわけ、不利益処

---

[12] たとえば、久保茂樹「不服審査」磯部力ほか編『行政法の新構想Ⅲ』（有斐閣、2008年）171頁。これに対して、その意味を積極的に評価するものとして、三浦大介「行政手続と行政争訟手続」岡田正則ほか編『現代行政法講座Ⅱ　行政手続と行政救済』（日本評論社、2015年）48頁。

[13] 改正の効果については、様々なものがあるが、簡単には、曽和俊文ほか『現代行政法入門〔第5版〕』（有斐閣、2023年）375頁［曽和執筆］。

[14] たとえば、事前の聴聞手続より事後の審査請求手続が手厚くなったと指摘するものとして、常岡・前掲論文（注6）37頁。

分においては、自明であるが、申請を前提とする許認可等においても、同様である[15]。ここでは、申請者に有利な事実については、申請書に記載がないことなど、申請者の主張がないことにより、事実上、その不存在が推認されることが多いであろう[16]。しかし、だからと言って、行政庁に調査義務がないわけではなく、申請者の主張がないからと言って、客観的事実に反する認定が許容されるわけではない。納税者に申告と資料提出の義務がある所得税等においては、周知のとおり、これがなされない場合に推計課税による更正処分が明文で認められているが、ここでさえ、実額と異なる税額が適法となるわけではなく、実額が明らかにされればこれと異なる推計による更正処分は違法とされる[17]。類似のことは、申請に基づく許認可についても妥当し、行政庁は、基本的には申請者による主張の有無にかかわらず、客観的な事実に基づいて判断をなすべきことになる、。

　もちろん、このことは、事後手続である審査請求手続等についても、同様といえる。ここでも、審理員あるいは審査会等には職権による調査の権限が認められているわけで[18]、審査請求人の主張と関わりなく、自ら事実を認定することが認められている。むしろ、ここまで述べてきたこととの関係では、この職権調査は、具体的な状況下では、義務ともなりうる。審査庁は、こうした調査に基づいて原処分庁とは異なる事実を認定できるのはいうまでもなく、これに基づいて、裁決により、処分の取消しや変更をなすべきことになる。場合によっては、原処分とは異なった事実の認定に基づいて原処分を維持することもありうるわけで、これが「理由の差替え」ということになる。もちろん、相手方の手続的保護の観点からは、その許容範囲については議論が残るところではあるが、法治主義の観点から基本的に正当化しうることとなろう[19]。課税処分について、いわゆる総額主義の観点から、これが許容さ

15　小早川・前掲論文（注1）267頁、薄井・前掲論文（注4）273頁。

16　この点につき、とくに、薄井・前掲論文（注4）275頁。

17　実額反証の成否が争われた目についた一例として、東京高判平28・9・26税務訴訟資料266号12905順号など。

18　審査請求における職権調査について、塩野宏『行政法II〔第6版〕』（有斐閣、2019年）34頁。

19　塩野・前掲書（注18）185頁など。さらに、宇賀克也『行政法概説〔第7版〕』（有斐閣、2021年）65頁。

れてきたのは、その現れともいえる[20]。結局、審査庁は、原処分の認定や審査請求人の主張に拘束されることなく、新たに事実を認定し、新たに事案についての判断を下すことが許され、あるいは求められているといえる。

2　いいかえれば、制度的には、審査庁は、原処分庁による事実認定とそれに基づく判断を見直すというよりは、新たに自ら調査をして判断をすることが求められていると考えられる。国税不服審査については、先に述べた総額主義などとの関係から、あらためて税額のすべてを決定する手続であることが強調されるところである[21]。同様のことは、許認可に対する拒否処分などに対する審査請求についても妥当するはずで、ここでも、あらためて許認可の是非、言い換えれば、申請が要件を満たすか否かが審理されることとなる。裁量の余地のある許認可についても、原処分庁による判断に代置して、不当判断の権限を有する審査庁自らが裁量判断をなしうることは、周知のとおりである[22]。なお、そこでの判断の基準時についても、取消訴訟での議論の類推から、原処分の時点であるとするものも多いが、以上の観点からは、むしろ裁決の時点であると考えたい[23]。

　ここでも、事実上は、原処分に示された判断やそれに対する審査請求人の主張が審理の出発点となるのが通例であろうし、法の定める手続も、こうした運営を前提としているといえる。そうした意味で、行政不服審査の手続について、当事者主義的な運営が語られることには理由があろうし[24]、国税不服審判について、争点主義的な運営が主張されることも同様であろう。しかし、これは手続の進め方の問題であって、以上で述べたこととは、レベルを異にする。もちろん、職権証拠調べの結果については、申請人等の意見が求

20　この点について、最3小判平4・2・18民集46巻2号77頁。

21　たとえば、大阪高判令1・9・12税務訴訟資料269号133107頁。

22　もちろん、現実には、従来の審査庁が自身の裁量権の行使には消極的であり、処分庁の判断を追認しがちであったとの指摘がなされているとおりであろうが、これは、別問題である。

23　三浦・前掲論文（注12）39頁。さらに詳しくは、大江裕幸「審査請求における違法性・不当性判断の基準時考察のための一視点」宇賀克也・交告尚史編『現代行政法の構造と展開（小早川光郎先生古稀記念）』（有斐閣、2016年）479頁。後者は、処分庁が審査庁である場合にのみ、裁決時が基準となるとする。

24　行政不服審査の当事者主義的な運営については、小早川光郎ほか編『条解行政不服審査法〔第2版〕』（弘文堂、2020年）154頁［友岡執筆］。

められるべきことになるが、これも当事者の手続的な保護の問題であって、それによって職権証拠調べの結果を裁決に反映させるべきことが制約されるわけではない。当事者の主張を前提としない職権探知についても、これを否定する見解もありうるが、必要であれば、これを否定する理由はないであろう[25]。

3　ちなみに、行政不服審査においては、一般的に、不利益変更の禁止が明文化されている。そうした意味では、原処分庁による原処分と審査庁による裁決については、その権限に差異があるといえる。しかし、これについても、たとえ審査請求等の手続において、請求人に不利益となる事実が認定されたとしても、裁決で原処分を不利益に変更できず、請求を棄却するべきであるとするにとどまる[26]。もちろん、こうした事実認定を審査庁がすること自体が許されないわけではなく、さらには、こうした事実認定に基づいて、原処分庁である審査庁が原処分を職権で取消して、それより不利益な処分をあらためてなしたり、上級庁である審査庁が原処分庁に同様のことを職権で命じたりすることが認められないわけではない[27]。このように、当事者主義が妥当する裁判手続における裁判所と審査請求手続における審査庁とでは、まったく立場を異にすることには、留意する必要があり、前者の類推で後者を考えてきた従来の傾向については、再考を要しよう。

　同様の観点からは、両当事者が各自に有利な主張立証をなし、それのみに基づいて裁判所が判断をしなければならないという裁判手続を前提とし、そこでのノンリケットの際の判断方法として論じられてきた立証責任といった発想についても、これを審査請求手続に持ち込むことには、慎重でなければなるまい。許認可の拒否処分の取消訴訟においては、許可要件を充足する事実については、原告たる申請者が負うとされるのが通例である。この場合、原告によって、その事実が充分に立証がなされなければ、裁判所は、請求を棄却するしかない。だからといって、申請処理手続において、申請者が十分な資料を出さなかったからと言って、処分庁が可能あるいは必要な調査を尽

25　塩野・前掲書（注18）34頁など。

26　小早川ほか・前掲書（注24）251頁［大江執筆］。

27　東京地判昭54・2・28税務訴訟資料104号443頁。

くすことなく、漫然と拒否処分をしていいはずはなく[28]、審査請求手続における審査庁も同様であろう。くりかえせば、客観的な事実に基づかない処分や裁決は違法なのであり、処分庁も審査庁も、客観的な事実に合致した認定により処分や裁決をなす義務があるはずである。いずれの手続も、客観的な事実の認定等のための基本的には同質の手続であると考えるべきこととなろう。当然のことながら、後者の判断が優越することとなるが、先に強調したとおり、現状では、手続的にも、後者の重みが増すことになっているといえる。

Ⅳ　許認可等の職権取消し

1　これまで、許認可等の申請処理手続とそれに対する審査請求等に対する審査手続について、これらを許認可等の是非を判断するため前提である事実認定等をなすための行政判断の一貫したプロセスとみるべきことを強調してきた。ここでは、両者は、同じ目的のプロセスと考えられ、審査請求手続においては、申請処理手続における事実認定等がやり直されることとなる。もちろん、こうしたプロセスとなるのは、主に申請拒否処分等がなされ、審査請求がなされた場合であって、許認可処分の判断がなされた場合には、（第三者による場合を除き）審査請求手続によって事実認定がやり直される余地はない。

　ただし、一旦は許認可等がなされたのちに、その前提とされた事実の認定等に誤りがあったことが明らかになり、その手続や判断がやり直されて、許認可等によって生じている法的地位が見直されることもありうる。いわゆる処分の職権取消し（狭義）である[29]。現行法においては、処分の職権取消しについては、一般的な期限の制限は法定されていないから、審査請求とは異なり、元の許認可等の処理手続とは、かなりの期間をおいてなされる場合も

---

[28] 申請処理手続に立証責任の発想を持ち込むべきでないことについて、薄井・前掲論文（注4）278頁。

[29] 職権取消しと撤回の講学上の意味などについて、さしあたり、曽和ほか・前掲書（注13）84頁［山田執筆］。

あるであろう。しかし、この職権取消しの手続も、審査請求手続と同様に、元の申請処理手続のやり直しであることは間違いなく、元の申請処理手続から一貫したプロセスとみる余地があろう。

2　もちろん、現在の行政手続法は、許認可等の職権取消しを不利益処分として、許認可等自体の申請に対する処分とは別に分類し、別種の手続を規定しているが、これには、立法技術として理由がある。ただし、近年の一例をあげれば、地震被害についての生活再建支援金の支給決定の職権取消しの是非が最高裁で争われている[30]。ここでは、支給決定の前提となった（誤った）建物の被害調査と評価をやり直して、新たな（正しい）評価に基づき支給決定を取消すことの是非が争われているわけで、連続した二度にわたる調査と評価の結果として、交付の是非が判断されているといえる。そして、それらを１つのプロセスとして視野に入れなければ、交付決定の職権取消しの是非を判断することはできず、また、適正な交付の判断のためのあるべきプロセスの制度設計もできないと思われる。

　許認可の職権取消しの手続においても、処分庁のなすべきことは、元の申請処理手続と基本的には同質であり、許認可の要件等を充足する事実の存否を調査し、根拠法に当てはめて判断することである。おそらく、許認可の職権取消しについては、許認可の要件を定めた根拠法のほかには、取消し自体の根拠規定を要しないとされてきたのも、そのためであろう。もちろん、そこでは申請書等の提出がなされないため、相手方の意見陳述の機会が設けられることとなるが、処分庁による職権による調査が可能かつ必要であることも自明である。ちなみに、許認可の職権取消しについては、許認可要件を充足しなかったことに加えて、相手方の信頼保護の要請の判断も必要となるわけであるが、これについても職権調査の対象となることは、もちろんである。結局、職権による取消しのプロセスは、信頼保護の観点からの判断は加わるものの[31]、基本的には元の申請処理手続のやり直しとみるべきことになろう。

3　ただし、許認可後に処分時には存在しなかった新たな事実が生じたこと

---

[30] 最２小判令３・６・４民集75巻７号2963頁。事案の詳細については、山田洋「本件一審評釈」自治研究96巻10号（2020年）138頁。

[31] さしあたり、山田・前掲評釈（注30）143頁。

が判明したことを理由として許認可等によって生じている法的地位を失わせる場合、いわゆる撤回については、やや事情が異なる。これについても、行政手続法においては、元の許認可とは別の不利益処分として整理されているのは勿論であり、多くの場合、職権取消し以上に元の許認可等との時間的乖離も大きいであろう。不適切な事業活動といった元の許認可等とは異なった要件が根拠法に規定されているのが通例であることからも（いわゆる取消規定）、元の許認可等のプロセスとは別個のプロセスと考えるのが自然である。

　もっとも、許認可等の撤回にも、様々な原因があり、事後的な事情変更により、元の許認可等の要件を充足しなくなったことが撤回の原因とされている例も少なくない。こうした場合については、調査し判断すべき事実の時点が元の処分時と撤回時とで異なるのみで、撤回において処分庁がなす判断は、職権取消しさらには元の許認可をする処分庁と基本的には異ならないといえ、元の許認可の判断のやり直しとみることも可能であろう[32]。ここでも、信頼保護の判断が加わるのみといえる。その他の撤回の原因についても、実質的には同様に理解できるものが少なくないように思われる。

４　そもそも、やや乱暴な言い方をすれば、許認可等の職権取消しと撤回のいずれについても、許認可等により生じた私人の法的地位の事後的なメンテナンスというべき制度である。もちろん、その制度設計においても、許認可自体と撤回については、その要件などにおいて一体のものとして立法化されるわけで、その実際の運用においても、許認可の多くにいわゆる取消権の留保（撤回権の留保）が付されることが知られるなど、許認可に際しては、その取消しや撤回の可能性を見据えた判断がなされている。立法においても、運用においても、当初の許認可においては、要件の規律あるいはその充足性の調査を軽いものにして、事後的な調査による取消しや撤回を厳しくする、あるいは、その逆といった選択もありうるはずである。

　そうした観点からは、ここでも、許認可等について、事前の申請処理手続と事後的な職権取消しや撤回の手続を一貫したプロセスとして把握してみる

---

[32] 審査請求における裁決についても、その基準時につき争いがあることについては、すでに述べたが、三浦・前掲論文（注12）39頁。

ことも、意味のあることと思われ、最適な許認可プロセスを考える一助となるように思われる。

V　むすびにかえて

1　以上、ここまで述べてきたことは、単純であり、根拠法の規定に基づいて私人の法的地位を生ぜしめる許認可においては、処分庁は、その要件を充足し、あるいは効果の判断を支える事実について、客観的な事実に合致した事実認定をするための調査を実施する義務があり、申請処理手続は、そのプロセスである。そして、事後的になされる、許認可等に対する審査請求等の手続、あるいは、それに対する職権による取消しの手続（場合によっては撤回も含めて）も、許認可の要件等を満たす事実の行政庁による調査認定のプロセスであるという意味では、基本的に、同質の手続とみるべきこととなる[33]。

こうした認識は、とりわけ、許認可についての審査請求手続を考えるに際して重視されるべきであり、この手続は、当事者の主張立証のみに基づいて原告の請求に理由があるか否かを判断する裁判手続とは、本質を異にする。したがって、行政不服審査の手続と訴訟の手続とを一対のものと考え、後者を前者のモデルとする考え方は、再考を要しよう[34]。こうした発想は、歴史的経緯もあり、従来は、無理からぬものであったであろうが、法改正によって、行政不服審査に独自の重みが加えられた現在、そろそろ払拭されてもよいのではないか。

2　これらの手続は、現行法上は、行政手続法上の「申請に対する処分」規定と行政不服審査法、さらには、行政手続法上の「不利益処分」規定と、それぞれ切り分けられており、もちろん、それには立法技術上の理由がある。

---

[33] そうした意味では、これらの行政手続全般について、（裁判手続の専門家である弁護士のみならず）行政書士に包括的な代理権を認める方向にある近時の行政書士法の改正は、相応の理由があるといえる。

[34] 両者を包括する概念としての「行政争訟」の概念の払拭を主張するものとして、常岡・前掲論文（注6）39頁。

しかも、いうまでもなく、現実の個別の許認可においては、申請処理手続のみで完結する場合もあれば、審査請求や職権取消しの手続が後続する場合もあるなど、様々なバリエーションがありうる。さらに、職権による取消しなどについては、当初の申請処理手続との間に、かなりの時間的乖離がある場合もありうる。

　しかし、これらの手続は、全体として許認可によって発生する私人の法的地位を確定する行政判断のプロセスであり、そのための客観的に正しい事実を発見するためのプロセスである。とりわけ、許認可等についても、その手続のデジタル化などが進展する今日、それらの制度設計などを考える上でも、こうした発想は、再度、強調されてよいものと考えたい。

行政手続における機械の利用

飯田　森

I　はじめに

　本稿は、「行政手続」において「機械」を用いることについて、行政活動の行為形式及び用いられる機械の技術水準に基づいて分類し、当該分類における各類型の法的性質について分析を試みるものである。

　本稿では、まず実務・学界の動向を踏まえたうえで、機械が用いられる行政活動の「行為形式」及び機械の「技術水準」に着目して分析を行う。すなわち、行政活動の行為形式を「補助行為」、「事実行為」[1]及び「権力的行為」に、また、当該行政活動で用いられる機械の技術水準を「人間による管理が可能な機械」（以下、管理可能機械）及び「人間による管理が不可能な機械」（以下、管理不可能機械）に分類する。そして、以下で示す整理表に基づいて、行政手続における機械の利用について検討を行う。

　なお、本稿のタイトル及び射程について、以下のように考えている。すなわち、我が国において行政がコンピュータ等を用いることを表現する場合、法令上及び学界では電子計算機[2]、電磁的記録[3]、電子情報処理組織[4]、オンライン[5]、デジタル[6]、AI[7]等様々な単語が用いられてきた。そのため、本稿のタイトルに含まれる「機械」という表現の趣旨は、法令上及び学界で用い

1　以下では、事実行為という場合、非権力的なものを念頭に置く。

2　地方自治法等で用いられている。

3　デジタル手続法3条7号等で用いられている。

4　デジタル手続法6条等で用いられている。

5　行政手続オンライン化法で用いられていた。

6　デジタル手続法の略称法令名で用いられている。

られているこれらの単語を「人間」と対比することにある。また、行政における機械の利用を論ずる際には、少なくとも個人情報保護[8]及び行政手続[9]という2つの観点からの検討が必要であると思われるところ、本稿においては、本論文集のテーマを考慮して「行政手続」についてのみを扱うこととする。

II 行政手続における機械の利用に係る実務・学界の動向

　我が国において、行政手続における機械の利用について、これまで様々な形で議論がなされ、立法化され、そして行政実務に反映されている。例えば、「行政手続等における情報通信の技術の利用に関する法律」（以下、行政手続オンライン化法）（現「情報通信技術を活用した行政の推進等に関する法律」（以下、デジタル手続法））が制定され、行政実務において行政手続オンライン化法3条1項（現6条1項）及び4条1項（現7条1項）に基づき申請等及び処分通知等を電子情報処理組織によって行うことが可能になっている[10]。国外に目を向けると、行政決定等の自動化について規律したEU一般データ保護規則（以下、GDPR）22条、ドイツ連邦行政手続法35a条、フィンランド行政手続法53e条及び韓国行政基本法20条等がある。我が国においても、デジタル臨時行政調査会において、「デジタル庁が目指す姿の類型と生み出す価値の進化過程」のフェーズ2として申請者からのリクエスト後の

---

[7] 「AIに関する暫定的な論点整理」（令和5年5月26日AI戦略会議）や「デジタル社会の実現に向けた重点計画」（令和5年6月9日閣議決定）等において行政のAI利用について言及されている。

[8] GDPR22条1項が、データ主体に、当該データ主体に関する法的効果を発生させる、又は、当該データ主体に対して同様の重大な影響を及ぼすプロファイリングを含むもっぱら自動化された取扱いに基づいた決定の対象とされない権利を保障していることからも導かれる。

[9] ドイツ連邦行政手続法35a条が全自動行政行為を一定の場合に許容し、行政手続における例外を設けていることからも導かれる。

[10] 行政手続オンライン化法に基づくオンライン申請について、従来の紙による手続と同等の電子化を行った点では、国際的に見ても重要であるという評価を受ける一方で、紙文書と電子文書の併存により、行政の効率化には繋がっていないという指摘がある（米丸恒治「情報化社会における行政とその法的環境——立法・行政・司法のワークフローを通じての現状と課題」行政法研究6号（2014年）16頁以下）。

処理において人間の介在をなくすこと、フェーズ 3 として人や紙が介在せずに処理を完遂する「Full Digital」が掲げられている[11]。

　そして、行政過程における機械の利用への学界の認識としてさまざまな見解があり、以下のように整理できる。すなわち、機械を利用する行政領域や利用方法に焦点を当てたものとして、行政領域において機械を導入可能な分野が限られているとするもの[12]及び機械を公務員の補助手段として扱う場合と代替手段として扱う場合を区別して論じるもの[13]がある。また、行政法の一般原則に焦点を当てたものとして、法律による行政の原理等の見地から行政通則法のレベルや法の一般原則についても考慮されなければならないとするもの[14]、AI の持つブラックボックスという性質や判断過程の透明性の確保の必要性に照らして課題を提示するもの[15]及び適正手続との関係・損害が生じた場合の責任・AI 活用による国民の個人の尊厳との関係等を挙げるもの[16]がある。さらに、憲法上の権利・原則に焦点を当てたものとして、最終的な公益に関する判断・評価は、民主政原理・法治国原理から要請されるコミュニケーションの手続により正統化・正当化するしかないというもの[17]及び特に法治国原理や憲法上重要な権利に関わる部分については自動化をすべ

---

[11] 第13回デジタル臨時行政調査会作業部会「行政サービスのデジタル完結に向けて」2022年 8 月30日 3 頁。

[12] 寺田麻佑『先端技術と規制の公法学』（勁草書房、2020年）135頁以下、寺田麻佑「人工知能（AI）技術の進展と公法学の変容」公法研究82号（2020年）212頁。

[13] 新保史生「ロボット法をめぐる法領域別課題の鳥瞰」情報法研究 1 号（2017年）68頁、新田浩司「AI・ロボットと行政」憲法研究51号（2019年）169頁、寺田・前掲書（注12）142頁、原田大樹「情報技術の展開と行政法」太田匡彦・山本隆司編『行政法の基礎理論——複眼的考察』（日本評論社、2023年） 2 頁、藤原静雄「デジタル化と行政法」自治研究99巻 5 号（2023年） 6 頁、黒川哲志「AI の行政意思決定関与の許容範囲」法学教室523号（2024年）26頁。

[14] 多賀谷一照『行政とマルチメディアの法理論』（弘文堂、1995年）、同『行政情報化の法理論』（行政管理研究センター、2000年）、横田明美「行政による AI の利活用と行政法学の課題」自治実務セミナー679号（2019年）10頁、黒川哲志「『法律による行政の原理』から見た行政過程での AI活用」日本法学88巻 3 号（2023年）595頁以下。

[15] 山本隆司「行政の情報処理行為に適用される比例原則の意義と限界」大橋洋一・仲野武志編『法執行システムと行政訴訟』（弘文堂、2020年）171頁以下、山本隆司「行政手続のデジタル化の諸文脈——特集に当たって」ジュリスト1556号（2021年）15頁以下、須田守「行政手続のデジタル化と法的課題」ジュリスト1556号（2021年）23頁以下。

[16] 松尾剛行「行政における AI・ロボットの利用に関する法的考察」情報ネットワーク・ローレビュー17巻（2019年）101頁以下。

きではなく、人間による責任ある調査の余地を残すべきというもの[18]がある。

　以上の実務・学界の動向を踏まえ、行政における機械の利用について、その行為形式及び利用する技術水準（人間による管理可能性）に着目し分類をすると、「補助行為」、「事実行為」及び「権力的行為」並びに「管理可能機械」及び「管理不可能機械」という軸をもとに次のようなマトリクス表を示すことができる。

図表1

	人間による管理が可能な機械	人間による管理が不可能な機械
補助行為	A	B
事実行為	C	D
権力的行為	E	F

筆者作成

　補助行為には、人間が事実行為や権力的行為を行う際に機械を補助的に用いる場面が該当し、事実行為には行政指導や単純なコミュニケーションなどが含まれ、権力的行為には行政行為や行政処分が当てはまる。本稿における「管理可能機械」は、計算機やコンピュータ、ルールベースAIなど人間が事前に定めたプログラムに基づいて、あらかじめ人間によって決められたパターン・ルールの範囲内で動作する機械を指す。また、同様に本稿における「管理不可能機械」は、学習型AIや生成型AIなど人間があらかじめ決めた範囲を超えて動作する機械を指す。

　本稿では、「補助行為における管理可能機械の利用」をA、「補助行為における管理不可能機械の利用」をB、「事実行為における管理可能機械の利用」をC、「事実行為における管理不可能機械の利用」をD、「権力的行為に

---

[17] 山本隆司「情報秩序としての行政過程の法問題」太田匡彦・山本隆司編『行政法の基礎理論——複眼的考察』（日本評論社、2023年）162頁以下。

[18] 松尾剛行「ChatGPT時代の行政におけるAIの利用にあたっての法的課題（3）AIの利活用と民営化や民間委託との比較及び行政はAIとどう付き合うべきか」戸籍時報844号（2023年）52頁以下。

おける管理可能機械の利用」をE及び「権力的行為における管理不可能機械の利用」をFとする。

Ⅲ　補助行為における機械の利用

　人間が行う事実行為や権力的行為を支援するような補助行為において、管理可能機械を利用する類型（A）及び管理不可能機械を利用する類型（B）には、当該機械が出した結果をもとに、人間が最終的な意思決定を行うという性質がある。

　前述のように、学界においては、現状の行政における機械の利用範囲が補助行為に限定されるとする見解が多くみられる。

1　補助行為における管理可能機械の利用（A）

　Aに該当するものとして、行政処分を行うために機械がする計算や紙ではなく電子データを用いたコミュニケーション、デジタル手続法6条1項及び7条1項に基づいて行われるオンラインによる行政手続などがある。

　デジタル手続法は、行政機関等が申請等のうち法令等の規定により書面等を用いて行うこととしているものについて、当該法令の規定にかかわらず、主務省令で定めるところにより、電子情報処理組織を使用して行わせることができる（6条1項）と定めている。しかし、本規定は、行政処分を行うための申請のデジタル化を明文で許容するに止まる。すなわち、本規定では、行政行為の本質的部分であると考えられる「審査・決定」について定められていない。なお、本規定は、国民に電子情報処理組織を使用して申請等を行う権利を付与するものではなく、行政機関等に申請等手続をオンライン化するか否かについての裁量を与えていると解されている[19]。また、これと類似の規定として、行政機関等が行う処分通知等を、主務省令で定めることにより電子情報処理組織を使用して行うことができる旨が定められている（7条1項）[20]。

---

[19] 宇賀克也『行政手続三法の解説〔第2次改訂版〕』（学陽書房、2016年）213頁。

デジタル手続法の旧法である行政手続オンライン化法の制定と同時に、行政書士法も改正された。行政書士法1条の2では、行政書士の独占業務について定められているところ、2002年改正によって、「他人の依頼を受け報酬を得て、官公署に提出する電磁的記録を作成すること」が独占業務として追加されることとなった。その結果、行政手続オンライン化法に基づく主務省令によって、オンライン上で許認可等の申請を行うことができるようになったものについては、（他の法律で制限されているものを除いて）行政書士が独占的に電磁的記録の作成を行うことができることとなった。なお、同法1条の3には、行政書士の非独占業務として電磁的記録を含む官公署に提出する書類を官公署に提出する手続等が定められている。本改正によって、行政手続において業として電磁的記録の作成（独占）及び提出（非独占）を行うことが明文化された。従来の紙で申請を行う場合と異なり、オンライン申請の場合には作成から提出までの連続性が高いことから、作成時における非行政書士行為を防止するためにも、提出まで独占とすることも検討の余地がある。

このような管理可能機械を補助的に活用する類型や当該機械が出した結果をもとに人間が行政活動を行う類型に対して、学界において以下のような分析がなされてきた。

宇賀克也は、デジタル手続法6条1項に基づいて行われるオンラインによる行政手続について、書面等による行政手続の場合にはない解釈問題が発生することを指摘している[21]。ここでは、文字化けの可能性とその場合の申請の法的効果、申請ファイルがウイルスで汚染されていた場合の措置、大量数の申請及び大容量データの申請への対応並びに通信エラー等による拒否処分等が挙げられている。

別の観点から、原田大樹は、現状、機械の補助を受けて作成される処分通知書について、理由提示の程度が不十分であると思われるものが存在するところ、この状況は、これまで訴訟になりにくかった分野を中心に、理由提示

---

20 行政手続オンライン化法の2018年改正及びデジタル手続法の2023年改正について、巽智彦「デジタル社会における行政手続」法学教室517号（2023年）10頁以下を参照。
21 宇賀・前掲書（注19）260頁以下。

の程度が甘いまま電算処理システムが構築されていること及び担当部局において そのような取扱いが違法になるとの認識がほとんどないままに通知書を出してきた実務の反映でもあると指摘する[22]。最終決定は人間が行っているという性質上、機械の補助を受けたからといって行政手続法（以下、行手法）等に要求されている理由提示等の水準が緩和されるとは解すべきでないだろう。

　以上で指摘されてきた事項以外にも、次のような点が問題として考えられる。すなわち、補助行為には、最終的に人間の決定であるという点に大きな特徴があり、機械が出した結果を人間が追認する場合、それを人間による意思決定と呼べるのかという問題がある。例えば、ルールベース AI に基づいて機械がＸという決定を示し、公務員が同様にＸという決定を被処分者に行った場合、当該Ｘという決定は公務員が行ったものと言えるか否かという問題である。この点について、国外では、機械が算出した刑事事件の被告の再犯可能性をもとに裁判官が判決を下すことについて最終決定は人が行うことに着眼した判例[23]や、信用情報機関のスコアリングを金融機関による融資の判定に用いることについて実質的には機械の判断が最終決定に決定的な影響力を有していることに着眼した判例[24]がある。この点につき、前者によれば人間による意思決定ということができる。後者によっても、あらかじめ人間によって定められたパターン・ルールの範囲内で動作する（人間による管理が可能な）機械が適正に作動している限りにおいて、人間の意思がパターン・ルールの設定段階に前倒しされていると解されるため、人間による意思決定ということができると思われる。

2　補助行為における管理不可能機械の利用（Ｂ）

　Ｂに該当するものとして、学習型 AI や生成型 AI で行われる計算や行政処分の事前審査、行政と国民の間のコミュニケーションなどが考えられる。

---

[22] 原田・前掲論文（注13）6頁。

[23] State v. Loomis, 881 N. W. 2d 749（Wis. 2016）.

[24] VG Wiesbaden, 01. 10. 2021- 6 K 788/20.WI=WM 2021, 2437. Joint cases C-26/22 and C-64/22 UF/AB v. Land Hessen and SCHUFA Holding AG（as intervener）.

デジタル手続法に基づくオンラインによる行政手続では、現時点で管理不可能機械を使用することは想定されていない。また、機械の補助を受けたからといって行手法等に要求されている理由提示等の水準が緩和されるとは解すべきでないという問題は、Aと共通するだろう。Bに独自の問題として、機械を補助的に利用するとしながらも、実質的には機械の判断に委ねつつ、形式的に人間の判断とされているような場合では、人間が後付けをした処分理由の内容が真実の処分理由なのか検証することができず、行政処分の正当性の説得力という点でなお問題を残すという指摘がされる[25]。

　また、管理不可能機械が出した結果を人間が追認する場合、それを人間による意思決定と呼べるのかという問題もAと共通するだろう。しかし、その結論は異なりうる。前述のとおり、Aの場合、管理可能機械のあらかじめ人間によって定められたパターン・ルールの範囲内で動作するという性質から、最終決定は人が行うこと又は実質的には機械の判断が最終決定に決定的な影響力を有していることに着眼した主張の両者によっても、人間による意思決定ということができると考えられる。他方で、管理不可能機械を用いるBの場合、当該機械のあらかじめ人間によって定められたパターン・ルールの範囲内で動作しないという性質から、機械が出した結果を人間が追認する場合、それを人間による意思決定と呼べるのかという問題に対して、異なる帰結が導かれうる。すなわち、当該機械が出した結果を人間が追認した状況において、最終決定は人が行うことに着眼した場合、最終的には人間が行った決定とみなすこととなるが、実質的には機械の判断が最終決定に決定的な影響力を有していることに着眼した場合、人間の関与のない機械の判断が決定的な影響力を有しているため、人間が行った決定とみなされないおそれがある。AIの提示する情報を参考にしたとしても、最終判断は人間の公務員が行うという実質が確保されることの重要性が指摘されているように[26]、どちらの帰結を導くかは、個別事案に応じて、決定の性質や機械の構造等により異なるだろう。

25　原田・前掲論文（注13）22頁。

26　松尾・前掲論文（注18）53頁以下。

Ⅳ　事実行為における機械の利用

　行政指導等の事実行為においても、当該行為を機械によって行うケースがあり、管理可能機械を利用する類型（C）及び管理不可能機械を利用する類型（D）に分類することができる。

　本稿における「事実行為における機械の利用」とは、個別の事実行為において人間の関与が存在せず、全自動的に行うものであり、その点で人間が最終的な意思決定を行う補助行為における機械の利用とは異なる。

1　事実行為における管理可能機械の利用（C）

　Cに該当するものとして、事実行為としての行政調査、ルールベース AI に基づくチャットボット、オンライン申請上の行政指導などがある。

　2023年には、デジタル社会の形成を図るための規制改革を推進するためのデジタル社会形成基本法等の一部を改正する法律が制定された[27]。同法では、デジタル原則に照らした規制の一括見直しプランを踏まえ、デジタル技術の進展を踏まえたその効果的な活用のための規制の見直しを推進するため、デジタル社会形成基本法、デジタル手続法及びアナログ規制を定める個別法の改正が行われた。その結果、「目視規制」、「実地監査」及び「定期検査」等の「調査」が見直しの対象に含まれることとなり、行政機関が行う事実行為としての行政調査もその対象に該当しうる。

　事実行為の代表例である行政指導についても、管理可能機械を用いていると思われる場面が存在する。行手法上の行政指導を管理可能機械を用いて行う場合、同法との間で緊張関係が生じうる[28]。

　まず、行政が管理可能機械を用いることが行手法上の行政指導に該当しうるかについて、次のようなケースを題材にして検討する。例えば、オンライ

27　同法の解説について、巽智彦「デジタル規制改革推進法」ジュリスト1589号（2023年）15頁を参照。
28　山本・前掲論文「行政手続のデジタル化の諸文脈－特集に当たって」（注15）16頁、須田・前掲論文（注15）21頁。

ン上のフォーム入力のような各項目に氏名や住所等の情報を入力していき、そのデータを送信することによって行政機関に申請をするという場合において、「必須」とされている項目にデータが入力されていない場合や項目に誤ったデータが入力されていることから、「データを入力してください。」あるいは「全角で入力してください。」などの「注意」が表示され、データを送信すること（申請）ができないというケースである。すなわち、本ケースにおける「注意」が行手法上の行政指導に該当するか否かである。

　行手法2条1項6号は行政指導を「行政機関がその任務又は所掌事務の範囲内において一定の行政目的を実現するため特定の者に一定の作為又は不作為を求める指導、勧告、助言その他の行為であって処分に該当しないものをいう」と定義しており、ここでは、①「任務又は所掌事務の範囲内」、②「特定の者」、③「一定の作為又は不作為を求める指導等」等が問題となりうる。①「任務又は所掌事務の範囲内」について、本ケースの場合、行政機関は「任務又は所掌事務の範囲内」でオンライン申請を受け付けていることが考えられるため要件を満たすだろう。②「特定の者」について、ルールベースAI等があらかじめ不特定多数のために用意されたパターンの中から選択して「注意」を表示するため、当該要件を満たさないと解する余地もある。③「一定の作為又は不作為を求める指導等」について、入力をすることや入力内容を訂正することを求める「注意」を表示しているため要件を満たす[29]。仮に行手法上の行政指導に該当する管理可能機械が出現した場合の論点について、松尾剛行は、行政の利用するチャットボットが行政指導に該当する場合、行政指導に至りうることを前提に行手法を遵守させるか等を選択する必要が出てくると指摘する[30]。

　上記ケースにおいて問題になると想定される行手法の規定は33条である。同規定は「申請の取下げ又は内容の変更を求める行政指導にあっては、行政指導に携わる者は、申請者が当該行政指導に従う意思がない旨を表明したに

---

[29] チャットボットの行政指導該当性を検討しているものとして、松尾剛行「ChatGPT時代の行政におけるAIの利用にあたっての法的課題（2）AIの提供した誤情報への信頼保護及び国家賠償責任」戸籍時報843号（2023年）61頁以下。

[30] 松尾・前掲論文（注29）62頁。

もかかわらず当該行政指導を継続すること等により当該申請者の権利の行使を妨げるようなことをしてはならない。」と定めている。同規定をオンライン申請あるいはオンライン申請上の行政指導と併存させようとするならば、上記ケースのように、申請者がオンライン上で申請をしようとした場合に、項目に不足箇所等があることから申請の内容の変更を求める「注意（行政指導）」を行う際には、再度同一の申請内容が送信される等申請者が当該行政指導に従う意思がない旨を表明したにもかかわらず、同一の「注意（行政指導）」を継続すること等により当該申請者の権利の行使を妨げるようなことをしてはならないということになりうる。

　他方で、同規定は「申請者」としているから、申請後に「申請の取下げ又は内容の変更を求める行政指導」を行う場合にのみ適用される[31]。デジタル手続法 6 条 3 項は、オンライン申請が当該申請等を受ける行政機関等の使用に係る電子計算機に備えられたファイルへの記録がされた時に当該行政機関等に到達したものとみなす旨を定めている。同規定に照らせば、項目に不足箇所等がある状態においても送信ボタンを押すことによって「申請者」となりうるか否かは、行政が保有するコンピュータへの記録に係るシステム上の問題であるとも思われる。仮に「申請者」とならない場合には、行手法33条の問題ではなく、国民の申請権の侵害の問題になるだろう。

　また、送信ボタンを押すことによって「申請者」になるとしても、行手法33条は同法 2 章の規定を補完するものであり、申請がすでになされている以上、行政庁は、速やかに申請者に対し相当の期間を定めて当該申請の補正を求め、又は当該申請により求められた許認可等を拒否しなければならない（同 7 条）ため、行政指導を継続すること自体はそれほど申請者の権利利益に影響を与えるものではないと解される[32]。そうすると、項目に不足箇所等があることから申請の内容の変更を求める「注意（行政指導）」を継続することは、行手法33条によって制限されるものではないと思われる。

　管理可能機械を利用した事実行為によって国民が損害を被った場合に国家

31　中川丈久「行政指導―行政手続法第 4 章の見直しについて」行政法研究51号（2023年）60頁。
32　髙木光他『条解行政手続法〔第 2 版〕』（弘文堂、2017年）356頁以下、中川・前掲論文（注31）60頁。

賠償が認められるか否かという論点もあるが、この点については後述する（Ⅴ1）。

2　事実行為における管理不可能機械の利用（D）

　Dに該当するものとして、学習型AIや生成型AIで動作する事実行為としての行政調査、チャットボット及び行政指導などが考えられる。

　管理不可能機械が行政指導を行うことについて、行手法上の行政指導の要件やCの類型に関する学界の議論は前述のとおりであるが、再度、オンライン上のフォーム入力において、「注意」が表示され、データを送信すること（申請）ができないというケース（「注意」が行政指導に該当するか否か）を取り上げて考察する。

　行手法上の行政指導該当性について、Cの類型においては、「特定の者」に対する行為か否かについて、あらかじめ不特定多数のために用意されたパターンの中から選択して「注意」を表示していたところ、Dの類型においては、生成型AI等が過去の蓄積から自ら申請者に対して「オリジナルの注意」を表示しているという点で異なる。その結果、「特定の者」の要件を満たす余地がより広がる。管理不可能機械によって行手法上の行政指導が行われる場合、Cの類型と同様に同法33条に係る問題に直面しうる。そして、申請者が当該行政指導に従う意思がない旨を表明したにもかかわらず、同一の「注意（行政指導）」を継続すること等により当該申請者の権利の行使を妨げるようなことをしてはならないこととなる。なお、同規定が「申請者」としており、申請後に当該行政指導を行う場合にのみ適用されるところ、仮に「申請者」とならない場合には、行手法33条の問題ではなく、国民の申請権の侵害の問題になること及び行政指導を継続すること自体はそれほど申請者の権利利益に影響を与えるものではないと解されるため、項目に不足箇所等があることによる当該行政指導の継続は行手法33条によって制限されるものではないことはCと同様である。

　また、管理不可能機械を利用した事実行為によって、国民が損害を被った場合に国家賠償が認められるか否かという論点もあるが、この点については後述する（Ⅴ2）。

V　権力的行為における機械の利用

　行政行為や行政処分等が該当する権力的行為においても、当該行為を機械によって行うケースがあり、管理可能機械を利用する類型（E）及び管理不可能機械を利用する類型（F）に分類することができる。本稿における「権力的行為における機械の利用」とは、個別の権力的行為において人間の関与が存在せず、全自動的に行うものであり、その点で人間が最終的な意思決定を行う補助行為における機械の利用とは異なる。

1　権力的行為における管理可能機械の利用（E）

　Eに該当するものとして、ルールベースAIによって行われる行政行為や行政処分がある。保育所の入所決定をルールベースAIを用いて行う事例もここに含まれる[33]。この類型を明文で認めている国外の例として、前述のドイツ連邦行政手続法35a条等があり、国内においても関心を高めている[34]。ドイツでは、同規定に基づいて行う全自動行政行為を、アルゴリズムを利用して行うと考えられている[35]。

　権力的行為の代表例である行政処分のうち、特に機械の利用が考えられる

---

[33] 保育所入所決定に関する先行研究として、横田・前掲論文（注14）9頁、松尾・前掲論文（注16）92頁、黒川・前掲論文（注14）600頁、同・前掲論文（注13）22頁等がある。

[34] 同規定を扱うものとして、須田守「処分全自動発布手続と調査義務」法学論叢184巻4号（2019年）1頁、須田守「全自動発布処分を追試する」法律時報91巻9号（2019年）144頁、山本・前掲論文「行政の情報処理行為に適用される比例原則の意義と限界」（注15）155頁、須田・前掲論文（注15）19頁、原田・前掲論文（注13）1頁、山本・前掲論文（注17）159頁、藤原・前掲論文（注13）6頁、巽智彦「挑戦——行政のデジタル化」行政法研究54号（2024年）131頁、飯田森「全自動行政行為の性質と課題（1）——ドイツ連邦行政手続法三五a条を巡る議論から」自治研究100巻3号（2024年）126頁、同「全自動行政行為の性質と課題（2）——ドイツ連邦行政手続法三五a条を巡る議論から」自治研究100巻6号（2024年）98頁、同「全自動行政行為の性質と課題（3）——ドイツ連邦行政手続法三五a条を巡る議論から」自治研究100巻10号（2024年）99頁などがある。また、イタリアにおける学界及び実務の動向に関する考察として、土井翼「自動決定・IT裁判・AI判決：イタリアにおけるデジタル行政裁判」一橋法学23巻1号（2024年）107頁がある。

[35] Vgl. Annette Guckelberger, E-Government：Ein Paradigmenwechsel in Verwaltung und Verwaltungsrecht? 1. Referat, VVDStRL78（2019）, S.262ff; Hanno Kube, E-Government: Ein Paradigmenwechsel in Verwaltung und Verwaltungsrecht? 2. Referat, VVDStRL78（2019）, S.289ff.

申請に対する処分を全自動的に行おうとする場合、行手法との間に緊張関係が生じうる。例えば、同法8条では、原則として申請により求められた許認可等を拒否する処分をする場合は、申請者に対し、同時に、当該処分の理由を示さなければならないことが定められている。また、同法10条では、申請に対する処分を行う際に、申請者以外の者の利益を考慮すべきことが当該法令において許認可等の要件とされているものを行う場合には、必要に応じ、当該申請者以外の者の意見を聴く機会（公聴会の開催等）を設けるよう努めなければならないことが規定されている。

　ドイツでは、機械を用いて行政行為を行う場合、理由提示や関係人の聴聞を省略できることが定められている（ドイツ連邦行政手続法28条2項4号、39条2項3号）。他方で、機械を用いて行政行為が行われる場合に理由提示等を省略できる旨を定めた当該規定は、機械によって理由を示すことができないという1970年代の技術水準のみに基づいていると理解され、技術発展に基づく現代的なコンピュータデータ処理によれば当該規定は「死文（totes Recht)」であると解されている[36]。その結果、同規定の削除を求める見解もある[37]。

　このように、ドイツにおいては、現代のルールベースAI等の技術水準を前提として、機械を用いて行政行為を行う場合にも理由提示を求める見解があるが、ルールベースAI等の示す理由は、我が国の行手法8条における理由提示と同視できるものだろうか。ルールベースAI等によって示すことのできる「理由」とは、どのような原因に基づいて結果が出されたのかという「因果関係」及び「原因」である。他方で、行手法8条に基づいて提示されなければならない「理由」とは、いかなる事実関係に基づきいかなる法規を

---

[36] Paul Stelkens, in: Paul Stelkens/Heinz Joachim Bonk/Klaus Leonhardt, Verwaltungsverfahrensgesetz Kommentar, 9.Aufl., 2018, §37 Rn.130, §39 Rn.97; Paul Stelkens, Der vollständig automatisierte Erlass eines Verwaltungsakts als Regelungsgegenstand des VwVfG, in: Hill/Kugelmann/Martini (Hrsg.), Digitalisierung in Recht, Politik und Verwaltung, 2018, S.117f.

[37] Ralf-Michael Polomski, Der automatisierte Verwaltungsakt -Die Verwaltung an der Schwelle von der Automation zur Informations-und Kommunikationstechnik, Berlin 1993, S.164ff；Guckelberger, spura note 35, S.274.

適用して申請が拒否されたかを、申請者においてその記載自体から了知しうるものでなければならず、単に申請拒否の根拠規定を示すだけでは、それによって当該規定の適用の基礎となった事実関係をも当然知りうるような場合を別として十分でない（最判昭60・1・22民集39巻1号1頁）。そのため、あらかじめ用意されたパターンの中から選択して提示されるルールベースAI等による「理由」は、個別の事実関係に基づいて提示されなければならない行手法8条における「理由」と異なる[38]。

　さらに、理由提示の目的である行政の慎重合理性担保・恣意抑制機能及び争訟便宜機能を損なうような態様での処分理由のパターン化・定型化を立法で許容することも正当化し難いとの指摘がある[39]。特に、慎重合理性担保・恣意抑制機能の観点からは、機械が行った判断に対して公務員が理由を後付けするといった場合には恣意を抑制することにつながらず[40]、争訟便宜機能の観点からは、行政処分の理由が適切に示されず、不服申立てを行うに当たって、適切に主張することができない可能性がある[41]。

　以上の内容から2つの可能性が導かれる。1つ目は、行手法8条の範囲内で全自動化を行うというものである。行手法8条において理由提示が求められる申請に対する処分は、（法令に定められた許認可等の要件又は公にされた審査基準が数量的指標その他の客観的指標により明確に定められている場合であって、当該申請がこれらに適合しないことが申請書の記載又は添付書類その他の申請の内容から明らかであって、申請者の求めがあった場合を除く）申請拒否処分に限定される。そのため、申請の段階では全自動行政処分のルートに乗せた上で、上記申請拒否処分がされそうになった場合にのみ、申請拒否処分通知を行う前に人間による審査のルートに移動するという方策

---

[38] ルールベースAI等が行う理由提示の性質について、総務省「AIによる行政に関する法的課題に係る検討会」（座長：大屋雄裕）における議論を参考にした。

[39] 原田・前掲論文（注13）7頁。

[40] 松尾剛行「都市行政とAI・ロボット活用」久末弥生編『都市行政の最先端　法学と政治学からの展望』（日本評論社、2019年）132頁、松尾剛行「ChatGPT時代の行政におけるAI利用にあたっての法的課題（1）AIの利用に伴う透明性の問題」戸籍時報842号（2023年）67頁。

[41] AIネットワーク社会推進会議「AIネットワーク社会・経済にもたらす影響〜分野別評価〜」https://www.soumu.go.jp/main_content/000564148.pdf, last visited, 5 April 2024、松尾・前掲論文（注16）102頁。

が考えられる。2つ目は、行手法8条を改正し、ドイツのように機械を用いる場合には理由提示を省略可能とするというものである。しかし、理由提示の目的である行政の慎重合理性担保・恣意抑制機能及び争訟便宜機能に照らせば、現実的ではない。むしろ、理由提示の目的を尊重した結果、全自動行政処分の活用場面が極端に狭くなることも考えられる。

　また、不服の申立てについても再考を要する。すなわち、ルールベースAI等を用いて行われる申請拒否処分に対して、行政不服審査法（以下、行審法）上の審査請求等や行政事件訴訟法（以下、行訴法）上の抗告訴訟が提起されたとしても、実際に行政処分を行った主体は機械であり、従来の制度では適切に機能しない可能性がある。特に取消訴訟において、問題となる行政処分をするに足りる事実の存在立証の観点から指摘がある[42]。また、機械によって行政処分がなされることにより、不服審査が人間による判断の機会を確保するために重要な意味を持つ可能性があり、機械によってなされた行政処分が争点となる場合には、機械による判断過程を開示し、判断を人間により見直すことが重要になるという指摘もある[43]。

　この点につき、ドイツ連邦行政手続法24条1項には、自動的な手続において調査されないであろう、個別事案のために意味のある事実に関する関係人の申述を考慮しなければならないことが定められており、当該個別事案に関する申述の受領及びその適切な顧慮、さらに必要であれば人的な調査を求めている[44]。他方で、当該人的調査は、申請と同時に申請者から申述があるような状況を除いて、関係人による申述が、全自動行政行為が行われている過程ではなく、全自動行政行為が行われた後に（事後的に）なされることによって、遡って「人的な作業ルートへ変更するかどうかを審査する過程」に至るものであるとも考えられる[45]。機械によって行われた行政処分に対する不

42　松尾・前掲論文（注16）103頁。

43　山本・前掲論文「行政の情報処理行為に適用される比例原則の意義と限界」（注15）178頁。

44　須田・前掲論文「処分全自動発布手続と調査義務」（注34）19頁。なお、同規定に基づいて人間による調査が行われた場合、それはもはやドイツ連邦行政手続法35a条が意味する全自動行政行為ではなくなると解されている（Heribert Schmitz/Lorenz Prell, Neues zum E-Government Rechtsstaatliche Standards für E-Verwaltungsakt und E-Bekanntgabe im VwVfG, NVwZ. 2016, S.1277.）。

服についても、行審法上の審査請求等や行訴法上の抗告訴訟ではない従来とは異なる処分庁職員による再審査を行うこともありうる。

　そして、機械によって行われた行為についての国家賠償責任をどのように考えるべきであろうか。機械にある種の人格が認められ、帰責主体として位置付けられる場合、行政の手足として1条責任を追求すること又は機械があくまで「物」として位置付けられる場合、人工公物として2条責任を追求することが考えられる[46]。また、公務に携わる意思決定主体としての機械に対し1条責任を問うこと又はあくまで機械を営造物として捉え、設置者の2条責任を問うことがありうる[47]。さらに、機械によって行われた行為の1条責任の追求は、①機械投入時におけるその投入の判断における義務違反や②運用時において管理監督をすべき公務員の管理監督義務違反等を問うことによって可能になるという指摘がなされる[48]。加えて、2条責任について、その適用範囲の問題が指摘されている[49]。この点につき、神戸地判令3・6・25判時2518号10頁が管理可能機械の2条責任について一定の判断を行っている。本事案は、K字型の変形四叉路交差点において、走行経路が交錯する二方向の信号機が青色表示であったため自動車同士が衝突したものである。判旨では、「車両が、いずれも自己を規制する信号表示に従って走行した場合、走行経路が交錯することになる以上、本件交差点が変形交差点であることを考慮しても、信号周期上、交差点を進行する車両の運転者が、通常想定される走行の方法及び態様で走行したときに、想定され得る危険を防止することができておらず、交通の安全が確保されていないものというべきであ」り、信号機の設置・管理に瑕疵があるとして、2条責任を認めた。本判決の是非・射程についてここでは立ち入らないが、行政が機械を利用する場面が増える

45　飯田・前掲論文「全自動行政行為の性質と課題（3）——ドイツ連邦行政手続法三五ａ条を巡る議論から」（注34）108頁。

46　原田・前掲論文（注13）12頁以下。機械を補助行為に利用した場合の1条責任につき、松尾・前掲論文（注40）134頁以下を参照。

47　新田・前掲論文（注13）179頁。

48　松尾・前掲論文（注40）134頁以下、松尾・前掲論文（注16）102頁、松尾・前掲論文（注29）63頁。

49　松尾・前掲論文（注16）102頁、松尾・前掲論文（注29）64頁。

につれて、国家賠償責任の問題について議論を要するだろう。ドイツでは1981年に制定され、後に廃止された国家責任法が「行政主体が人間の関与なしに技術設備によってのみ公権力を行使し、その機能障害が人間による義務違反に相当するであろう場合には、この技術設備における機能障害は義務違反とみなされる」（1条2項）と定め、無過失責任としていた[50]。いずれにせよ、管理可能機械が用いられている限りでは、人間の意思が関与する機械の設定・導入に係る義務違反又は機械の管理監督義務違反を公務員に追求することも考えられる。

2 権力的行為における管理不可能機械の利用（F）

Fに該当するものとして、学習型 AI や生成型 AI で行われる行政行為や行政処分が考えられる。

本類型における理論上・実務上の問題点として、①判断過程の人間のコントロール可能性と判断過程の透明性を確保すること、②機械による判断において事情・情報の把握・考慮の偏りを防ぐための行政機関による調査・判断の補完の必要性及び③判断過程における利害関係人とのコミュニケーションの機会を確保することが指摘されている[51]。また、AI による判断が社会通念に照らして妥当なものであるか否かの判断及びアルゴリズム作成時に想定していなかった例外的事情の有無の判断のために人間の関与は不可欠であるとされる[52]。

さらに、「行手法との緊張関係」、「不服の申立て」及び「国家賠償責任」の論点は E と同様に生じうるが、特に「行手法との緊張関係」及び「国家賠償責任」において、人間の想定を上回るような動作をする生成型 AI 等の管

---

[50] 国家責任法の制定・廃止の経緯及び規定内容について、プロドロモス・ダクトグロウ（阿部泰隆訳）「西ドイツ国家責任法の改革について」自治研究51巻7号（1975年）3頁、大内俊身「西ドイツにおける国家責任法改正の動向」司法研修所論集59号（1977年）229頁、芝池義一「西ドイツにおける国家責任法の改革」公法研究42号（1980年）181頁、宇賀克也「西ドイツにおける新国家責任法について」ジュリスト763号（1982年）112頁、ドイツ研究会「国家責任法（立法紹介西ドイツ）」外国の立法21巻6号（1982年）247頁、宇賀克也『国家責任法の分析』（有斐閣、1988年）220頁以下を参照。

[51] 山本・前掲論文「行政手続のデジタル化の諸文脈——特集に当たって」（注15）15頁以下。

[52] 黒川・前掲論文（注13）26頁。

理不可能機械を用いることから異なる点が強調される。

　行手法においては、Eと同様に機械を用いることによって、理由提示や公聴会の開催等の人間の関与が求められる際に緊張関係が生じうる。管理不可能機械を用いるということに着目すると、理由提示について仮に争訟便宜機能を満たすような理由を提示できる機械が出現したとしても、公務員に対する慎重合理性担保・恣意抑制機能を期待することはできない。そのため、行手法において理由提示が求められている類型においては、管理不可能機械のみで判断を行うことは困難であると思われる。また、行政が行う行為について、法律による行政の原理によって法律適合性及びその説明責任が課せられる場合、AIの振る舞いについて論理的に検証できないブラックボックスのプロセスは許容されないと解される[53]。人間が事前に用意したパターン・ルールを越えた判断を行うような学習型・生成型AI等の機械を用いるFの類型において、法律による行政の原理からの懸念が生じる。それでもなお、例えば過去の統計上明確な審査基準に基づいて決定がなされてきたものや、当該決定に対する不服が皆無に等しいなど過去のデータにおける適正な行政運営が担保される類型等、生成型AI等の活用の許容性を検討する余地は残されているだろう。いずれにしても、権力的な行為を人間の想定を上回るような動作をする機械に行わせる場合、事前に統一的なルールを策定する等の慎重な検討が求められる。

　AIによる権力的行為についての国外の立法例として、韓国行政基本法20条は、「行政庁は、法律で定めるところに従い完全に自動化されたシステム（人工知能技術を適用したシステムを含む。）で行政処分をすることができる。ただし、行政処分に裁量がある場合は、この限りでない。」と定める。同規定の目的は、現代情報技術の発展を行政領域に反映し、完全に自動化されたシステムによる行政処分の許容及び自動的行政処分が許容できる領域を明示的に規律することであり、ドイツ連邦行政手続法35a条をモデルとしている[54]。韓国行政基本法20条では、交通信号機、試験採点及び税決定などが導

53　黒川・前掲論文（注14）595頁。
54　韓国法制処（田中孝男訳）『韓国・行政基本法条文別解説』（公人の友社・2022年）93頁。

入可能な領域であると考えられているようであるが[55]、「人工知能」がどの程度の技術水準として理解されているかまでは読み取ることができない。また、立法時においては、「特に人工知能による処分に関して十分な研究及び検討がない状態でこれを立法化することは時期尚早という問題提起」[56]もあったようである。実務レベルの見解では、現状の実務において該当する事例はなく、Bの類型のような人間の補助として人工知能を用いるにとどまっているということであった[57]。

　機械によって行われた行為に対する国家賠償責任について、大部分は前述のとおりであるが、信号機の設置・管理の瑕疵を認めた神戸地判令3・6・25判時2518号10頁に派生して次のことが言える。本判決においては、人間があらかじめ設定した信号周期に基づいて動作していた信号機について2条責任を認めたものである。他方で、信号機に設置されたセンサー・カメラに基づくデータの他の信号機への共有や道路の混雑状況の蓄積データに基づくAIの判断によって赤信号を示す（道路利用者に対して停止命令を行う）ものが出てきている[58]。すなわち、人間によって定められたパターン・ルールの範囲内で動作を行う機械に係る国家賠償責任だけでなく、人間によって定められたパターン・ルールの範囲を越えて動作を行うことが予定されている機械に係る国家賠償責任についても今後問題となりうる。この点につき、特別の犠牲があったとして損失補償の問題と捉え、立法政策による特別な補償制度の創設等を示唆する見解もある[59]。どのような思考回路で機械がそのような決定を行ったのかを行政が説明することができない以上、上記ドイツ国

---

[55] 韓国法制処・前掲書（注54）93頁。

[56] 韓国法制処・前掲書（注54）95頁。

[57] 2024年3月21日に韓国世宗特別自治市にて行った行政安全部 Planning and Coordination Office, Director for Data and Information Management, Kim Soonhui 氏へのヒアリングによる。

[58] これらの信号機について、穆蕊「リアルタイム情報に基づく平面交差点信号制御システム最適化に関する研究——平均遅延最小化を目指す信号制御最適化の非線形計画モデルの構築方法とその検証」（2020年）https://www.ttri.or.jp/cms/wp-content/uploads/2020/06/20200916machiben.pdf, last visited, 8 April 2024、WIRED「Google マップのデータを AI で分析、信号のタイミングを最適化するプロジェクトをグーグルが進行中」（2023年）https://wired.jp/article/googles-ai-traffic-lights-driving-annoying/, last visited, 8 April 2024.

[59] 松尾・前掲論文（注29）65頁。

家責任法のような無過失責任を認めることも考えられるだろう。

VI　結びにかえて

　ここまで、機械が用いられる行政活動の行為形式及び用いられる機械の技術水準に基づいて整理をし、その法的性質について分析を行った。その結果、行政活動の行為形式がより権力的になるにつれて、また用いられる技術水準がより複雑化するにつれて現行法における法規制と干渉しうることが明らかとなった。また、現行法に干渉する場合、法改正をすれば良いという発想では対応できない、理由提示のような立法の趣旨・目的にも関連する、あるいは国家補償のような慎重な検討が求められる類型が存在する。

　行政手続において機械を利用することについて、上記のような様々な論点が存在するが、本稿ではそのごく一部を指摘するにとどまる。今後、さらなる議論の発展のために、電磁的記録を含む官公署提出書類の作成が法定独占業務となっており、行政手続において代理人を務める行政書士をはじめとする実務家の視点が必要不可欠であろう。

申請処理の遅延と「時の裁量」

清水 晶紀

I　はじめに

　2017年に公表された規制改革推進会議行政手続部会の取りまとめ資料では、行政手続コストの削減にむけて取り組むべき事項として、「処理期間の短縮」が挙げられている[1]。この点、許認可申請の処理期間については、行政リソースの有限性から短縮に限界があると解され、公務員の人材不足がそれに拍車をかけてきたが、今後、申請手続のデジタル化の進展により行政上の負担が削減されれば、大幅な短縮が期待できる。加えて、アナログ対応が生み出す不適切な申請処理についても、デジタル化の進展によって大幅な削減が期待できよう。

　他方で、デジタル化の進展によって申請処理期間が短縮され、アナログ対応による人為的な処理ミスが排除されたとしても、なお、申請処理には遅延が発生する可能性がある。その発生要因は、システム上のトラブルによるものから、当該事案における行政上の負担増加やリソース不足によるもの、さらには、申請諾否審査中や審査終了後の行政指導によるものまで、様々であるが、明らかに不適切な要因によるものもあり、その法的統制は重要な課題であるといえよう。

　この点、申請処理の遅延に対する法的統制については、これまで、同種事案との比較という手法が用いられてきており、不適切処理事案の多くは、同

---

[1]　規制改革推進会議行政手続部会「行政手続部会取りまとめ──行政手続コストの削減に向けて」（2017年）9頁、内閣府ホームページ https://www.8.cao.go.jp/kisei-kaikaku/suishin/publication/170424/item3.pdf, last visited, 15 July 2024.

手法の活用によって対応が可能と解される。というのも、申請諾否審査に通常必要とされる期間（以下、通常の所要期間という）を経過していれば申請処理の遅延は「特段の事情」がない限り違法と推定すべきであり、かつ、申請諾否審査のプロセスにおける「特段の事情」については、同種事案との比較を通じてその法的妥当性を検討可能だからである[2]。

ただし、「時の裁量（権限行使時期の裁量）」[3]に係る申請処理の遅延については、同種事案との比較という手法での対応が困難であり、その法的統制については検討の余地がある。というのも、「時の裁量」が認められるということは、申請諾否審査の所要期間が経過し、申請に対する処分権限を行使する作為義務（以下、権限行使義務という）が発生した段階で、なお権限行使時期の遅延を正当化できる「特段の事情」が認められるということであり、同種事案との比較がそもそも難しいからである。加えて、「時の裁量」に係るリーディングケースとされる中野区車両制限令事件最高裁判決（以下、中野最判という）[4]の論理構成に対しては、強力な批判が存在している。その意味でも、「時の裁量」に係る申請処理の遅延に対する法的統制については、慎重な検討が必要であろう。

そこで、本稿では、申請処理の遅延が「時の裁量」によって正当化される可能性について、裁判実務の論理構成の再検討を通じて模索することにしたい。具体的には、まず、申請処理の遅延をめぐる手続法的規律の現状を把握し、それが、申請諾否審査の所要期間をめぐる規律に加え、「時の裁量」をめぐる規律をも包含していることを明らかにする（Ⅱ）。続いて、前者をめぐる規律については裁判実務の整理の妥当性を首肯できることを確認し、後者をめぐる規律が未成熟の検討課題となっていることを指摘する（Ⅲ）。その上で、後者をめぐる規律のリーディングケースとされる中野最判につき、学説の動向を踏まえてその論理構成を再検討し、最終的に、申請処理の遅延

---

[2] 通常の所要期間を同種事案との比較によって抽出するという手法の有効性については、清水晶紀「判批」北村喜宣編『産廃判例を読む』（環境新聞社、2005年）56頁以下、61頁。

[3] 塩野宏『行政法Ⅰ〔第6版補訂版〕』（有斐閣、2024年）145頁。

[4] 最2小判昭57・4・23民集36巻4号727頁。同裁判については、出口裕明「判批」齋藤誠・山本隆司編『行政判例百選Ⅰ〔第8版〕』（有斐閣、2022年）242頁以下。

が「時の裁量」によって正当化される可能性を探ることとしたい（Ⅳ）。

Ⅱ　申請処理の遅延をめぐる手続法的規律

　申請処理の遅延をめぐっては、行政手続法と行政事件訴訟法が一般法としての手続法的規律を整備している他、建築基準法等の個別法においても手続法的規律がかけられている場合がある。以下、主要な規定を概観しておこう。

1　行政手続法

　行政手続法の規定としては、6条、7条、9条1項を挙げることができる。まず、6条は、「行政庁は、申請がその事務所に到達してから当該申請に対する処分をするまでに通常要すべき標準的な期間……を定めるよう努めるとともに、これを定めたときは、これらの当該申請の提出先とされている機関の事務所における備付けその他の適当な方法により公にしておかなければならない」として、標準処理期間の設定の努力義務を行政庁に課している。同規定に基づく標準処理期間は、申請処理の迅速化を図るべく、申請者の期待、行政庁の事務処理の都合等を考慮して、処分ごとに行政庁が定めるものであり[5]、その設定がなじまない例もあるとして努力義務にとどめられているものの、申請諾否審査に係る通常の所要期間を判断する上で重要な手掛かりとなる[6]。

　次に、7条は、「行政庁は、申請がその事務所に到達したときは遅滞なく当該申請の審査を開始しなければならず、かつ、申請書の記載事項に不備がないこと、申請書に必要な書類が添付されていること、申請をすることができる期間内にされたものであることその他の法令に定められた申請の形式上の要件に適合しない申請については、速やかに、申請をした者……に対し相当の期間を定めて当該申請の補正を求め、又は当該申請により求められた許

---

[5]　高木光ほか『条解行政手続法〔第2版〕』（弘文堂、2017年）174頁［須田守］。
[6]　例えば、長野地判平19・5・21判例集未登載；さいたま地判平21・10・14裁判所HP。ただし、東京高判平20・4・23判例集未登載は、標準処理期間が定められていても、個々の申請諾否審査に係る通常の所要期間を一律に確定することは難しいと指摘する。

認可等を拒否しなければならない」として、申請に対する審査応答義務を行政庁に課している。同規定は、私人の申請権に対応する行政庁の審査応答義務が存在するという当然の理を前提に、申請処理の迅速化、処理手続の透明化を図ったものであり[7]、申請処理の遅延が違法となりうることを明らかにしている。なお、学説の中には、「時の裁量」を制約する効果を同規定に認める見解もあるが[8]、同規定は、権限行使義務発生後の権限行使時期を制約するものではない以上、「時の裁量」に対する手続法的な規律としては機能しないと思われる[9]。

最後に、9条1項は、「行政庁は、申請者の求めに応じ、当該申請に係る審査の進行状況及び当該申請に対する処分の時期の見通しを示すよう努めなければならない」として、申請に係る情報提供の努力義務を行政庁に課している。同規定は、審査の進行状況及び処分時期の見通しの情報提供を通じて処理手続の透明化を図ろうとするものであり[10]、努力義務規定ではあるものの、申請処理の遅延要因や権限行使時期を明確化する手段として重要な機能を果たしている。

2　行政事件訴訟法

行政事件訴訟法の規定としては、不作為の違法確認訴訟について定める3条5項がある。同規定は、「この法律において『不作為の違法確認の訴え』とは、行政庁が法令に基づく申請に対し、相当の期間内に何らかの処分又は裁決をすべきであるにかかわらず、これをしないことについての違法の確認を求める訴訟をいう」として、不作為の違法確認訴訟の定義を定め、その中で、申請処理の遅延について「相当の期間」の経過という違法性判断基準を提示している。不作為の適法性を基礎づける事実の立証負担を行政側が負うと解されていることもあり[11]、同規定は、「相当の期間」内の申請処理を行政庁に義務づけるという手続法的規律を整備したものと理解できよう。

---

[7] 高木ほか・前掲書（注5）181-182頁。
[8] 仲正『行政手続法のすべて』（良書普及会、1995年）42頁。
[9] 同旨、高木ほか・前掲書（注5）191頁。
[10] 高木ほか・前掲書（注5）201頁。

ここにいう「相当の期間」の意味については、処分の種類や性質、事案の難易度等により客観的に決まると解されており[12]、また、申請諾否審査に係る通常の所要期間を経過していても、当該事案の具体的事情に応じそれを正当化する「特段の事情」があれば、「相当の期間」を経過していないものと解されている[13]。

なお、行政手続法6条の定める標準処理期間との関係では、標準処理期間の経過が不作為の違法をもたらしていないことについて、行政側が立証負担を負うと解されている[14]。そのため、標準処理期間の経過は、直ちに「相当の期間」の経過をもたらすわけではないが、「相当の期間」をめぐる重要な考慮要素となる[15]。

また、行政手続法7条は、既述の通り、私人の申請権に対応する行政庁の審査応答義務が存在するという当然の理を実定法化したものである。そのこととの関係では、行政事件訴訟法3条5項は、行政庁の審査応答義務の訴訟法的受け皿を準備したものと整理できよう[16]。

3 個別法

その他、個別法の規定が手続法的規律を整備している場合もある。例えば、建築基準法6条は、4項において「建築主事等は、……〔申請書を〕受理した日から三十五日以内に、……申請に係る建築物の計画が建築基準関係規定に適合するかどうかを審査し、審査の結果に基づいて建築基準関係規定に適合することを確認したときは、当該申請者に確認済証を交付しなければなら

---

11 行政手続法6条、7条も、そのことを前提にしていると解される。室井力ほか編『コンメンタール行政法Ⅱ　行政事件訴訟法・国家賠償法〔第2版〕』（日本評論社、2006年）119頁〔太田直史〕。

12 室井ほか編・前掲書（注11）54頁。

13 例えば、東京地判昭39・11・4行集15巻11号2168頁；岡山地判平11・2・9判例自治194号84頁；前掲さいたま地判（注6）。なお、申請諾否審査に係る通常の所要期間をもって「相当の期間」とする裁判例も存在するが、妥当ではない。清水晶紀「判批」速報判例解説9号（2011年）309頁以下、311頁。

14 高木ほか・前掲書（注5）178頁。

15 室井ほか編・前掲書（注11）392頁。

16 南博方原編著・高橋滋ほか編『条解行政事件訴訟法〔第5版〕』（弘文堂、2023年）109頁〔内野俊夫〕。

ない」と規定した上で、6項において「建築主事等は、……合理的な理由があるときは、三十五日の範囲内において、第四項の期間を延長することができる」と規定し、申請処理期限（デッドライン）とその特例を設定している。また、行政機関の保有する情報の公開に関する法律（以下、情報公開法という）10条も、1項において「開示決定等……は、開示請求があった日から三十日以内にしなければならない」と規定した上で、2項において「前項の規定にかかわらず、行政機関の長は、事務処理上の困難その他正当な理由があるときは、同項に規定する期間を三十日以内に限り延長することができる」と規定し、同様に申請処理期限とその特例を設定している。

これらの規定は、その性質上、行政事件訴訟法3条5項にいう「相当の期間」を、各個別法に即して具体化しようとしたものと整理できよう。ただし、各規定における申請処理期限が義務的なものなのか訓示的なものなのかをめぐっては争いがあり[17]、かつ、それが仮に義務的なものであったとしても、「特段の事情」があれば、法定期間の経過も直ちに「相当の期間」の経過とはならないとされる[18]。これは、法定期間が申請処理期限についての一般的抽象的な定めであるのに対し、「相当の期間」が各事案の具体的事情に応じ個別的に判断すべきものであるからと解されている[19]。

4　手続法的規律の特徴

さて、以上のような手続法的規律の現状からすれば、結局、申請処理の遅延については、行政事件訴訟法3条5項にいう「相当の期間」を経過すれば違法になり、具体的には、申請諾否審査に係る通常の所要期間を経過している場合には原則として違法となるが、「相当の期間」の経過を否定できる「特段の事情」を行政側が立証できれば、例外的に適法性が維持されることになると整理できよう[20]。行政手続法や各個別法の規定は、「相当の期間」の測定に資する手続法的規律を整備しているものと位置づけることができる。

ただし、ここにいう「特段の事情」が2つの類型を包含していることには、

---

[17] 東京地判昭52・9・21行集28巻9号973頁；東京地判昭52・12・19判時894号82頁。

[18] 甲府地判平4・2・24判時1457号85頁。

[19] 南原編著・前掲書（注16）114頁。

注意が必要である。すなわち、「申請諾否審査の所要期間を未だに経過していない特段の事情」という類型と、「申請諾否審査の所要期間を経過しているが、なお遅延が許容される特段の事情」という類型に、大きく二分できるということである。前者は、権限行使義務の発生自体が否定されることを意味するのに対し、後者は、申請諾否審査の所要期間の経過によって権限行使義務の発生が肯定されるものの、なお権限行使時期の遅延が許容され、権限行使義務違反が否定されることを意味する。後者の意味での「特段の事情」は、本稿が着目する「時の裁量」と同義と整理して差し支えなかろう。以下では、そのことを前提に、申請処理の遅延をめぐる裁判実務を分析することにしたい。

III　申請処理の遅延と裁判実務

　申請処理の遅延に対する法的統制については、「特段の事情」をめぐる議論を中心に、裁判実務においても様々な分析が展開されてきている。ここでは、II 4で整理した「特段の事情」をめぐる分類を前提に、裁判実務の展開を整理していこう。

1　申請諾否審査の所要期間を未だに経過していない特段の事情の有無

　「特段の事情」のうち、「申請諾否審査の所要期間を未だに経過していない特段の事情」とは、申請諾否審査の通常の所要期間を経過しているにもかかわらず、なお審査が完了していないことを正当化できる事情のことを意味する。そのような事情が存在すれば、審査の所要期間を経過していないという意味で権限行使義務が発生しないことになるため、申請諾否審査の遅延も違法にならないというわけである。

　この点、申請諾否審査の遅延は、システムのトラブル、事案の複雑性、審査を取り巻く社会情勢の変動等、様々な事情に起因することが考えられるが、

20　この点、申請処理の遅延が国家賠償訴訟で争われる事案においては、国家賠償法上の違法性が職務義務違反として判断されることがあるが、法的に解消されるべき遅延の検討を主眼とする本稿では、客観的法規範違背としての違法性（「相当の期間」の経過）に議論の焦点を絞っている。

申請処理の迅速化や手続の透明化という趣旨から行政手続法の各規定が整備されていることを踏まえると、不透明な手続に伴う申請諾否審査の遅延については、「特段の事情」は認められないであろう。実際に、本稿の冒頭で取り上げた規制改革推進会議行政手続部会の取りまとめ資料においても、手続の透明化に向けた課題として、審査・判断基準の分かりにくさ、組織・部署・担当者による審査・判断基準の違い、申請受理後の行政内部の進捗状況の不透明性、根拠不明の資料提出要求、申請処理期間の事前不提示等が指摘されているが[21]、このような事情が「特段の事情」と認められることはないと思われる。

　他方で、行政手続法の上記趣旨に照らしても、申請諾否審査に要する追加的な手続・調査・人員・予算等が発生しているという当該事案の特殊事情が客観的に明確であれば、根拠法令の趣旨に合致している限り、当該事情を「特段の事情」と認めてよさそうである。裁判実務も、水俣病お待たせ賃訴訟最高裁判決（以下、水俣最判という）において、申請処理の遅延に係る国家賠償法上の違法性を判断する前提としての判示ではあるが、客観的に申請処理に必要な期間内であれば申請諾否審査の遅延を許容しているようである。すなわち、申請者は「申請に対して迅速、適正に処分を受ける手続上の権利を有」しており、「客観的に処分庁がその処分のために手続上必要と考えられる期間内に処分できなかったこと」をもって「行政手続上の作為義務」（＝権限行使義務）への違反を認定できると整理している[22]。

　では、裁判実務は、申請諾否審査の所要期間に係る「特段の事情」をどのように把握しようとしているのだろうか。この点、品川マンション事件最高裁判決（以下、品川最判という）は、行政指導を理由とする建築確認処分の留保につき、行政指導不服従意思を真摯かつ明確に表明している場合には、行政指導不協力が社会通念上正義に反するような「特段の事情が存在しない限り……違法」であると整理している[23]。同最判は、申請諾否審査の中断（による遅延）に係る国家賠償法上の違法性について判示したものであり、

---

[21] 規制改革推進会議行政手続部会・前掲資料（注1）9頁。
[22] 最2小判平3・4・26民集45巻4号653頁。同最判については、清水知佳「判批」齋藤・山本編・前掲書（注4）436頁以下。

申請諾否審査の所要期間について直接判示したものではないが、「特段の事情」として行政指導という理由が用いられうることを示唆している。

ただし、品川最判の整理は、行政指導不服従の真摯かつ明確な意思を表明していない、行政指導への不協力が社会通念上正義に反するといった理由で、申請諾否審査の遅延をいつまでも継続することが可能になりかねない危険性をも内包している[24]。申請処理の迅速化という行政手続法の趣旨を踏まえれば、行政指導を理由とする申請諾否審査の遅延が仮に許容されるとしても、品川最判の整理をそのまま採用することが妥当か否かについては、検討の余地があろう。加えて、事案によっては、根拠法令の趣旨から行政指導を理由とする申請諾否審査の遅延が否定される可能性もあろう。

その結果、現在の下級審裁判例には、品川最判の整理をそのまま採用するものもあれば[25]、品川最判の整理を否定するものもあるが[26]、いずれにも共通するのは、同種事案との比較によって客観的に明確化された特殊事情が行政手続法及び根拠法令の趣旨に反しない場合に限り、これを「特段の事情」として許容しているということである。例えば、品川最判で問題となった行政指導を理由とする申請諾否審査の遅延については、同種事案や標準処理期間との比較によって当該事案の特殊事情としての行政指導を抽出した上で、申請者が行政指導に従う意思表示をしていることを条件に「特段の事情」の存在を認定するという姿勢がとられている[27]。実際に「特段の事情」が認められた例としては、行政指導への任意の協力[28]、申請者数の激増[29]、公文書偽造の疑い[30]等があるが、いずれも、同種事案との比較で客観的に明確化できる「容易に判断が可能な事柄」について、行政手続法や根拠法令の趣旨に照らして「特段の事情」を認めていると解されよう。以上のような裁判実務

---

[23] 最 3 小判昭60・7・16民集39巻 5 号989頁。同最判については、西津政信「判批」齋藤・山本編・前掲書（注 4 ）244頁以下。

[24] 同旨、前掲さいたま地判（注 6 ）。

[25] 前掲甲府地判（注18）；横浜地判平10・9・30判タ1030号120頁。

[26] 仙台地判平10・1・27判時1676号43頁；前掲さいたま地判（注 6 ）。

[27] 前掲仙台地判（注26）。

[28] 前掲横浜地判（注25）。

[29] 熊本地判昭51・12・15判タ344号144頁。

[30] 広島高岡山支判平12・4・27判例自治214号70頁。

70

の整理は、各事案における申請処理の客観的な実態把握を前提に、申請処理を手続的に規律する行政手続法や実体的に規律する根拠法令に基礎づけられた解釈論を展開しており、十分に首肯できるものと思われる。

2　申請諾否審査の所要期間の経過後になお遅延が許容される特段の事情の有無

「特段の事情」のうち、「申請諾否審査の所要期間の経過後になお遅延が許容される特段の事情」とは、申請諾否審査の所要期間の経過によって権限行使義務が発生しているにもかかわらず、なお権限行使時期の遅延を正当化できる事情のことを指す。そのような事情が存在すれば、権限行使時期を選択する裁量（「時の裁量」）が認められることになるため、権限行使義務違反が否定されるというわけである。

では、裁判実務は、そもそも「時の裁量」を認めてきたのだろうか。この点、水俣最判は、Ⅲ１でも取り上げた通り、「客観的に処分庁がその処分のために手続上必要と考えられる期間内に処分できなかったこと」で権限行使義務違反が発生するとしているが、申請諾否審査の所要期間のみならず、権限行使義務発生後になお手続上必要と考えられる期間をも想定していると整理することが可能である。同様に、品川最判についても、権限行使義務発生後の建築確認処分の留保を議論の射程に収めていると整理することが可能である[31]。そうすると、両判決は、少なくとも「時の裁量」を全面的に否定しているわけではなさそうである。

ただし、「時の裁量」に係る「特段の事情」の把握に際し、Ⅲ１で明らかにした裁判実務の整理をそのまま利用することは困難である。というのも、当該整理は、同種事案との比較によって当該事案の特殊事情を客観的に明確化し、それが行政手続法及び根拠法令の趣旨に反しない場合に「特段の事情」を認めるというものであったが、「時の裁量」に係る「特段の事情」の

31　品川最判は、建築確認処分が基本的に裁量の余地のない確認的行為の性格を有するとして、確認処分要件を具備した段階で速やかに確認処分を行う義務があると指摘しつつ、同義務が絶対的な義務ではないと強調しており、この判示は、権限行使義務の発生が絶対的なものではないという趣旨にも、権限行使義務が発生しても義務違反が発生するとは限らないという趣旨にも、理解可能である。

認定に際しては、同種事案との比較が直ちには機能しないからである。「時の裁量」が申請諾否審査の所要期間の経過後にはじめて認められるものであることからは、それを正当化する「特段の事情」も申請諾否審査からは独立したものになるはずであり、同種事案と比較する意味はない。

その結果、「時の裁量」を認めるには、その前提として、当該事案の特殊事情のみを手掛かりに「時の裁量」に係る「特段の事情」を認定することが必須となるが、そのようなことは果たして可能なのだろうか。この点、中野最判は、マンション紛争をめぐる建築主と周辺住民の実力衝突の危険を回避するという理由により、車両制限令に基づく特殊車両通行認定の留保を認めており、一般に、紛争回避理由として「時の裁量」を認めたリーディングケースと受け止められてきた[32]。ただし、同最判は、申請処理の遅延に係る国家賠償法上の違法性について判示したものであり、「時の裁量」について直接判示したものではなかったため、実力衝突の危険回避という理由が、いかなる条件の下で「時の裁量」に係る「特段の事情」と認定されるのかについて、明確な整理を提示しているわけではなかった。そこで、以下では、中野最判の論理構成の再検討を通じ、「時の裁量」に係る「特段の事情」が認められる条件を探るとともに、申請処理の遅延が「時の裁量」によって正当化される可能性を吟味することにしよう。

Ⅳ　申請処理の遅延と「時の裁量」──中野最判の再検討

申請処理の遅延を正当化する「特段の事情」のうち、「時の裁量」に係る「特段の事情」については、中野最判という手掛かりが存在しているものの、同最判が国家賠償訴訟の判決であることや、「時の裁量」について直接判示していないこともあり、十分な検討がなされているとはいいがたい。ここでは、中野最判の概要を把握した上で、学説の動向を踏まえて同最判の論理構成を再検討し、「時の裁量」に係る「特段の事情」が認められる条件の抽出を試みたい。

---

32 塩野・前掲書（注3）145頁。

1 中野最判の概要

　中野最判の事案は、マンション建築主（X）が中野区（Y）に対して車両制限令に基づく特殊車両通行認定を申請したが、約4カ月たっても認定がなされず、しびれを切らしたXが行政不服審査法（平成26年法律第68号による改正前のもの）に基づき不作為についての異議申立てをしたところ、マンション建築に反対する周辺住民との話合いがつくまで認定を保留する旨をYがXに通知した、というものである。Yの認定は、結局、申請から約5か月後になされたが、Xは、Yの違法な認定留保により工事遅延に係る損害を被ったとして、国家賠償法1条1項に基づく損害賠償請求訴訟を提起した。

　最高裁は、まず、車両制限令に基づく特殊車両通行認定の法的性格につき、「基本的に裁量の余地のない確認的行為の性格を有する」としつつも、車両制限令12条但書によれば認定に条件を付すことができること、認定制度の具体的効用が許可制度のそれと比較してほとんど変わらないこと等から、「具体的事案に応じ道路行政上比較衡量的判断を含む合理的な行政裁量を行使することが全く許容されないものと解するのは相当ではない」と指摘する。その上で、マンション紛争をめぐる建築主と周辺住民の実力衝突の危険を回避するという理由で認定留保期間が約5カ月間に及んだことにつき、「行政裁量の行使として許容される範囲内にとどまる」と判断し、国家賠償法上の違法性を否定した。

2 「時の裁量」をめぐる論理構成の再検討

　既述の通り、中野最判は、一般には、紛争回避を理由として「時の裁量」を認めたリーディングケースと受け止められている。多くの地方自治体は、車両制限令に基づく特殊車両通行認定の標準処理期間を1〜2週間に設定しているようであり[33]、そのことを前提にすれば、同最判は、申請諾否審査の所要期間の経過によって権限行使義務が発生しているにもかかわらず、なお実力衝突の危険回避を「特段の事情」と認定し、「時の裁量」を認めたもの

33　出口裕明「判批」宇賀克也ほか編『行政判例百選Ⅰ〔第7版〕』（有斐閣、2017年）248頁以下、249頁。

と整理できよう[34]。

　ただし、実力衝突の危険回避を理由として直ちに「時の裁量」を認めることができるか否かについては、慎重な検討が必要である。申請処理を規律する法的環境からすれば、「相当の期間」の経過を否定できる「特段の事情」については、あくまで行政手続法や根拠法令の趣旨に照らして判断されるはずであり、「時の裁量」に係る「特段の事情」も、実力衝突の危険回避という理由から自動的に認められるわけではなかろう。

　この点、中野最判の調査官解説[35]は、特殊車両通行認定の法的仕組みをその立法沿革に遡って精緻に分析し、「講学上の許可とも確認とも割り切ることのできない性格」を有しているとした上で、「車両制限令の文理解釈上は、裁量の余地のない確認行為とみるべき」であるが、「実務上の解釈としては、事案に即したより柔軟な対応もありうる」と強調する。その上で、「〔特殊車両通行〕認定に裁量の余地があると見て」、実力衝突の危険回避を理由とする認定留保を「裁量の範囲内の行為」とする考え方は、「『交通の危険を防止するために』〔車両制限〕基準を定めるという〔車両制限令の上位法にあたる道路〕法の趣旨にも合致する」と指摘し、中野最判についても、「厳格な文理解釈により損害賠償を認める」こととの比較衡量の下で、「合目的的解釈により」その考え方を採用したものと整理している。すなわち、調査官解説は、中野最判の論理構成について、特殊車両通行認定の法的仕組みや根拠法令の趣旨を重視しつつ、最終的には、「比較衡量の問題」として合目的的解釈により「具体的妥当な処理」を図ろうとしたものと整理しているわけである。以上のような調査官解説の整理を前提にする限り、中野最判は、実力衝突の危険回避を「時の裁量」に係る「特段の事情」と認める条件として、①実力衝突の危険回避を理由に「時の裁量」を認めることが根拠法令の趣旨に合致すること、②合目的的解釈により「具体的妥当な処理」を図ることが

34　宇賀克也『行政法概説Ⅰ〔第8版〕』（有斐閣、2023年）454頁。なお、同整理については、事案における行政法令の仕組みの違いを捨象しているとの批判があるが（橋本博之『行政判例と仕組み解釈』〔弘文堂、2009年〕10頁）、行政法令の仕組みの具体的な解明を踏まえて実力衝突の危険回避を「特段の事情」と認定していると捉えることは可能であろう。
35　園部逸夫「判解」最判解民事篇昭和57年度（1987年）418頁以下。

「比較衡量の問題」として許容されること、という二点を提示した判決ということになろう。

　他方で、有力な学説[36]は、中野最判について、「建築紛争という民事紛争の冷却のために……行政機関が配慮することが許されるという、ある意味では常識的な判断」と評価し、実力衝突の危険回避を理由として「時の裁量」を認めていると指摘しつつ、権限行使時期の選択に際しての考慮事項として当該理由を根拠法令から読み取ることはできないと強調する。同見解によれば、「およそ一般的に行政庁は……紛争回避考慮権限があるといってよいかどうかは、問題となるところ」であり、「〔特殊車両通行認定の〕根拠法条とは直接関係のない事柄」である実力衝突の危険回避について、中野最判が「時の裁量」に係る「特段の事情」と認めることは、法治主義の要請に照らして批判されるべきことになるわけである。

　ここからは、まず、どちらの見解に立つにせよ、実力衝突の危険回避を直ちに「時の裁量」に係る「特段の事情」と認めることはできず、特殊車両通行認定の法的仕組みや根拠法令の趣旨を検討する必要があると考えていることが見て取れる。このことは、申請処理を規律する法的環境からすれば、当然の帰結として肯定的に評価できよう。申請処理の迅速化や手続の透明化という行政手続法の趣旨からは、当然のことながら可及的速やかな権限行使が求められるため、申請諾否審査の所要期間の経過後になお「時の裁量」が認められるか否かについては、最終的には申請処理を実体的に規律する根拠法令に委ねられるものと思われる。

　加えて、有力学説が重視する法治主義の要請の観点からは、実力衝突の危険回避を「時の裁量」に係る「特段の事情」と認める条件について、調査官解説の整理をそのまま採用することは困難である。すなわち、条件①については、その趣旨は首肯できるものの、中野最判の事案については、建築紛争の調整に係る裁量を道路法から導出できるのか疑問である[37]。また、条件②については、民事法的比較衡量論を持ち出す結果、「時の裁量」に係る「特段の事情」が根拠法令からどのように導出されるのかを曖昧にしてしまうも

36　塩野宏『法治主義の諸相』（有斐閣、2001年）40-41頁：同・前掲書（注3）145頁。

のであり、そもそも妥当な条件とはいいがたい[38]。

　結局、中野最判をめぐる学説の動向からは、中野最判が実力衝突の危険回避を「時の裁量」に係る「特段の事情」と認めていると解されることについて、それを支える説得的な論理構成を抽出することはできなかったが、他方で、申請処理を規律する根拠法令が「時の裁量」を認める手掛かりとしてクローズアップされることを明らかにすることができた。そこで、ここからは、申請処理を規律する根拠法令を手掛かりに、「時の裁量」に係る「特段の事情」が認められる条件を改めて探り、申請処理の遅延が「時の裁量」によって正当化される可能性を吟味することにしたい。

3　申請処理の遅延と「時の裁量」

　中野最判をめぐる有力学説の整理は、根拠法令が「時の裁量」に係る「特段の事情」を認めているか（認めていれば当該事情を理由として「時の裁量」が認められる）、およそ一般的に行政庁に認められる「特段の事情」があるか（そのような事情があれば当該事情を理由として「時の裁量」が認められる）を検討するものであった。「時の裁量」も行政裁量の一類型である以上、その形式的な根拠は法令に求められるが[39]、上記学説の整理は、社会通念にも根拠を求めたものと解されよう。社会通念については、明文の規定がなくとも根拠法令は当然の前提としているはずであるというわけである[40]。

---

[37] 品川最判のように建築確認処分の留保を通じて建築紛争の調整を試みた事案であれば、建築基準法の趣旨・目的を踏まえ、建築紛争の回避を理由に「時の裁量」を認める可能性が理論的には残されるが、中野最判は、建築確認処分権限を持たない地方自治体が特殊車両通行認定の留保を通じて建築紛争の調整を試みた事案であった。中野最判第1審判決に係る東孝行「判批」判例タイムズ373号（1979年）50頁以下、52頁も、建築確認処分の留保の事情が建築基準法の趣旨・目的によってカバーされる事案との比較で、中野最判の事案の特異性を指摘している。

[38] 同旨、橋本・前掲書（注34）9頁。中野最判第1審判決に係る山田幸男「判批」判例評論257号（1980年）16頁以下、19頁も、「利益の比較考量論」を批判し、「関係行政法規の分析検討」の必要性を強調している。なお、調査官解説は、「行政の遅延による損害賠償をおそれるあまり」杓子定規な行政に陥らせる危険性を指摘し、比較衡量論を正当化しようとしており、中野最判の争点が国家賠償法上の違法性であったことを奇貨として、職務義務違反が発生しない（という意味で認定留保を適法とした）という整理を採用している可能性もあるが、ここでは指摘にとどめる。

[39] 櫻井敬子・橋本博之『行政法〔第6版〕』（弘文堂、2019年）101頁。

[40] 原告適格法理をめぐる最3小判昭60・12・17判時1179号56頁も類似の指摘をしている。

このような整理を前提にすると、根拠法令が「時の裁量」に係る「特段の事情」を認めている場面はもちろんのこと、そうでなくても、根拠法令が当然の前提としている社会通念が「時の裁量」に係る「特段の事情」を認めている場面については、当該事情を理由として「時の裁量」が認められてよいことになろう。

とはいえ、申請処理の遅延をめぐり、「時の裁量」に係る「特段の事情」が認められる場面は、現実的には存在しないといってよい。そもそも、行政手続法の趣旨を踏まえれば、申請諾否審査の所要期間の経過後には可及的速やかな権限行使が求められるため、申請処理の遅延は、原則として（Ⅲ１で検討した）申請諾否審査の遅延という形でしか認められないはずである。加えて、根拠法令や社会通念が申請処理の遅延を認めている場面についても、それを「時の裁量」に係る「特段の事情」が認められる場面と整理することは困難を極める。

すなわち、まず、根拠法令が申請処理の遅延を認めている場面としては、これまで、建築紛争の調整を理由とする建築確認処分の留保をはじめ、根拠法令の下での行政指導を理由とする申請処理の遅延が想定されてきたが、このような場面で根拠法令が認めている遅延は、「時の裁量」に係る遅延ではなく、申請諾否審査の遅延であると解される[41]。また、社会通念が申請処理の遅延を認めている場面としては、行政リソース不足を理由とする申請処理の遅延のように、遅延が現実的に不可避な場面を想定できるが[42]、行政リソース不足が問題となるのも申請諾否審査の段階であると解される。なお、中野最判については、「時の裁量」に係る遅延が現実的に不可避な場面を指摘したと整理することも不可能ではないが、Ⅳ２で紹介した有力学説の指摘にもある通り、「およそ一般的に行政庁は……紛争回避考慮権限があるといってよいかどうかは、問題となるところ」であり、そのような整理は妥当では

---

41 東・前掲判批（注37）52頁。建築基準法６条６項や情報公開法10条２項は、申請処理期限の延長に係る特例を定めているが、これらの規定も「時の裁量」を認める趣旨ではないと解される。

42 この点、米国では、行政リソースの有限性を尊重する立法者意図が原則存在するという判例理論を前提に、行政リソース不足を理由とする権限行使の遅延を認めている。清水晶紀『環境リスクと行政の不作為』（信山社、2024年）296-299頁。

なかろう。

そうすると、結局、根拠法令や社会通念が申請処理の遅延を認めている「特段の事情」は、あくまで、申請諾否審査の所要期間に係る「特段の事情」であり、「時の裁量」に係る「特段の事情」ではないことになる。申請処理の遅延が「時の裁量」によって正当化されるという言説は、中野最判から派生した妄想と断ぜざるを得ず、「時の裁量」に係る「特段の事情」が認められる条件を抽出することは、現実的ではないといえよう[43]。

V　結び──デジタル社会と申請処理の遅延

以上、本稿では、中野最判の論理構成の再検討を通じ、申請処理の遅延が「時の裁量」によって正当化される可能性を探ってきた。その結果、①中野最判は実力衝突の危険回避を理由として「時の裁量」を認めたものと整理できること、②中野最判の論理構成は「時の裁量」が認められる条件を提示できていないこと、③「時の裁量」の根拠は根拠法令のみならず、根拠法令が当然の前提としている社会通念にも求められること、④根拠法令や社会通念が認めている申請処理の遅延は申請諾否審査の遅延であり、「時の裁量」に係る遅延ではないこと、⑤申請処理の遅延が「時の裁量」によって正当化される場面は現実的には存在しないこと、を明らかにすることができた。

最後に、デジタル化の進展の中で申請処理の遅延に対する法的統制がどのように変容するのか（変容しないのか）、本稿で得られた知見を踏まえ、いくつか指摘しておきたい。

本稿の検討結果からも明らかなとおり、申請処理の遅延は、申請諾否審査の遅延と「時の裁量」に係る遅延に二分される。このうち、前者については、Ⅰでも指摘した通り、デジタル化の進展に伴い遅延リスクは大幅に下がることになると解される。また、その法的統制については、デジタル社会においてもⅢ1で検討した現在の裁判実務の整理を活用することが可能であり、こ

---

[43] これに対し、環境リスク行政に係る事案等では、行政リソース不足を理由とする「時の裁量」を認めることが不可欠と解される。清水・前掲書（注42）308-310頁。

れによって十分な成果を期待できる。

　他方で、後者については、「時の裁量」が申請諾否審査の所要期間の経過後に容認されるものであることから、デジタル化の進展に伴う影響をほとんど受けないと解される。そのため、「時の裁量」の法的統制は、今後より重要な課題となりそうであるが、Ⅳ3で検討した通り、申請処理の遅延に際して「時の裁量」が認められることはほとんどないと考えてよい。

　そうすると、デジタル化の進展の中で法的に許容される申請処理の遅延は、従来から申請諾否審査の遅延をめぐり「特段の事情」として指摘されてきた、任意的行政指導、行政上の負担増加、申請者の帰責事由等を理由とするものを除けば、システム上のトラブルに起因するものがほとんどになると解されよう。紙幅も尽きたので、その法的統制についての詳細な検討は、他日を期すこととしたい。

廃棄物処理法における手続的課題
―― 一般廃棄物処理業に関する計画許可制度をめぐって ――

川合　敏樹

I　はじめに

1　現況

　私たちを取り巻く法環境[1]は、大きな変化の過程にあるといえる。もちろん、これまでの歴史のなかで、どの時代や期間にあっても、法環境は絶えず変化してきている。しかしながら、今日における法環境の変化は、これまでにおけるそれとは、一線を画するように思われる。そして、その主因は、社会構造の変化やデジタル・トランスフォーメーション（DX）の進展に見出すことができるだろう。

　超少子高齢化に起因する人口減少社会とこれに随伴する縮小社会にあって、それより前に行われてきた行政上の事務処理を維持することが容易でなくなることのほか、従来はあまり意識されてこなかった行政上の課題が新たに出来したり、こうした課題に十全に対応することが難しくなったりすることも予想され、より効率的・安定的・実効的に行政上の事務処理や新たな課題への対応を進める必要に迫られよう。DX の進展は、それらの難局を打破していくためのきっかけないしツールになり得る。しかしながら、このことと同時に、DX の黎明期あるいは貫徹・進展への過渡期にあって、従来展開されてきた法環境との関係をどう理解し、あるいは、新たな法環境をどう構築していくかという難問が突きつけられもする。

---

[1] ここで想定している法環境とは、後に論及があるように、法令や行政基準などはもとより、これらの運用にかかわる局面や、それらにかかわる理論などをも含む。

2 端緒

　本小論は、前記のような難題に対して本質的な解答を提示できるものではないが、そのためのごく僅かな予備的作業に取り組もうとするものである。

　人口減少社会または縮小社会においては、新たに行政上の対応が必要となる課題が出来することや、もともと存在した課題について従来のような行政上の対応では十全でなくなることが想定される。例えば、これまでは特に設置や管理という局面が大きな意味を持っていた各種のインフラ──地方公共団体における「公の施設」（地方自治法244条以下）を含む──については、現実の社会への適合はもとより、今後予期される社会への適合、例えば、それらの整理や廃止という課題が今後いっそう重要になることは明らかである。

　こうした課題の最たる例として本小論において想起するのが、廃棄物処理業や廃棄物処理施設を含む廃棄物処理のあり方やこれらに対する法的規制とその運用のあり方である。廃棄物処理業や廃棄物処理施設は、既に長期間にわたって展開ないし操業されているものが少なくないし、既存の処理業や処理施設の更新、処理業や処理施設の新設や既存の処理業・処理施設の整理・集約を必要とする状況も生じるところである。これらに加えて、今後の社会構造の態様によって、こうした廃棄物処理のあり方はさらに変化を迫られる。いうまでもなく、処理を要する廃棄物の発生量は人口をはじめとする社会構造と連動する。近時特に要請されている循環経済（サーキュラー・エコノミー）が今後さらに浸透するとしても、処理すべき廃棄物の発生を完全にゼロ化することは不可能であるとすれば、廃棄物処理は依然として行政上の重要な課題であり続ける[2]。既存の廃棄物処理施設の管理・集約・廃止や廃棄物処理施設の新設の方針、これらを含む廃棄物処理体制の構築の仕方を政策・施策のなかでどう位置付けて運用していくかは、これまでにもまして喫緊の課題となろう。

　そこで、本小論では、「廃棄物の処理及び清掃に関する法律」（以下「廃棄

---

[2] なお、周知のように、廃棄物処理施設（ひいては必要性が肯定されながら忌避されるようなNIMBY施設全般）については、人口減少社会・縮小社会とは直接関連付けられていない文脈（そうした議論がなされるより前の段階）においても、新たな立地の確保が困難であることなどは問題となってきた。

物処理法」）に定められた事項のうち、私たちの生活に最も密接に関連し、かつ、法的論点を生じさせている一般廃棄物（以下「一廃」）を対象とする処理業（以下「一廃処理業」）[3] に関する規制の仕組みを素材として、将来的なDXの浸透をも睨みつつ、今後さらに顕在化するであろう問題を――筆者にとっては再論的にではあるが――取り上げ、若干の整理および検討を試みようとするものである。

Ⅱ 一廃処理業に関する規制の仕組み

1 法制度

廃棄物処理法上、一廃処理業については、大要以下のように定められている。

市町村は、一般廃棄物処理計画（以下「一廃処理計画」）に従って、その区域内における一廃を生活環境の保全上支障が生じないうちに収集・運搬・処分しなければならないのであり、一廃の処理は市町村の義務である（6条の2第1項）[4]。市町村は、この義務を全うするため、自らのリソースを用いた直営による処理を進めることが原則であるが、その経費やサービスの質の確保等を総合的に勘案したうえで[5]、政令所定の基準を満たす第三者への委託に基づき処理を進めることもある（6条の2第2項）。いずれの方法も実施主体は市町村であるが、市町村がいずれの方法もとれない場合に限り（7条5項1号、10項1号）[6]、処理業の許可を与えた事業者による処理を補

---

[3] 廃棄物処理法上、「一般廃棄物」とは産業廃棄物以外の廃棄物のことであり（2条2項）、ここにいう処理とは、収集・運搬・処分を包括する語として用いている。ただし、収集・運搬と処分とは大別され、別個に規定されているため、本小論でも必要に応じて収集・運搬業と処分業とを区別して記述している。

[4] 特別区も一廃処理の義務を負うが（地方自治法281条2項）、本小論では廃棄物処理法の規定に即して「市町村」と記載する。なお、東京都では東京23区清掃一部事務組合が設立されており、共同で事務処理が行われている。

[5] 廃棄物処理法編集委員会『廃棄物処理法の解説〈令和2年版〉』（日本環境衛生センター、2020年）70-71頁。

[6] 7条5項1号および10項1号の意義については争いがあったものの、後掲の平成16年最判が本文の旨を判示した。

完的に進めることで処理業務を完遂することが企図されている。

　市町村は、このように直営・委託・許可業者利用の選択をしつつ、一廃処理の義務を十全に果たしていくよう求められる。ここで大きな意味を持つのが、一廃処理計画である。一廃処理計画は、一廃の処理義務を負う市町村がその区域内の一廃を管理し、適正な処理を確保するために策定され[7]、6条1項によって策定が義務付けられているものである[8]。一廃処理計画には、「一般廃棄物の発生量及び処理量の見込み」（同条2項1号）、「一般廃棄物の排出の抑制のための方策に関する事項」（同項2号）、「分別して収集するものとした一般廃棄物の種類及び分別の区分」（同項3号）、「一般廃棄物の適正な処理及びこれを実施する者に関する基本的事項」（同項4号）および「一般廃棄物の処理施設の整備に関する事項」（同項5号）を定めるものとされていて、策定・変更時には遅滞ない公表の努力義務がある[9]。一廃処理計画の策定手続を定めた規定は廃棄物処理法にはなく、市町村の条例でも法定ないし整備されていないのが現状のようである。

　そして、一廃処理業の許可の申請があった場合、市長村長は、7条5項ないし10項所定の各号のいずれにも適合していると認めるときでなければ、同項の許可をしてはならないとされ、それらの2号において、「その申請の内容が一般廃棄物処理計画に適合するものであること」と定められている。申

---

[7] 廃棄物処理法編集委員会・前掲書（注5）64頁。廃棄物処理法施行規則1条の3によれば、一廃処理計画は、一廃処理に関する基本的な事項について定める基本計画と基本計画の実施のために必要な各年度の事業について定める実施計画により、各号記載の事項を定めるものとされている。

[8] 環境省「令和5年度『一般廃棄物処理計画』に関する調査報告書」によれば、調査対象である市町村1741のうち、基本計画・実施計画とも策定しているのは1376（79％）、双方とも策定していないのは25（1.4％）であった。また、基本計画のみ策定しているのは309（17.8％）、実施計画のみ策定しているのは31（1.8％）であった。

[9] 「地域の自主性及び自立性を高めるための改革の推進を図るための関係法律の整備に関する法律」（平成23年法律第105号）による改正を経て、現行法のような努力義務規定になっているが、同改正前は「公表しなければならない」とされていた。同改正前の公表義務について、福岡地判平25・3・5判時2213号37頁は、「一廃の収集及び運搬を業として行おうとする者が、事前に許可を受ける見込みの有無等を検討するにあたり必要不可欠な情報を提供する趣旨」があり、一廃処理計画を告示その他の方法により公表していない状態で同計画不適合を理由にした不許可処分を違法とし、希望すれば誰でも閲覧・謄写が可能であったとしても、それは公表の法的義務を果たし、その存在を周知していないとした。

請に対する許否判断に際し、一廃処理計画との適合性が審査されることとなり、許可の付与にあたっては、一廃処理計画との適合性が必ず確保されていなければならないこととなる。それゆえ、これは計画許可制度と称されるところであり[10]、一廃処理施設の設置や産業廃棄物の処理業や処理施設の設置についてはもとより、他法でもあまりみられない特色を示すものといえよう[11]。また、許否決定の際に限らず、許可付与後も許可内容と一廃処理計画との適合性が確保されなければならず、市町村長によるモニタリングや適合性確保のための措置も重要になる。

2　2つの最高裁判決

(1)　最1小判平16・1・15判時1849号30頁

　一廃処理業の許可申請に対する不許可処分の名宛人が当該処分の取消訴訟を提起することは散見されてきたが[12]、最高裁は、最1小判平16・1・15判時1849号30頁（以下「平成16年最判」)[13]において、一廃処理業の許可制度について、初めて正面から判示した[14]。一廃の収集・運搬業の新規の許可申請をした者が自身に対するその不許可処分について提起した取消訴訟である平成16年最判は、以下のように判示した。

---

[10] 遠藤博也『講和行政法入門』（青林書院、1978年）155頁以下。計画許可と言明する裁判例として、名古屋地判平3・11・29判時1443号28頁。

[11] 廃棄物処理法上、各種計画の策定が定められているが（例：都道府県廃棄物処理計画〔5条の5〕)、そうした計画にその後の許否決定（例：一廃処理施設の設置許可〔8条以下〕、産業廃棄物処理施設〔15条以下〕）がいわば留保されているような、許否決定との厳格な連関は予定されていないようである。他法で各種計画について定めを置いている場合も同様のようである。

[12] 最1小判平16・1・15判時1849号30頁より前の下級審判決については、川合敏樹「廃棄物処理法7条1項の一廃収集・運搬業の不許可処分の取消請求事件」自治研究83巻2号（2007年）112頁以下。

[13] 筆者は同判決を評釈したことがある（川合・前掲評釈（注12))。同判決には疑問が残るところでもあるが、後掲の平成26年最判とともに動向が固まってきていることもあり、本小論でもこれらの判決をもとに論を進める。

[14] 本件原告は、旧松任市のほか旧野々市町においても、一廃収集・運搬業の新規の許可申請に対する不許可処分の取消訴訟を提起しているが、最高裁は、本件と同日に本件と同様の判示をしている（最1小判平16・1・15判例集未登載)。筆者が確認した限りでは、旧松任市と同様、旧野々市町の一廃処理計画の内容も詳述されているものではなかった。

「一般廃棄物処理計画には、一般廃棄物の発生量及び処理量の見込み、一般廃棄物の適正な処理及びこれを実施する者に関する基本的事項等を定めるものとされている（廃棄物処理法6条2項1号、4号）。これは、一般廃棄物の発生量及び処理量の見込みに基づいて、これを適正に処理する実施主体を定める趣旨のものと解される。そうすると、既存の許可業者等によって一般廃棄物の適正な収集及び運搬が行われてきており、これを踏まえて一般廃棄物処理計画が作成されているような場合には、市町村長は、これとは別にされた一般廃棄物収集運搬業の許可申請について審査するに当たり、一般廃棄物の適正な収集及び運搬を継続的かつ安定的に実施させるためには、既存の許可業者等のみに引き続きこれを行わせることが相当であるとして、当該申請の内容は一般廃棄物処理計画に適合するものであるとは認められないという判断をすることもできる」。

上記判示からは、一廃処理計画の策定に広範な裁量が認められることが看取される。ただし、平成16年最判において注意するべきなのは、一廃処理計画を策定する局面での裁量に加えて、一廃処理業の許可申請に対する許否を決する段階においても、廃棄物処理法7条5項2号所定の計画適合性審査の局面で広範な裁量を認めているということである[15]。すなわち、実際の一廃処理計画について、その記載内容やそこから導出されうる方針は明確なものではなかったものの[16]、その内容を汲んだうえで市長が許否決定（実際には拒否処分）を行うことを適法としたのである。つまり、平成16年最判は、廃棄物処理法における一廃とその処理の位置付けから、一廃処理計画の策定とその処理業の許可制度について、2段階の広範な裁量権行使を承認したと評することができるのである。

---

[15] 従来の下級審の裁判例や学説では、2号要件も含め各号所定の要件が充足された場合になお不許可処分を下すことのできる効果裁量については、これを否定することが一般的であった。こうした効果裁量の有無について、平成16年最判の立場は明らかでないものの、一廃処理計画との適合性審査という形で要件裁量を広範に承認する判旨をみるに、これを肯定するものではないようである。換言すれば、市町村長に認められる裁量権が要件裁量に収斂していると説明できようか。また、ここには要件裁量と効果裁量との異同という行政裁量論における重要なテーマを見出すことができる。
[16] 詳細については、川合・前掲評釈（注12）119頁以下。

(2)　最3小判平26・1・28民集68巻1号49頁

　また、最3小判平26・1・28民集68巻1号49頁（以下「平成26年最判」）
は、一廃収集・運搬業の既存業者が他社に対する同業許可の更新処分につい
て取消訴訟を提起したものである。本件は、平成16年最判とは異なり、いわ
ゆる競業者訴訟であり、主たる争点となったのは、既存業者の原告適格につ
いてである。最高裁は、平成16年最判を引用したうえで、以下のように判示
し、結果として既存業者の原告適格を肯定した。

　「市町村が市町村以外の者に許可を与えて事業を行わせる場合において
も、一般廃棄物の発生量及び処理量の見込みに基づいてこれを適正に処理
する実施主体等を定める一般廃棄物処理計画に適合すること等の許可要件
に関する市町村長の判断を通じて、許可業者の濫立等によって事業の適正
な運営が害されることのないよう、一般廃棄物処理業の需給状況の調整が
図られる仕組みが設けられているものといえる」。廃棄物処理法上、「一般
廃棄物処理業は、専ら自由競争に委ねられるべき性格の事業とは位置付け
られていない」。「市町村長から一定の区域につき既に一般廃棄物処理業の
許可又はその更新を受けている者がある場合に、当該区域を対象として他
の者に対してされた一般廃棄物処理業の許可又はその更新が、当該区域に
おける需給の均衡及びその変動による既存の許可業者の事業への影響につ
いての適切な考慮を欠くものであるならば、許可業者の濫立により需給の
均衡が損なわれ、その経営が悪化して事業の適正な運営が害され、これに
より当該区域の衛生や環境が悪化する事態を招来し、ひいては一定の範囲
で当該区域の住民の健康や生活環境に被害や影響が及ぶ危険が生じ得るも
のといえる。一般廃棄物処理業の許可又はその更新の許否の判断に当たっ
ては、上記のように、その申請者の能力の適否を含め、一定の区域におけ
る一般廃棄物の処理がその発生量に応じた需給状況の下において当該区域
の全体にわたって適正に行われることが確保されるか否かを審査すること
が求められるのであって、このような事柄の性質上、市町村長に一定の裁
量が与えられていると解されるところ、廃棄物処理法は、上記のような事
態を避けるため、前記のような需給状況の調整に係る規制の仕組みを設け

ているのであるから、一般廃棄物処理計画との適合性等に係る許可要件に関する市町村長の判断に当たっては、その申請に係る区域における一般廃棄物処理業の適正な運営が継続的かつ安定的に確保されるように、当該区域における需給の均衡及びその変動による既存の許可業者の事業への影響を適切に考慮することが求められる」。

　平成26年最判で注意するべきことは、一廃処理業は専ら自由競争に委ねられるべきものではなく、廃棄物処理法上は需給調整が図られる仕組みがとられている旨が言明されている点である。これは平成16年最判にはみられない判示である。廃棄物処理法上、一廃処理業者については、処理料金に関する規定（7条12項）はその統制の趣旨によるものではなく[17]、事業の開始・継続義務の規定もないし、廃業も届出制であり（7条の2第3項）、典型的な公益事業許可の仕組み[18]が明定されているわけではないようにみえる。しかし、平成26年最判では、廃棄物処理法における一廃とその処理のあり方のもとで計画許可制度を通じて需給調整が行われることが言明されており、今後の社会構造のあり方次第では既存の一廃処理の体制（既存の一廃処理業者の利用状況）にも小さくない影響が及ぶことが予想されることもふまえると、極めて注意すべき判示であるといえる。

Ⅲ　計画許可制度と審査基準との関係

1　審査基準の概略

　以上のように、廃棄物処理法上の一廃処理業の許否決定に関する計画許可制度には、大きな特色がみてとれるが、他面では、計画許可制度と行政手続法5条所定の審査基準との関係をどう把握するかが問題となる。そこで、以

17　廃棄物処理法編集委員会・前掲書（注5）101頁。

18　警察許可と公益事業許可との区分について、宇賀克也『行政法概説Ⅰ〔第8版〕』（有斐閣、2023年）99-101頁。

19　行政手続法上の審査基準や処分基準に関する近時の論稿として、髙橋正人「審査基準・処分基準」行政法研究50号（2023年）47頁以下。

下で論を進めるに先立ち、行政手続法上の審査基準の概略を確認しておく[19]。

　行政手続法上、行政庁は審査基準を定めるものとされている（5条1項）。審査基準は、「申請により求められた許認可等をするかどうかをその法令の定めに従って判断するために必要とされる基準」（2条8号ロ）[20]として意見公募手続を経て設定され、法令の規定自体は審査基準に含まれないが[21]、法令の解釈は含まれうる[22]。審査基準は、「許認可等の性質に照らしてできる限り具体的なもの」（5条2項）として定立されなければならない[23]。このことと同時に、こうした基準が、法令の規定において、許認可等の性質に照らしてできる限り具体的なものとして明確に定められ、当該の「法令の定め」のみによって許否判断が可能である場合には、その判断基準が「法令の定め」に尽くされているので、行政庁は別に審査基準を定めることを要しないとされ[24]、現に審査基準を定めない例が少なくない[25]。他方、求められる具体性の程度は、許認可等の性質[26]に照らして決せられるべきとされ、羈束

---

20 「許認可等をするかどうか」とされることから、附款を付す場合の基準は審査基準に含まれないとされる（行政管理研究センター『逐条解説行政手続法〔改正行審法対応版〕』（ぎょうせい、2016年）51頁および135頁）。多くの学説はこれに批判的である。例えば、髙橋滋『行政手続法』（ぎょうせい、1996年）189頁以下、髙木光ほか『条解行政手続法〔第2版〕』（弘文堂、2017年）171頁以下〔須田守〕、室井力ほか『行政手続法・行政不服審査法〔第3版〕』（日本評論社、2018年）42頁〔芝池義一〕および106頁〔恒川隆生〕など。私見としても同様に考える。

21 行政管理研究センター・前掲書（注20）51頁、仲正『行政手続法のすべて』（良書普及会、1995年）28頁。さらに、髙橋・前掲書（注20）189頁、髙木ほか・前掲書（注20）164頁〔須田〕など。

22 行政管理研究センター・前掲書（注20）51頁。さらに、髙橋・前掲書（注20）189頁、髙木ほか・前掲書（注20）171頁〔須田〕、室井力ほか・前掲書（注20）105頁〔恒川〕。

23 仲・前掲書（注21）29頁以下は、許認可等の性質にもよるが、申請者等が当該許認可等の取得のためどのような準備をして申請すればよいかわかる程度に具体化するよう努めなければならず、また、審査基準は、機械的処理を可能にするためではなく、行政庁の行う判断についての考え方を国民にわかりやすく示すことに大きな意義があるとする。

24 行政管理研究センター・前掲書（注20）134頁。

25 総務省「行政手続法の施行状況に関する調査結果 ―国の行政機関―」（平成29年3月）によれば、国の行政機関について、新設された処分の種類154のうち、法令で規定されているので審査基準を設定しないものは41（26.6％）であった。また、都道府県、政令指定市および県庁所在市（熊本県と熊本市を除く）を対象とした同「行政手続法の施行状況に関する調査結果 ―地方公共団体―」（平成30年3月）によれば、新設された処分の種類が都道府県2100および政令市・県庁所在市586のうち、同様の理由で審査基準を設定していないのは、都道府県で637（30.3％）、政令市・県庁所在市で99（16.9％）であった。

性の強い処分の場合、審査基準は一義的な判断が可能な程度までのできる限りの具体化が望ましく、広範な裁量が認められている許認可等の場合、法が行政庁に個々の案件に応じた適切な判断を期待して裁量を与えた趣旨に照らして、方針や考慮事項を示すものとなることも想定されている[27]。また、この点との関連では、許認可等の性質上、個々の申請について個別具体的な判断をせざるを得ないもので、法令の定め以上に具体的な基準を定めることが困難であると認められる場合、審査基準を定めることを要しないと説明され[28]、現に審査基準を定めない例が少なくない[29]。

2 整理・検討

審査基準に関する上記の説示をふまえ、計画許可制度と審査基準との関係について、以下で若干の整理・検討を進める。

(1) 審査基準のあり方

行政手続法上、審査基準の設定を要しないとするケースがありうることは否定されないとしても、民主的正当性の確保も企図した意見公募手続を経ることもなく、そのことによって行政手続法の趣旨・目的が没却することがあってはならない。また、実際に審査基準の設定が必要でないとされる場合も、これを誰がどう判断しどう正当化されうるのかは極めて不透明であるのが現

---

[26] 立法者は、後掲のように覊束性や裁量の有無・程度を想定しているようであるが、高木ほか・前掲書（注20）165頁［須田］は、許認可等の性質の想定は必ずしも明確でなく、画一的考慮が不要である程度の意味と解すべき旨を指摘する。

[27] 行政管理研究センター・前掲書（注20）136頁。裁量的判断についてより詳細に考慮する必要性について、高橋・前掲書（注20）192頁。

[28] 行政管理研究センター・前掲書（注20）136頁。また、同書は、処分の先例がないか、稀であるものや当面審査が見込まれないもので、審査基準を法令の定め以上に具体化することが困難である場合、当面は審査基準の定立を要しないが、申請案件の蓄積に伴い審査基準を定め、その内容をより具体化することが求められるとする。高橋・前掲書（注20）191-192頁は、審査方針程度のものの定立の可能性も含め、審査基準の設定を要しない余地を厳格に解すべき点を指摘する。

[29] 総務省・前掲調査（注25）によれば、国の行政機関について、新設された処分の種類154のうち、審査基準の設定が困難であり設定していないものは33（21.4％）であった。また、新設された処分の種類が都道府県2100および政令市・県庁所在市586のうち、同様の理由で審査基準を設定していないのは、都道府県で619（29.5％）、政令市・県庁所在市で200（34.1％）であった。

状であると思われ、そのフォローが必要であるはずだし、審査基準の設定が
安易に避けられてはならないはずである[30]。これまでの裁判例のなかには、
一廃処理業の許可制度につき審査基準を設定しなかったことが違法ではない
とするものもあるが[31]、仮にそうした対応が許容されるとすれば、それは後
掲のとおり一廃処理計画の策定手続が法定されたうえで計画許可制度が機能
する場合に限られるべきであろう。

　他方、一廃処理業の許否判断については、広範な裁量が認められたうえで
需給調整を図るものであるとされる以上、政策的観点からその都度の個別的
決定をせざるを得ないこともたしかであろう。そうすると、審査基準を設定
する場合も、その内容の具体化ないし詳述は困難ないし不可能であることか
ら、審査基準には一定の方針や考慮事項などを概括的に記載するにとどめざ
るを得ないケースがあることも想像に難くない。

　また、審査基準において、一廃処理計画に即して許否判断を行う旨の定め
とすることも想定されるが、廃棄物処理法自体で計画許可制度が法定されて
いる以上、こうしたいわば当然の定めをするだけでは、審査基準の設定手続
や設定自体の意味は失われる。審査基準には、理由提示義務（行政手続法8
条）との連動性がある以上、審査基準が単に一廃処理計画を参照するよう定
めるにとどまることは、肯定的に評価されるものではない。

(2)　一廃処理計画のあり方

　他方、平成16年最判からすると、一廃処理計画の策定にあたり広範な裁量
が認められると同時に、一廃処理業の許可申請と同計画との適合性審査にも
広範な裁量が認められる。しかし、これらのことは、特に同最判であったよ
うに、一廃処理計画の内容が茫漠としていながら、市長村長が随意にその意
図を汲んで許否決定を行いうることと同義であってはならない。平成26年最

30　総務省・前掲調査（注25）によれば、この調査は、「今後、行政手続法のより円滑かつ的確な施
　行に資するよう活用していくものである」とされる。同調査からは、具体的にどの審査基準が不設
　定であり、どれが設定済みになったかなどは不明であるものの、審査基準不設定の理由が、申請が
　見込まれないものであるならともかく、設定自体が困難であるというものならば、今後も設定の見
　込みが薄いといえるかもしれない。
31　例えば、和歌山地判平14・9・10裁判所ウェブサイト。

判からは、廃棄物処理法が一廃処理業につき計画許可制度を採用したのは、そのような企図によるものであったと解されてはならない。

　廃棄物処理法上の計画許可制度の存在意義を非常に重く捉えているのが、前記２つの最高裁判決である。これらの最高裁判決に照らせば、需給調整という政策的判断を可視的にすること、そして、廃棄物処理法と一廃処理体制の構築（一廃処理業の許否決定）との間をつなぐものが、一廃処理計画なのであり、透明な手続のもとで可能な限り可視的な内容で一廃処理計画を策定することが不可欠のはずである。今後の人口減少や社会の縮小化の進展によって社会構造が変化していくことを考えれば、新規参入希望者にとっては、一廃処理計画の策定手続および内容が申請の成否を可視的ないし一定の予測を可能なものにするし、既存の一廃処理業者についても、現有の許可処分の更新を申請したタイミングで拒否処分を下されたり、事業範囲を縮小する内容で更新許可を下されたりすることも予想される以上、新規参入希望者や既存の一廃処理業者にとって極めて重要であることは多言を要しない。また、住民にとっても、自身の生活と密接に関係する一廃処理のあり方（一廃処理施設の整備も含む）の大枠を提示する一廃処理計画は、極めて重要である。そして、こうして策定された一廃処理計画に基づいて、一廃処理体制を展開するための一廃処理業の許否決定などを行うことこそが、計画許可制度の妙味のはずである。政策的色彩の強い判断が求められるといえども、──あるいは、逆説的ではあるが、政策的色彩が強いからこそ──一廃処理計画と許否決定とのリンクを明確にしなければならないはずである[32]。

　これらの点と関連して、重要性が指摘されなければならないのは、一廃処理計画の策定手続である[33]。既述のとおり、廃棄物処理法上、一廃処理計画の要記載事項は法定されているものの、策定手続は法定されておらず、条例

---

[32] 「一般廃棄物処理計画を踏まえた廃棄物の処理及び清掃に関する法律の適正な運用の徹底について（通知）」（環廃対発第1410081号、平成26年10月８日）が、平成26年最判をふまえて発出されている。同通知は、「これを機に、一般廃棄物処理を市町村以外の者に委託し又は許可を与えて行わせる場合を含めて、廃棄物処理法の目的及び趣意を改めて認識の上、一般廃棄物処理計画の適正な策定及び運用をなされたい」としている。
[33] 一廃処理計画に関するものではないが、近時の行政計画の策定手続全般に関する論稿として、山田洋「計画策定手続の課題」行政法研究50号（2023年）221頁以下。

での整備も浸透していないようである。前記2つの最高裁判決は、計画許可制度の存在意義を重要視しながら、一廃処理計画の策定手続については言明していない。しかし、計画許可制度が十全に機能するためには、計画策定にあたっての裁量を事前にコントロールし、かつ、既存業者や新規参入希望者や一般住民にとって透明なプロセスを確保することを通じて、その内容の可視性や予測可能性を確保することが不可欠である。近時の裁判例においても、一廃処理計画の策定手続に関する裁量権の逸脱・濫用を理由として、一廃処理業の不許可処分を違法とするものがみられる[34]。

(3) 計画許可制度のあり方

　しかし、これらと同時に懸念されるのは、廃棄物処理法上の計画許可制度において、審査基準と一廃処理計画が併存することで一廃処理業に関する許否判断の構造が重畳的になり複雑化することであり、その結果、本来は審査基準や一廃処理計画に期待された機能が十全に発揮されえなくなることである。

　したがって、審査基準と一廃処理計画との有機的接合と役割分担が明確にされなければならない。例えば、審査基準において定める許否の基準として、一廃処理計画に適合していることを示すとしても、それにとどまらず、審査基準のなかで基本的な現況や方向性（例：既存業者で処理が当面カバーできている点、それゆえに新規許可を発出する見込みは原則としてない点など）を明定することが求められる。そして、審査基準は毎年度のように頻繁に改正するのではないとしても、一廃処理実施計画は毎年度策定するから、同計画のなかで方針などを都度明示することが求められるはずである。あるいは、仮に審査基準を設定しないことが許容されるとしても、それをフォローしうるような一廃処理計画の策定手続の整備と明瞭な内容がその前提条件となら

34　鹿児島地判令2・12・8LEX/DB25568692。なお、同判決では、審査基準を設定していないことが不許可処分の取消事由となるとして争点の1つになっているが、平成26年最判が引用されたうえで、一廃処理計画の策定手続において裁量権の逸脱・濫用があることが認定されており、「その余の点について判断するまでもなく」請求認容とされたため、審査基準の設定の懈怠については判断されていない。さらに福岡高裁宮崎支判平31・2・13LEX/DB25562802。

なければならない[35]。もちろん、審査基準の設定や一廃処理計画の策定には多大な諸コストがかかるものであり、それゆえに審査基準の設定や一廃処理計画の策定が忌避ないし回避されてきたことも否定できないところもあろうが[36]、廃棄物処理法上の計画許可制度の十全な運用のためには、今後のDX化をひとつの契機として、それらの手続や内容の整備・拡充が必要になろうし、また、従来に比して可能ないし容易にもなろう。一廃処理計画における一廃の発生量や処理量の見込み、一廃処理の実施主体に関する基本的事項、一廃処理施設の整備の方針などの提示やそのための手続の整備こそ、廃棄物処理法制にあって今後のDX化の主戦場のひとつとなりうるのであり、その結果として、一廃処理計画や計画許可制度を通じて関係する各アクターの権利・利益保護や民主的正当性確保が実現ないし向上しうるものと考えられる。

　なお、計画許可制度の運用にあたって重要になると思われるのが、行政手続法9条である。すなわち、同条1項によれば、行政庁は、申請者の求めに応じ、当該申請に係る審査の進行状況および当該申請に対する処分の時期の見通しを示すよう努めなければならないとされる。これまでスポットの当たることが少なかった規定であると思われるし、同項は努力義務規定であり、行政庁からの積極的な広報義務が明定されているものではないが、審査基準の設定状況や審査基準・一廃処理計画のあり方次第では、重要性を増すものと思われる[37]。

---

[35] 鹿児島地判平29・2・28判自433号39頁は、一廃処理業の拒否処分について、審査基準が設定されていなかった状況下において、一廃処理計画との適合性の審査を経ずに当該処分を発出したことを違法としている。

[36] 環境省・前掲調査（注8）によれば、一廃処理基本計画を策定していない理由としては、人員・予算不足（28.6%）、策定中（23.2%）、不明（19.6%）、必ずしも策定しなければならないという認識がなかった（12.5%）、策定していた計画の期限が切れた（10.7%）、一部事務組合に参加している市町村との調整に時間がかかっている（5.4%）、であった。また、一廃処理実施計画を策定していない理由としては、不明（35.6%）、必ずしも策定しなければならないという認識がなかった（28.4%）、人員・予算不足（25.7%）、策定中（4.8%）、一部事務組合に参加している市町村との調整に時間がかかっている（2.1%）、基本計画を策定中である（2.1%）、策定に必要なデータ等が揃わない（1.2%）、であった。基本計画・実施計画とも、人員・予算不足を理由とする不策定が目立つようである。

Ⅳ　おわりに

　以上、本小論は、その喫緊の課題のひとつとして、廃棄物処理法所定の一廃処理業に関する計画許可制度を取り上げ、若干の論点を提示したうえで、簡単な整理および検討を進めてきた。計画許可制度をめぐる裁判例には一定の動向をみてとれ、また、市町村における計画許可制度の運用の実態はなおも把握できているものではない。本小論で明らかにした点なども含め、これらの論点のさらなる検討を進めていかなければならない。本小論は、今後の社会構造の変化やこれに伴う行政手続のDX化の進展に対する本格的な検討や解答の提示を遥か先に捉えたものであり、そのためのささやかな一歩であった。

---

37 廃棄物処理法上の計画許可制度の場合のみならず、今後の行政手続のDX化の浸透とも相まって、申請に対する処分全般でその重要性を増してくるように思われる。同条は1項・2項とも努力義務規定ではあるものの、国家賠償責任が成立する余地は皆無ではないと考える（同旨、髙木ほか・前掲書（注20）203頁［須田］）。廃棄物処理法以外の法分野におけるこれまでの裁判例では、同条違反を主張した国家賠償請求訴訟はみられるものの、請求が認容されるには至っていない。裁判例として、東京地判平25・9・4D1-Law 29026368など。

自治体情報システムの標準化と地方自治

清水 知佳

I　はじめに

　1960年代に電子計算機がはじめて導入されて以来[1]、各地方公共団体（以下、単に「自治体」ということがある）は、各々で独自に情報システムを開発し、その運用を通じて住民ニーズへの対応、利便性向上等の施策を実施してきた。子供の医療費助成や生活保護者の支援のために住民税や国民健康保険料などを減免するといった施策が典型例であるが、全国各地の自治体は、そこに住む地域住民のために、各地域で独自のサービスを提供してきたわけである。ところが、政府は、最近になって、そのような従来の行政実務とは逆行するように、国の基準に適合した情報システムの利用を自治体に義務付けることを検討するようになり、2021年には、一定の業務を対象として、国が定める標準化基準に適合する情報システムの採用を自治体に義務付ける「地方公共団体情報システムの標準化に関する法律」（以下、標準化法）を制定した。

　この点、地方自治法によれば、国は、自治体に関する制度・施策を策定・実施するにあたり、各自治体の自主性・自立性が十分発揮されるようにしなければならない（1条の2第2項）。同規定は、憲法92条の保障する地方自

---

[1] 自治体における情報通信技術を用いた行政情報化は、1960年に大阪市に電子計算機が導入されたことに始まる。日本経済の急激な成長に伴う行政需要の飛躍的な増大と大都市地域における新規職員の採用難等の事情を背景として、以後、中核市や小規模自治体にも利用が広がっていった。総務省自治行政局地域情報化企画室「地方自治情報管理概要──電子自治体の推進状況（令和2年度）」（2021年8月）1頁、https://www.soumu.go.jp/main_content/000762715.pdf, last visited, 1st May 2024.

治の本旨、とりわけ団体自治の観点を具体化し、自治体の独自政策を保障した定めと解されている。そうすると、仮に今般の標準化法によって自治体の独自政策が抑制されるとなれば、標準化法は憲法違反をも惹起することになるのではないか。そこで、本稿では、標準化法の枠組みとその運用が自治体の独自対応をどこまで認めているのかを明らかにし、地方自治の本旨に照らした評価を試みることにしたい。具体的には、まず、国と自治体の対等関係を当然の前提とする地方分権の時代において、標準化法の枠組みがなぜ求められるに至ったのかという歴史的経緯を、各種政府資料の分析を通じて明らかにする（Ⅱ）。続いて、自治体の担う役割という観点から標準化法の基本枠組みとその特徴を整理し、標準化法の下で各自治体がどのような独自対応を実施できるのか、その範囲を検討する（Ⅲ）。以上の検討を踏まえて、最終的には、国と自治体の適切な役割分担という観点から、標準化法の成果と課題について若干の考察を加えることにしたい（Ⅳ）。

Ⅱ　自治体情報システムの標準化に至る歴史的経緯

　標準化法によれば、「地方公共団体情報システムの標準化」とは、「住民の利便性の向上、地方公共団体の行政運営の効率化及び地方公共団体情報システムに係る互換性の確保のため、地方公共団体情報システムに必要とされる機能等についての統一的な基準に適合した地方公共団体情報システムを地方公共団体が利用すること」と定義される[2]。これは、国が用意する「統一的な基準」への適合を自治体に強要するということであり、自治体からすれば、これまで開発・運用してきた独自の情報システムの利用を諦めざるを得ない状況に追い込まれることになるわけである。このような国と自治体の垂直的な主従関係を前提とする枠組みが、標準化法で採用されるに至ったのは、なぜなのだろうか。本章では、各種政府資料の記述を手掛かりに、その歴史的経緯を明らかにすることにしたい[3]。

---

[2] 標準化法2条3項。なお、「システム」の標準化は、申請等で利用される「書式」「様式」の標準化とは区別される。齋藤誠「地方自治における標準と標準化——法的・政策的位置づけの史的計測（上）」地方自治903号（2023年）2頁以下、5頁。

自治体情報システムの標準化と地方自治　97

1　自治体戦略2040構想研究会とスマート自治体研究会

　自治体情報システムの標準化を推進する流れがどこを起点とするかについては議論があるところであるが、本稿では、政府資料の多くが「起点」と位置付けている「自治体戦略2040構想研究会第二次報告」[4]（以下、「第二次報告」という）から検討をはじめることとする。

　自治体戦略2040構想研究会は、高齢者人口がピークを迎える2040年を見据え、自治体が抱えるであろう行政課題を整理し、また、早急にとるべき対応策を検討することを目的として、2017年10月に総務省内に設置されたものである[5]。その成果として、2018年4月には、2040年までに迫りくる危機についてまとめた第一次報告が、同7月には、危機に対応した「新たな自治体行政の基本的考え方」についてまとめた第二次報告が、それぞれ公表されている。

　自治体情報システムの標準化については、第8回に議論が開始され、その成果が第二次報告にまとめられている。その特徴は、人口減少に伴い労働力の絶対量が不足する未来に備えて「スマート自治体への転換」[6]というパラダイム転換が必要であるとする点、自治体情報システムの標準化を、その実現のための必要不可欠な方法の1つとして位置づけている点にある。具体的には、「従来の半分の職員でも自治体として本来担うべき機能が発揮でき

3　なお、政府は、自治体情報システムの標準化の延長線上に、国が用意したクラウド（ガバメントクラウド）上でのシステム利用を想定しているが、ガバメントクラウドの利用はいまのところ努力義務にとどめられていることから（標準化法10条）、本稿では喫緊の検討課題である標準化に議論の焦点を絞っている。

4　自治体戦略2040構想研究会「自治体戦略2040構想研究会第二次報告」（2018年7月）、https://www.soumu.go.jp/main_content/000562117.pdf, last visited, 1st May 2024.

5　なお、本稿の関心からすれば、研究会の名称にも関わらず、研究会の構成員に自治体関係者が含まれていないことは、もっと注目されてよい。自治体戦略2040構想研究会「委員名簿」、https://www.soumu.go.jp/main_content/000508477.pdf, last visited, 1st May 2024.

6　スマート自治体とは、システムやAI等の技術を駆使して、効果的・効率的に行政サービスを提供する自治体のことを指す。地方自治体における業務プロセス・システムの標準化及び地方自治体におけるAI・ロボティクスの活用に関する研究会（スマート自治体研究会）「地方自治体における業務プロセス・システムの標準化及び地方自治体におけるAI・ロボティクスの活用に関する研究会報告書」（2019年5月）5頁、https://www.soumu.go.jp/main_content/000624721.pdf, last visited, 1st May 2024.

る」ようになるには、すべての自治体が破壊的技術（AIやロボティクス、ブロックチェーン等）を使いこなすスマート自治体とならざるをえないが、自治体ごとに情報システムが異なるという現状[7]がスマート自治体の実現を阻害しているとして、自治体情報システムの標準化を肯定する[8]。加えて、第二次報告は、自治体情報システムの標準化に係る実効性確保のあり方にも言及し、国の作成する標準仕様書（標準化法にいう標準化基準）の利用を法律の根拠をもって自治体に義務付ける必要があると強調している[9]。なお、同報告は、自治体情報システムの標準化がもたらす弊害についても言及しているが、いずれも、システム移行に伴う弊害（一時的な自治体の負担増、システムごとの更新時期の違い）に配慮すべきという趣旨のものであり、本稿が関心を寄せる各自治体の自主性・自立性という観点からの指摘ではなかった[10]。

　第二次報告の実務上の影響力は小さくなかったようであり、報告を受けた総務省は、自治体情報システムの標準化に向けた動きを加速する。具体的には、2018年9月に、「地方自治体における業務プロセスの標準化及びAI・ロボティクスの活用に関する研究会（以下、「スマート自治体研究会」という）」を設置し、実務上の課題の検討を開始している。ここでは、有識者や、内閣官房CIO（Chief Information Officer）補佐官に加え、自治体（町田市、千葉市、豊橋市）の実務担当者3名が委員を務め[11]、自治体へのアンケート調査なども踏まえて[12]、2019年5月に報告書がまとめられた[13]。

7　なお、このような現状について、報告は、①これまでに「部分最適を追求した結果」であり、「全体として重複投資」を発生させている、②（法令に基づく行政事務についても）各自治体独自のカスタマイズが「法律の根拠なく」行われている、という点でも批判的に分析している。自治体戦略2040構想研究会・前掲報告（注4）4頁。かかる分析に対しては、自治体によるカスタマイズが国の政策に対応するために必要に迫られて行われてきたという側面を見落としているという指摘がある。今井照「自治体戦略2040構想研究会報告について」自治総研480号（2018年）1頁以下、11頁。

8　自治体戦略2040構想研究会・前掲報告（注4）31-32頁。

9　この点は、これまで、国民健康保険、高齢者医療保険、戸籍事務、地方公会計の各分野では、国において標準システム又は標準仕様書を作成して、無償配布や公表を行ってきたという実績を踏まえた提案となっている。自治体戦略2040構想研究会・前掲報告（注4）5-6頁。

10　自治体戦略2040構想研究会・前掲報告（注4）32頁。

スマート自治体研究会では、最終的に、自治体情報システムの標準化について、その推進を前提とする主に3つの提案がなされている[14]。第1に、標準化の枠組みとして、自治体、ベンダ（民間事業者）、所管府省の三者がコミットしながら標準仕様書を作成し、各自治体に仕様書への準拠を促すというアプローチを採用すること[15]、第2に、住民記録システム[16]を最優先の取組分野とし、次いで税・福祉を優先的取り組み分野とすること[17]、第3に、標準仕様書を満たすシステムはベンダが開発・提供すること[18]、である。

このうち、本稿の関心からは、標準化の枠組みに係る第1の提案が注目されよう。当初は、国が標準仕様書を作成するという案も検討されたようであるが、自治体の業務プロセスや自治体が利用するシステムの詳細を国が把握しておらず、利用者である自治体のニーズを無視したシステムになりかねないことから、国・自治体・ベンダの三者の共同作業によることが適当であるとされたということである[19]。他方で、報告書は、標準仕様書の規律密度

---

11 地方自治体における業務プロセス・システムの標準化及び AI・ロボティクスの活用に関する研究会「委員名簿」、https://www.soumu.go.jp/main_content/000575561.pdf, last visited, 1st May 2024.

12 研究会事務局（総務省）は、21団体（指定都市5団体、中核市6団体、一般市10団体）を対象に、標準準拠システムの導入およびカスタマイズの原則禁止という手法の是非を問うアンケートを実施しており、その結果、「良い」「非常に良い」が19団体、「どちらかといえばよい」が1団体、「導入することが難しい」が1団体、という回答結果が示されている。スマート自治体研究会・前掲報告書（注6）112頁（資料19「システム標準化等についての自治体アンケート結果」）。

13 そのため、報告書は、自治体側の意見への配慮の跡がうかがえるものとなっているが、他方で、自治体側委員が3名に過ぎないこと、アンケート調査対象自治体が21団体に過ぎないことからすれば、報告書の内容が自治体の総意を反映したものとは限らないことには注意が必要である。この点で、例えば、報告書の基礎となったスマート自治体研究会の第3回議事録は、自治体の実務に精通する職員との意見交換につき、総じて標準化に反対する者はおらず、自治体側も標準化を必要であると考えているのではないか、と整理しているが、このような一般化は妥当ではない。スマート自治体研究会「第3回議事録概要」3頁、https://www.soumu.go.jp/main_content/000587530.pdf, last visited, 1st May 2024.

14 スマート自治体研究会・前掲報告書（注6）36-48頁、65頁。

15 スマート自治体研究会・前掲報告書（注6）47頁。

16 住基システムのことを、本報告書では住民記録システムという。スマート自治体研究会・前掲報告書（注6）66頁。

17 スマート自治体研究会・前掲報告書（注6）46頁。

18 スマート自治体報告書・前掲報告書（注6）47頁。

19 スマート自治体研究会・前掲報告書（注6）42頁。

（粒度という用語を用いている）については、「既存のシステムがすべてあてはまるような粗いものではなく、便利機能・過誤防止等の現場ニーズに由来する機能を中心に、大部分のカスタマイズを抑制できる程度の細かな粒度の標準が必要」であると整理している[20]。このようにして提示された、標準仕様書に対する自治体の独自対応（カスタマイズという用語を用いている）を原則として否定する方向性についても、注意しておく必要があろう。その結果、報告書は、第3の提案においてシステムの開発・提供元とされたベンダに対しても、「自治体からのカスタマイズ要求があっても、安易に従うのでなく、本報告書も活用しながら、毅然として対応すべき」と提言しており、自治体の独自対応の原則否定という方向性を強く打ち出すに至っている[21]。

2　第32次地方制度調査会

　以上のような第二次報告書およびスマート自治体研究会報告書の趣旨は、その後、第32次地方制度調査会（以下、「地制調」という）[22]が2020年6月に公表した、「2040年頃から逆算し顕在化する諸課題に対応するために必要な地方行政体制のあり方等に関する答申」に引き継がれることとなる[23]。この答申の最大の特徴は、2020年から猛威をふるい続けている新型コロナウィルス感染症（以下、「コロナ」という）を契機として、地方行政のデジタル化

---

[20] スマート自治体研究会・前掲報告書（注6）43-44頁。

[21] スマート自治体研究会・前掲報告書（注6）65頁、113頁（資料20「システム標準化等についての関係企業・団体からの意見①」）。

[22] 地方制度調査会とは、内閣総理大臣の諮問を受け、地方制度に関する重要事項を調査審議し、その成果を内閣総理大臣に答申することを任務とする審議会である。第32次地制調の委員の内訳は、学識経験者（18名）、国会議員（6名）、地方六団体の代表（6名）となっている。

[23] 第32次地方制度調査会「2040年度から逆算し顕在化する諸課題に対応するために必要な地方行政体制のあり方等に関する答申」（以下、「第32次地制調答申」という）（2023年6月）、https://www.soumu.go.jp/main_content/000693733.pdf, last visited, 1st May 2024. この答申は、地制調が2019年7月に公表した「2040年頃から逆算し顕在化する地方行政の諸課題とその対応方策についての中間報告」や、同10月に公表した「市町村合併についての今後の対応方策に関する答申」を発展させたものである。本稿の関心からは、答申作成に向けて、関係省庁、自治体および有識者からの意見聴取に加え、46市区町村・団体への現地調査を行っていること、5回の総会に加え、39回（過去最多）の専門小委員会を開催していることが注目される。堀内匠「第33次地方制度調査会『ポストコロナの経済社会に対応する地方制度のあり方に関する答申（令和5年12月21日）』を読む」自治総研547号（2024年）23頁以下、43頁。

を最重要課題と位置づけ、自治体情報システムの標準化をその具体的方法の1つと整理したことにある。

すなわち、答申は、前半部分で、2040年頃にかけて生じる危機と早期対応の必要性を説いたうえで、後半部分で、危機への具体的対応策を説明するという構成を取るが、その危機の1つとしてコロナ（で露呈したアナログ社会の脆弱性）を取り上げた結果として、地方行政のデジタル化を最重要課題と位置付け、さらには自治体情報システムの標準化を詳細に検討するに至ったものと解される[24]。というのも、答申は、危機への具体的な対応策の柱として、「地方行政のデジタル化」「公共私の連携」「地方公共団体の広域連携」「地方議会への多様な住民の参画」の4つを指摘しているが、答申の基となる総括的な論点整理案が公表された2020年4月の段階では、「地方公共団体の広域連携」が第一項目とされていたからである[25]。答申は、「この度の感染拡大は我々に、人口の過度の集中に伴うリスクやデジタル技術の可能性を再認識させた」と強調しており[26]、論点整理案公表後のコロナ蔓延が順位逆転を生み出したものと整理して差し支えなかろう[27]。

こうして、答申は、「地方行政のデジタル化」を最重要課題として位置づけ、それに係る国の役割についても、細かく提案するに至っている。このうち、自治体情報システムの標準化に係る提案の最大の特徴は、自治体の独自対応を一定場面では許容するという方向性を提示していることである。具体的には、まず、一般論として、自治体が地域の実情に応じた行政サービスの提供を行ってきたことを、行政の即応性・柔軟性・総合性や住民の期待、さらには効率性の観点からも高く評価する[28]。その上で、デジタル技術の低廉

24　第32次地方制度調査会・前掲答申（注23）4頁。

25　第32次地方制度調査会「資料・総括的な論点整理（案）」（2020年4月）、https://www.soumu.go.jp/main_content/000693030.pdf, last visited, 1st May 2024.

26　第32次地方制度調査会・前掲答申（注23）1頁。

27　4つの柱の中で「地方行政のデジタル化」の審議時間が最も短いことも、その証左といえる。堀内匠「第32次地方制度調査会『2040年頃から逆算し顕在化する諸課題に対応するために必要な地方行政体制のあり方等に関する答申』を読む」自治総研502号（2020年）58頁以下、60頁、74頁。白藤博行「Democracy5.0と『地方自治＋α』──国家と社会のデジタル化時代における『新しい自治様式』の探求」白藤博行・自治体問題研究所編『デジタル化でどうなる暮らしと地方自治』（自治体研究社、2020年）11頁以下、24頁。

性や人材不足を踏まえれば、地方行政のデジタル化については「組織や地域の域を越えた連携」を推進することが求められているとして、そこに国の役割を見出すが、上記の一般論が前提となっているため、自治体情報システムの標準化をめぐり国が担う役割については次のように整理している。すなわち、ある行政事務をめぐる自治体情報システムを標準化するか否かについては、①それを標準化・統一化する必要があるか、および、②自治体の創意工夫が期待されているか、を考慮し、両要素の程度に応じて国が判断すべきという整理である[29]。

その結果として、住民基本台帳や税務等の基幹系事務に係るシステムについては、自治体が創意工夫を発揮する余地が比較的小さい一方で、①維持管理や制度改正時の改修に際して自治体の負担が大きいこと、②システム間の調整の負担からクラウドによる共同利用が円滑に進んでいないこと、③自治体の枠を超えて活動する住民や企業の利便性の観点からはシステムの統一が望ましいことから、標準化の必要性が極めて高いとされた[30]。これらの事務については、システムの機能要件等を国が法令で詳細に整備し、同要件に準拠するシステムをベンダが開発・提供し、自治体は原則としてこれらのシステムのいずれかをカスタマイズすることなく利用することが提案されている[31]。他方で、「地方公共団体が創意工夫を発揮することが期待され、標準化等の必要性がそれほど高くない事務」については、自治体の独自対応を許容し、システムの標準化を検討する場合にも「奨励的な手法を採ることが考えられる」と指摘している[32]。さらには、標準化の必要性の高い事務についても、（標準仕様書の設定に際し）自治体間調整の負担を軽減するために自治体や事業者の意見を踏まえること、（システムの標準化に伴う業務プロセスの標準化に際し）業務の内容や組織のあり方について自治体の自主性に配慮すること、等を提案している[33]。

---

28 第32次地方制度調査会・前掲答申（注23）6頁。
29 第32次地方制度調査会・前掲答申（注23）6頁。
30 第32次地方制度調査会・前掲答申（注23）7-8頁。
31 第32次地方制度調査会・前掲答申（注23）8頁。
32 第32次地方制度調査会・前掲答申（注23）6頁。
33 第32次地方制度調査会・前掲答申（注23）8頁。

自治体情報システムの標準化と地方自治　103

　以上のように、答申は、自治体情報システムの標準化について一定の肯定的評価を示しているものの、必ずしも全面的な標準化を提言するものではなかった。しかしながら、例えば、答申の翌月に閣議決定された「経済財政運営と改革の基本方針2020」では、「答申を踏まえ」「国・地方を通じたデジタル基盤の統一・標準化」を政策課題のひとつとすることが宣言されるなど[34]、答申は、その公表以降、自治体情報システムの標準化に地制調がお墨付きを与えたものと評価されるようになっていく。

3　デジタル改革から標準化法制定へ

　その後、2020年9月になり、菅義偉内閣総理大臣（当時）がデジタル改革の旗印の下でデジタル庁の設置やIT基本法の改正法案提出などを指示したことを契機に[35]、自治体情報システムの標準化に向けた政策立案は、一気に加速する。同12月には、「誰一人取り残されない、人にやさしいデジタル化」[36]というデジタル改革の基本方針を実現すべく「デジタル・ガバメント実行計画」が閣議決定され、自治体情報システムの標準化についても、①自治体の主要17事務について所管府省庁が標準仕様書を作成すること、②標準化を実効的に推進するための法律案を2021年通常国会に提出すること、③標準化の目標時期を2025年度とすること等が盛り込まれた[37]。

　さらに、同日には、国の取り組みを定めた上記計画のカウンターパートとして、自治体の取り組みの指針と国による支援策を内容とする「自治体デジタルトランスフォーメーション（DX）推進計画」も策定されている。そこでは、「国が主導的役割を果たしつつ、自治体全体として足並みをそろえて」取り組むべき重点取組事項として、マイナンバーカードの普及等ととも

---

[34]「経済財政運営と改革の基本方針2020」（2020年7月17日閣議決定）17頁、https://www5.cao.go.jp/keizai-shimon/kaigi/cabinet/honebuto/2020/2020_basicpolicies_ja.pdf, last visited, 1st May 2024.

[35] 本多滝夫「地方行政のデジタル化と地方自治」本多滝夫・久保貴裕『自治体DXでどうなる地方自治の「近未来」』（自治体研究社、2021年）7頁以下、7-9頁。

[36]「デジタル社会の実現に向けた改革の基本方針の概要」（2020年12月25日閣議決定）1頁、https://www.soumu.go.jp/main_content/000754669.pdf

[37]「デジタル・ガバメント実行計画」（2020年12月25日閣議決定）93-96頁、https://cio.go.jp/sites/default/files/uploads/documents/2020_dg_all.pdf, last visited, 1st May 2024.

に、自治体情報システムの標準化が挙げられており、具体的には、①首長や
CIO などから成る標準化推進体制を自治体が確立すること、②地方公共団
体情報システム機構（J-LIS）の基金造成によって国が自治体を財政的に支
援すること等が盛り込まれている[38]。

　以上の両計画に基づき、最終的には、2021年通常国会にて、デジタル社会
形成基本法などの関連法とともに、標準化法が可決成立した。そこで、ここ
からは、同法を根拠として2022年10月に閣議決定された標準化基本方針や実
際の行政実務における運用実態も含め、標準化法に基づいて整備された標準
化の基本枠組みとその特徴を、章を改めて整理分析していくことにしよう。

Ⅲ　標準化法の基本枠組みとその特徴

　ここまでみてきたように、標準化法の制定に至るまでに、自治体情報シス
テムの標準化をめぐってはさまざまな議論が展開されてきたが、実際に制定
された標準化法の枠組みは、そうした議論との関係でどのような特徴を有し
ているのであろうか。以下では、制定過程における主要論点であった、①標
準化の推進を主導する主体、②標準化の対象となる行政事務、③自治体によ
る独自対応（カスタマイズ）の可能性の3点につき、標準化法の特徴を整理
していくことにしたい。これら3点は自治体の役割を見定める上で不可欠な
論点であり、その検討結果からは、標準化法の下で自治体に認められる独自
対応の範囲が明らかになるはずである。

1　標準化の推進を主導する主体

　Ⅱで検討したとおり、コロナを契機として地方行政のデジタル化が求めら
れ、それを実現する主要なステップとして自治体情報システムの標準化が法
制度に結実したわけであるが、では、標準化法は、標準化の推進を主導する
主体をどのように想定しているのだろうか。

---

38 「自治体デジタル・トランスフォーメーション（DX）推進計画」（2020年12月25日閣議決定）
4-9頁、15頁、16頁、https://www.soumu.go.jp/main_content/000000011.gif, last visited, 1st
May 2024.

この点、標準化法1条は、標準化法の目的として、住民の利便性の向上や、自治体行政運営の効率化を挙げている。このように、標準化が自治体行政に深く関わるものであることは明らかであり、そのことからは、自治体が標準化政策の主導的立場となることも考えられる。しかしながら、標準化法の制定過程において、自治体からのそうした要望は、管見の限りみあたらなかった。自治体情報システムの標準化という政策に内在する特徴として、自治体の区域を超えた調整が必要になること、既存の手続やシステムの多くが法令により規律されており、標準化に際して法令改正を要することなどがしばしば指摘されるが[39]、そういった特徴もあり、国が標準化政策の主導的立場を担うということ自体については、表面上は自治体にも受け入れられたようである。

他方で、国が標準化政策の主導的立場を担うという点では一致しているものの、標準化の制定過程においては、時期によってその具体的内容にはばらつきがみられる。すなわち、Ⅱでも指摘した通り、第二次報告書では国が標準仕様書の作成を担い、その利用を法律の根拠をもって自治体に義務付けることが提案されていた。これに対し、スマート自治体研究会の報告書では、標準仕様書の作成は国・自治体・ベンダの三者の共同作業によることが適当であるとされている。さらには、両報告書を踏まえた地制調答申等では、標準化の必要性の高くない事務について自治体の独自対応を許容しつつ、標準化の必要性の高い事務については国が法令でシステムの機能要件（標準仕様書）を詳細に規律するという折衷的な提案がなされている。

最終的に、標準化法4条は、以上のような経緯も踏まえ、国が「地方公共団体情報システムの標準化の推進に関する施策を総合的に講ずる責務」を有するとして、国が標準化を主導する役割を担うことを明らかにしている。ただし、自治体の役割については、「国との連携を図りつつ、地方公共団体情報システムの標準化を実施する責務」を有すると規定するにとどまっており、制定過程における上記のばらつきに対し標準化法がどのような立場を採用し

---

39 森浩三「地方公共団体における行政手続きのデジタル化と情報連携の実務的課題—マイナンバーを中心として」ジュリスト1556号（2021年）44頁以下、45頁。

106

たのかを明らかにするには、「標準化の対象となる行政事務」や「自治体による独自対応の可能性」について、標準化法がどのような姿勢を示しているのかを慎重に精査する必要があろう。そこで、次節からは、両者の論点について、標準化法の特徴をさらに深彫りしていくことにしよう。

2　標準化の対象となる行政事務

　標準化の対象となる行政事務については、標準化法2条1項が「情報システムによる処理の内容が各地方公共団体において共通し、かつ、統一的な基準に適合する情報システムを利用して処理することが住民の利便性の向上及び地方公共団体の行政運営の効率化に寄与する事務として政令で定める事務（以下「標準化対象事務」という。）」と規定している。同規定から抽出される、自治体における事務処理内容の共通性、住民の利便性の向上、自治体の行政運営の効率化といった観点を踏まえ、現在では、合計20事務が閣議決定を経て標準化対象事務に選定されている[40]。具体的には、児童手当、子ども・子育て支援、住民基本台帳、戸籍の附票、印鑑登録、選挙人名簿管理、固定資産税、個人住民税、法人住民税、軽自動車税、戸籍、就学、健康管理、児童扶養手当、生活保護、障害者福祉、介護保険、国民健康保険、後期高齢者医療、国民年金、の計20事務であるが、当初は、このうち、戸籍、戸籍の附票及び印鑑登録に関する事務を除く17事務が選定されていた[41]。このことからは、事務の範囲は社会の変遷に応じて拡大（場合によっては縮小）の可能性があるということがみてとれよう。実際に、基本方針も、自治体の業務効率化や住民の利便性の向上に資する場合には、自治体や事業者の意見を丁寧に聞きながら標準化対象事務の追加について選定の検討を進めるとしており[42]、標準化基準の検討過程を通じて標準化対象事務を追加する必要が生じた場合には、当該所管省庁の協力の下、総務省がデジタル庁とともに改正を

---

[40] 「地方公共団体情報システム標準化基本方針」（2023年9月）6頁、https://www.digital.go.jp/assets/contents/node/basic_page/field_ref_resources/c58162cb-92e5-4a43-9ad5-095b7c45100c/f6ea9ca6/20230908_policies_local_governments_outline_03.pdf, last visited, 1st May 2024. 地方公共団体情報システムの標準化に関する法律第2条第1項に規定する標準化対象事務を定める政令。
[41] 前掲計画（注37）94頁。
[42] 前掲基本方針（注40）6頁。

行うとしている[43]。

　以上のように、標準化法は、事務処理内容の共通性と標準化の効果から標準化対象事務の範囲を検討しているが、これは地制調答申の方向性を具体化したものと整理できよう。また、基本方針は、標準化対象事務の追加に際して自治体や事業者からの意見聴取を国に求めているが、これは、スマート報告書の指摘を反映したものと思われる。このように、標準化法は、標準化対象事務の範囲について、最終的に国の判断に委ねているものの、自治体の創意工夫が期待されるか否かを意思決定の考慮要素に組み込み、かつ、自治体からの意見聴取を意思決定プロセスに組み込んでいるという点で、自治体の自主性・自立性に一定程度配慮した枠組みを整備しているといえよう。

　なお、標準化対象事務となっていない事務（以下、「標準化対象外事務」という）については、標準化法はほとんど規律しておらず、「地方公共団体情報システム（標準化対象事務について標準化基準に適合する自治体情報システムのこと〔以下、「標準準拠システム」という〕）を利用して一体的に処理することが効率的であると認めるときは、……当該地方公共団体情報システムに係る互換性が確保される場合に限り、標準化基準に適合する当該地方公共団体情報システムの機能等について当該事務を処理するため必要な最小限度の改変又は追加を行うことができる」と定める8条2項があるのみである。これは、同条1項が、標準準拠システムの利用を自治体に義務付けているのに対し、標準準拠情報システムを利用して標準化対象外事務を標準化対象事務と一体的に処理するという例外的な場面について、効率性や互換性の要件を満たす限り、各自治体による最小限度の独自対応（標準準拠システムのカスタマイズ）を許容するという規定である。すなわち、標準化対象外事務の処理については、原則として標準化法の規律対象外であり、各自治体が独自に情報システムを開発・運用することが原則であるが、標準化対象事務との一体処理という例外的場面については、標準準拠システムの利用とそのカスタマイズが認められるということである。ただし、基本方針によれば、

43　前掲基本方針（注40）6-7頁。ただし、標準化対象事務の追加は政令事項なので、総務省が改正を「行う」という表現はミスリーディングであろう。

「標準準拠システムのカスタマイズについては、原則として不可であり、標準準拠システムとは別のシステムとして疎結合で構築することが望ましく、真にやむをえない場合に限るものとする」とされている[44]。これは、標準化対象事務については標準準拠システムのカスタマイズを認めず、標準化対象外事務については各自治体が独自の情報システムを用いるという原則に立ち戻るべきという整理といえよう。

　こうして、標準化法は、事務処理内容の共通性と標準化の効果という観点から標準化対象事務と標準化対象外事務を区分し、前者については標準準拠システムの利用を自治体に強制する一方で、後者については自治体独自の情報システムの利用を求めている。そうすると、本稿の関心からは、前者について、標準準拠システムのカスタマイズをはじめとする自治体の独自対応を「完全に」認めていないのか、標準化法の特徴をさらに踏み込んで検討することが求められよう。

3　自治体による独自対応（カスタマイズ）の可能性

　標準化法は、6条1項において、「所管大臣は、その所管する標準化対象事務に係る法令又は事務に係る地方公共団体情報システムに必要とされる機能等……について、主務省令……で、地方公共団体情報システムの標準化のため必要な基準を定めなければならない」として、標準化対象事務について標準化基準を設定する権限を所管大臣に認め、8条1項において、「地方公共団体情報システムは、標準化基準に適合するものでなければならない」として、標準化対象事務について標準準拠システムの利用を自治体に義務付けている。このように、標準化法の特徴は、標準化対象事務について、自治体に標準準拠システムの利用を推奨するにとどまらず、利用を強制していることにある。加えて、Ⅲ2で説明した同法8条2項が、標準準拠システムの最小限のカスタマイズを例外的に許容していることからすれば、同法8条1項は、標準化対象事務について標準準拠システムのカスタマイズを全面的に禁止していると捉えることが素直である。では、標準化対象事務について自治

44　前掲基本方針（注40）7頁。

体の独自対応は一切認められないのだろうか。以下、標準化法の条文とその運用実態、さらには立法過程の分析を通じて、標準化対象事務に係る自治体の独自対応の可能性を探っていきたい。

まず、標準化対象事務については、標準化法の条文上、各担当大臣が標準化基準（ただし、行政実務上は現在も標準仕様書という名称が用いられる）を作成しなければならないとされている。これについては、各事務の効果的実施という観点から、所管大臣が主務省令で策定する機能標準化基準と（標準化法6条1項）、情報システム整備の推進や国と自治体の連絡調整の観点から、内閣総理大臣・総務大臣がデジタル庁令・総務省令で策定する共通標準化基準（標準化法7条1項）がある。なお、最終的には各大臣の判断とされているものの、基準策定にあたり「地方公共団体その他の関係者の意見を反映させるために必要な措置を講じなければならない」（6条3項、7条3項）とされていることは注目に値する。

標準化基準の整備後については、標準化法は、自治体に対する標準準拠システムの利用強制を定めるのみであるが（8条1項）、標準化法の運用実態としては、ベンダが標準準拠システムを開発し、自治体が当該システムを購入することになる。自治体は、現行の情報システムと標準化基準とを比較検討し（行政実務上は「Fit & Gap作業」と呼ばれている）、その結果に基づいて、当該自治体にとって最適な標準準拠システムを提供しているベンダを選定し、利用契約を締結するというわけである[45]。最終的には、自治体が当該ベンダとともにシミュレーションやデータ移行を実施し、その後に標準準拠システムの稼働を開始することになる。この段階では、自治体にはベンダ選定の自由が保障されていること、他方で、標準準拠システムのカスタマイズが認められているわけではないことに注意が必要であろう[46]。

加えて、標準化法の運用実態としては、行政実務上、標準準拠システムの

---

[45] 標準化における自治体の作業手順については、参照、総務省「自治体情報システムの標準化・共通化に係る手順書〔第3.0版〕」（2023年9月29日）18頁以下、https://www.soumu.go.jp/main_content/000904549.pdf, last visited, 1st May 2024.

[46] 三木浩平・吉本明平『こうすればうまく進む自治体システム情報化＆ガバメントクラウド』（ぎょうせい、2023年）150頁。

稼働に際して、極めて例外的にではあるが、標準化対象事務に係る自治体の独自対応が2つの類型で認められていることにも注意する必要がある。1つは、「標準化対象外機能」に係る例外であり、標準化対象事務であっても、標準化基準において明示的に標準化の対象外としている施策については、標準準拠システムとは疎結合の形で各自治体が独自の情報システムを構築することとされている[47]。たとえば、国民年金システムに係る標準仕様書では、国民年金資格取得届出の受理（法定受託事務）が標準化対象事務とされ、それに付随して、国と自治体が協力連携して行う事務（協力連携事務）のうち、保険料の納付を案内する事務や広報、口座振替申出受理などが標準対象外事務として例示されている[48]。いま1つは、「標準オプション機能」に係る例外であり、標準化対象事務について自治体が独自に実施している施策（上乗せ施策や横出し施策を想起されたい）については、標準準拠システムのパラメータ変更によって実現可能、ないし、当該施策のパターン化により標準的な機能として実現可能であれば、標準準拠システムのベンダが同システムにオプションとして実装してもよいとされる（オプションを実装するか否かはベンダの販売戦略であり、どのベンダを選択するかは自治体の判断となる）[49]。標準オプション機能については、自治体の政策判断や人口規模等による業務実施状況の違いがあり、その違いを吸収するため、やむを得ない場合に設定するものと説明されており、たとえば、子供の医療費助成のための住民税減免などが考えられる[50]。

---

[47] 前掲基本方針（注40）6頁、17頁；デジタル庁「地方公共団体の基幹業務システムの統一・標準化のために検討すべき点について」（2022年4月）5頁、8頁、https://www.digital.go.jp/assets/contents/node/basic_page/field_ref_resources/56d6e9f6-ed5c-45d6-b907-7a97b3186927/20210922_meeting_local_governments_05.pdf, last visited, 1st May 2024.

[48] 国民年金システム標準化検討会「国民年金システム標準仕様書（1.2版）」6頁、7頁。他の例として、参照、武田賢治「情報システムの標準化・共同化の影響について」日本弁護士連合会公害対策・環境保全委員会編『情報システムの標準化・共同化を自治の視点から考える』（信山社、2022年）40頁以下、49頁。

[49] 前掲基本方針（注40）6頁。ベンダには標準オプション機能の実装が義務付けられていないため、ベンダが採算を理由に実装を拒んだり、応じたとしても高額な費用を要求したりすることが危惧される。そこで、自治体に独自の施策を実施する権利を保障するためには、自治体の求めに応じて同機能の実装やカスタマイズに協力することをベンダに義務付けるべきである。久保貴裕「デジタル化で問われる自治体のあり方」前衛2024年1月号81頁以下、86頁。

以上の通り、標準化対象事務については、自治体による独自対応が原則として禁止されているものの、標準化法自身が標準化基準の策定に際して自治体の意見反映を認めている。さらには、標準化法の運用実態として、行政実務は、標準準拠システムに係るベンダ選定の自由を自治体に保障するとともに、標準化法8条1項の素直な解釈とは裏腹に、例外的にではあるものの、標準準拠システムに係る自治体の独自対応を認めている。これらの点は、いずれも、自治体の自主性・自立性への配慮を指摘していた地制調答申の方向性を具体化したものといえよう。こうして、標準化法は、法律自身が明示しているわけではないものの、その運用実態として、標準化対象事務についても自治体の独自対応を認めているという点で、自治体の自主性・自立性を一定程度尊重する行政実務を展開している。

Ⅳ　結び

以上、本稿では、標準化法の枠組みとその運用が自治体の独自対応をどこまで認めているのかを検討してきた。その結果、①標準化法が標準化政策の主導的立場を国に担わせていること、②同法は標準化対象外事務については各自治体が独自の情報システムを用いるという原則を採用していること、③同法は標準化対象事務については標準準拠システムの利用を自治体に強制していること、④同法は標準化対象事務について自治体の独自対応を明文では認めていないこと、⑤同法の運用実態としては、標準化対象事務についても自治体の独自対応が一定条件の下で認められていること、を明らかにすることができた。本稿においては、標準化法に至る歴史的経緯との比較で標準化法の枠組みや運用の特徴を整理分析してきたが、その検討結果としては、地制調答申が示した方向性が標準化法で実現されていると評価することが素直であろう。

では、以上の検討結果が示す標準化法の枠組みやその運用の特徴は、国と自治体の役割分担に係る地方自治法理論に照らして、果たして妥当なのだろ

50　前掲基本方針（注40）17頁。

うか。この点、標準化法の立法過程における議論が注目される。具体的には、「工夫をしてもなお地方自治体の独自のサービスを提供できない場合には、標準準拠システムについて必要最小御限度のカスタマイズはやむを得ない」（平井デジタル担当大臣）、「標準化対象事務に係る情報システムの標準化が自治体の独自政策を制限するものとは考えておりません。」（武田総務大臣）、「標準化法案が、住民サービスの維持向上を図ろうとする個別の団体における政策決定の支障になるものではないと考えます」（高原参考人）といった、自治体の独自対応に親和的な議論が展開されている[51]。その一方で、総務省の「地方公共団体の自治体クラウド導入における情報システムのカスタマイズ抑制等に関する基本方針」が示すように、スマート自治体への転換に向けて、首長のリーダーシップの下、カスタマイズを「可能な限りその抑制に努める」ことが重要という議論も提示されている[52]。

　現在の標準化法の枠組みやその運用は、既に検討した通り、総務省が代表する後者の議論を前提にした上で、なお自治体の独自対応が認められるという整理を採用したものであるが、その整理は、地方自治法理論に照らしてどのように評価できるだろうか。この点、立法過程における前者の議論は、自治体の自主性・自立性を理由に自治体の独自対応を保障しようとするものであり、地方自治法理論に照らしても妥当と解され、標準化法の評価に際しても有用である。加えて、標準化法の附帯決議[53]も、「地方公共団体情報システムの標準化を契機として、上乗せ給付などの地方公共団体独自の施策が廃止・縮小されることのないよう、地方公共団体情報システムの機能等について、当該施策を継続するための改変・追加が行えるようにするとともに、当該改変・追加に要する経費について必要な財政支援を行うこと」としている

---

[51] 衆議院内閣委員会2021年3月12日議事録・塩川哲也委員の質問、衆議院総務委員会2021年4月15日議事録・木村信子委員の質問。本多・久保・前掲書（注35）48頁。

[52] 総務省「地方公共団体の自治体クラウド導入における情報システムのカスタマイズ抑制等に関する基本方針」（2019年3月）https://www.soumu.go.jp/main_content/000614746.pdf, last visited, 1st May 2024.

[53] 衆議院総務委員会および参議院総務委員会において標準化法に対する同旨の附帯決議が付されている。「地方公共団体情報システムの標準化に関する法律（令和三年五月一九日法律第四〇号）」https://www.sangiin.go.jp/japanese/joho1/kousei/gian/204/pdf/k0802040312040.pdf, last visited, 1st May 2024.

点で、団体自治に係る地方自治法理論を忠実に反映しており、標準化法の整理の評価軸として有用であろう。なお、総務省が2021年3月に設置した「デジタル時代の地方自治のあり方に関する研究会」が2022年3月に公表した報告書[54]は、標準化法における国と自治体の役割分担について、標準化法が自治体からの意見聴取プロセスを保障していることを肯定的に評価しているが、プロセスの保障は（それ自体は非常に重要であるものの、）自治体の独自対応を認めるか否かとは無関係である。

　そうすると、国と自治体の役割分担という観点からは、現在の標準化法の枠組みは、その運用まで考慮に入れることを前提にすれば、標準化対象事務についても自治体の独自対応を一定程度許容しており、妥当と評価できる余地がある。ただし、そもそも、自治体の独自対応のあり方については、本来的には法律の明文で位置づけるべきであろう。

　加えて、団体自治の観点からは、地域の実情に応じた施策を自治体が実施することは当然であり、現在の標準化法の枠組みは、自治体の独自対応が認められる外延が不明確のまま放置されていると批判されよう。例えば、法定受託事務についてはともかく、自治事務については自治体の独自対応を許容すべきではないかということである[55]。最終的に、標準化法の成果としては、自治体の独自対応の可能性を提示したこと、同法の課題としては、自治体の独自対応の拡充可能性が不明確であることを指摘できよう。

54　デジタル時代の地方自治のあり方に関する研究会「デジタル時代の地方自治のあり方に関する研究会報告書」（2022年3月）13-15頁、https://www.soumu.go.jp/main_content/000804801.pdf, last visited, 1st May 2024. 同報告書を国と地方の協力・連携という視点から読み解くものとして、参照、三橋一彦「国と地方の『協力』『連携』に関する一考察──『デジタル時代の地方自治のあり方に関する研究会報告書』を基に」地方自治899号（2022年）2頁以下、11-13頁。

55　福田護・小島延夫『『地方公共団体における情報システムの標準化・共同化に関する意見書』の解説」日本弁護士連合会公害対策・環境保全委員会編・前掲書（注48）147頁以下、157頁、158頁。

行政手続法・行政手続条例の
適用場面と手続の瑕疵
——若干の行政不服審査答申例・裁決例を概観して——

鎌田　惇

I　はじめに

　行政過程において、たとえ個別法の処分要件（実体的要件）を具備していたとしても、その手続上に瑕疵が存在した場合、すなわち行政手続法（平成5年法律第88号、以下「行手法」という）や地方公共団体が策定する行政手続条例、さらには個別法の手続規定に違反する場合が挙げられるが、行政過程においてこれら手続法制に違反するとして取消事由であるものと解される。とりわけ、行手法が施行された現在においては、行手法が規定する①告知聴聞、②理由の提示、③文書閲覧、④審査基準の設定・公開といったいわゆる適正手続4原則について、処分の取消事由になるものと解することになる[1]。

　この点、実務上は、特定行政書士や弁護士等の法律実務家が行政不服審査の場面で手続の瑕疵を争う場合や、許認可申請等の段階等で担当官に手続上の瑕疵が思慮されるに至ったためにそれを指摘する場合などが想定されるが、たとえ行政不服審査において行政手続の瑕疵のみを理由に違法（ないしは不当）であるとして処分を取り消したとしても、個別法の処分要件（実体的要件）を具備している以上は、再処分により同様の処分を行うこととなる。したがって、行政経済に反するほか、救済の観点から見るとその意義は乏しい等と解されるところではある。もっとも、適法な行政手続を前提として処分

---

[1] 高橋滋『行政法〔第3版〕』（弘文堂、2023年）96頁、櫻井敬子・橋本博之『行政法〔第6版〕』（弘文堂、2019年）207頁、塩野宏『行政法I〔第5版〕』（有斐閣、2015年）348頁以下、田中健治「行政手続の瑕疵と行政処分の有効性」藤山雅行・村田斉志『新・裁判実務大系25行政争訟』（青林書院、2012年）168頁。

が行われるべきであって、行政手続が適法に実施されなければこれら手続法制の制定趣旨を没却することになりかねない。また、たとえば行手法・行政手続条例が定める理由の提示違反のみを理由に取り消した場合であっても、取り消し後の再処分によって、その処分理由を理解することにより再申請の有無の判断や考慮すべき要件などを把握することにつながるとも思われる[2]。

行手法・行政手続条例が制定された現在、手続の瑕疵に関するある程度の判例・裁判例が蓄積されているものの、これら手続法違反をはじめとする手続の瑕疵はなお見受けられるものである。また、行政不服審査における答申例・裁決例においても、「行政不服審査裁決・答申検索データベース[3]」（以下「裁決・答申DB」という）上にはしばしば手続の瑕疵が争点となる事例が散見されるところであり、行政不服審査法の改善に向けた検討会「行政不服審査法の改善に向けた検討会　最終報告」（令和4年1月）では、処分庁における行手法についての基礎的な理解の向上が課題の1つである点を指摘されたところであった[4]。さらに、実務上は、許認可申請時ないしは行政不服審査において手続の瑕疵を指摘する際、事案によっては行手法・行政手続条例のどちらが適用されるのか、そもそもこれら手続法が適用されるのかといった点がある。そこで本稿では、まず、①行手法・行政手続条例の適用関係について解釈上示されている見解を個別法を例に簡単に整理したうえで、行手法や行政手続条例の適用関係に接した若干の裁決例・答申例を紹介するとともに、②行手法や行政手続条例が適用されない場面として、「要綱」に基づく処分と「一般処分」を例に、手続の瑕疵が争点となった裁決例・答申例を紹介するものとする[5]。

なお、本稿は紙幅の都合上、裁決・答申DB上に搭載している事件全てを取り上げることができない点、意見にわたる部分は筆者の見解であり筆者が属する団体等の見解ではない点を予め申し添える。

2　行政手続研究会『行政不服審査答申・裁決事例集』（日本法令、2021年）15頁（総論⑦）［志水晋介］。
3　https://fufukudb.search.soumu.go.jp/koukai/Main, last visited,10 May 2024
4　行政不服審査法の改善に向けた検討会「行政不服審査法の改善に向けた検討会　最終報告」（令和4年1月）22頁。これを受けて、総務省行政管理局「行政手続法事務取扱ガイドライン（Ver.1）」（令和6年3月）が策定された。同ガイドラインは総務省行政不服審査会の答申例から申請に対する処分及び不利益処分を行う際の理由の提示（行手法8条、14条）に関する付言を盛り込んでいる。

Ⅱ　国・地方公共団体の行政手続法制

1　行手法と行政手続条例の規律

　行手法3条3項は、地方公共団体の機関がする処分（その根拠となる規定が条例又は規則（以下「条例等」という）に置かれているものに限る。）及び行政指導、地方公共団体の機関に対する届出（前条第7号の通知の根拠となる規定が条例等に置かれているものに限る。）並びに地方公共団体の機関が命令等を定める行為（以下、「地方公共団体が行う処分等」という）のうち、第2章（申請に対する処分）から第6章（意見公募手続）までの規定については、地方自治への配慮の観点など[6]から行手法を適用除外としている。もっとも、これら地方公共団体が行う処分等についても、行政運営における公正の確保や透明性の向上の観点が必要であることは言うまでもなく、行手法46条において地方公共団体が行う処分等について「必要な措置を講ずる」ものとして、主に行政手続条例の制定等を努力義務と定めている[7]。一般的には、行政手続条例は行手法に準拠しているものであることが多く見られるが、地方公共団体によっては行手法以上の手続保障を行政手続条例に設ける場合が見受けられる[8]。

5　なお、本稿は紙幅の都合上、答申例・裁決例における「不当」の検討は行わないが、行政不服審査における不当性に関する文献として、さしあたり、平佑介「行政不服審査活用のための『不当』性審査基準」公法研究78号（2016年）239-248頁、同「地方公務員に対する分限処分の『不当』性審査基準に関する一考察」日本大学法科大学院法務研究14号（2018年）115-138頁、同「障害者総合支援法に基づく介護給付費の不支給決定処分の違法・不当の審査に関する一考察」日本大学法科大学院法務研究15号（2018年）155-170頁、同「行政不服審査における不当裁決の類型と不当性審査基準」行政法研究28号（2019年）167-199頁を参照されたい。

6　室井力ほか『コンメンタール行政法Ⅰ行政手続法・行政不服審査法〔第3版〕』（日本評論社、2018年）53頁〔本多滝夫・萩原聡央〕。また、「地方自治への配慮の観点」に加えて、「国法に基づく処分との関連で行われる行政指導とそうでないものとを截然と区分することが極めて困難であるという事情」からも適用除外とする見解が有力になり、地方公共団体が行う行政指導についてはすべて適用除外となった背景がある（宇賀克也『行政手続三法の解説〔第三次改訂版〕』（学陽書房、2022年）192頁）。

7　地方公共団体の行政手続条例の施行状況について、普通地方公共団体における制定率はほぼ100％に達しているようである（宇賀・前掲書（注6）195頁）。

118

　行手法と行政手続条例の規律としては、処分等の根拠規定が「法律」である場合には行手法が適用されることとなり、一方で、処分等の根拠規定が「条例等」である場合には行手法は適用除外とされ、地方公共団体が制定する行政手続条例が適用されることになる。このように処分の根拠が法律か条例等かによって行手法と行政手続条例の規律を決するものであると解される（いわゆる「根拠法規区分型[9]」）。

2　根拠となりえる規定が「法律」と「条例等」といった形で併存している場合

　この点、一般的には法律の定めがあり、根拠となりえる規定が「法律」と「条例等」といった形で併存している場合が多く見受けられる。たとえば、災害弔慰金の支給等に関する法律（昭和48年9月18日法律第82号）は、災害弔慰金等の支給について規定しているが、地方公共団体は条例によって災害弔慰金支給手続の細目を規定している。また、屋外広告物法（昭和24年法律第189号）は、広告物の設置および屋外広告業について規制を定めているところ、地方公共団体ごとに条例による具体的な規制を定めている。そして、これら根拠規定が「法律」に基づくものとなるのか、それとも「条例」に基づくものとなるのか判断が微妙なケースが散見し、その結果、行手法と行政手続条例のどちらが適用されるかが問題となる。この場合、処分の根拠規定を判断するにあたっては、まず、根拠となりうる「法律」と「条例」との関係について解析し、その「条例」が制定されて初めて当該処分権限を行使しうるものかどうかにより判断することになろう[10]。すなわち、法律は単に条例による処分権限を定めることを可能にしたことを示したにすぎず、条例が制定されて初めて当該処分権限を行使しうる場合には処分の根拠は条例とな

8　この点につき、宇賀克也「行政通則法における地方公共団体の位置付け」『地方自治法施行70周年記念自治論文集』（総務省、2018年）136頁以下を参照。例えば、標準処理期間の作成を義務付けている例（大阪市行政手続条例6条、鳥取県行政手続条例6条）、申請拒否処分を行う場合申請者の意見を聴く機会を努力義務として規定している例（横浜市行政手続条例7条2項など）、処分基準の設定を義務とし、公にしておくことについても原則義務としている例（大阪市行政手続条例12条）などがある。なお、独自の行政手続条例の立法例の紹介と実務上の課題として、板垣勝彦「地方公共団体における行政手続」行政法研究50号（2023年）177-219頁。
9　宇賀・前掲論文（注8）135頁。なお、地方公共団体の機関が行う行政指導および意見公募手続については、根拠法の如何にかかわらず一律に適用除外としている（いわゆる「組織区分型」）。

り、適用される手続法は行政手続条例となる[11, 12]。

(1) 「条例等」が根拠となる場合──「行政手続条例」の適用

　たとえば、上述の災害弔慰金の支給等に関する法律は、3条1項において市町村は条例の定めるところにより災害により死亡した住民の遺族に対し災害弔慰金の支給を行うことができることを大枠で規定しており、遺族の範囲や具体的な支給手続などについては地方公共団体が定める条例に委ねている[13]。この場合、災害弔慰金の支給等に関する法律は単に条例による処分権限を定めることを可能にしたことを示したにすぎず、条例が制定されて初めて当該処分権限を行使しうるものとなるから、災害弔慰金支給手続の根拠は条例となる[14]。したがって、その手続法は地方公共団体が定める行政手続条例となる。同様に、屋外広告物法は、広告物の表示等の制限や屋外広告物業登録について都道府県は条例で定めるところにより都道府県知事の許可・登録を受けなければならないとすること等を規定しているが（屋外広告物法4条1項、9条）、これらの規定はあくまでも屋外広告物行政における規制の基準を定めた法律でしかなく[15]、具体的な屋外広告物の規制については屋外広告物法の趣旨に基づき、地方公共団体が条例を定めて規制している[16]。その条例が制定されて初めて当該処分権限を行使しうるものとなり、根拠は条

10　参照、宇賀克也『自治体行政手続の改革』（ぎょうせい、1996年）18頁、IAM＝一般財団法人行政管理研究センター『逐条解説　行政手続法〔改正行審法対応版〕』（ぎょうせい、2016年）97頁、高木光ほか『条解行政手続法〔第2版〕』（弘文堂、2017年）103頁以下［須田守］、室井ほか・前掲書（注6）78頁以下［本多滝夫・萩原聡央］、宇賀・前掲書（注6）76頁、小早川光郎ほか『行政手続法逐条研究（ジュリスト増刊）』（有斐閣、1996年）348頁。

11　この点、地方自治法（昭和22年法律第67号）上の「法定受託事務」（地方自治法2条9項各号）又は「自治事務」（地方自治法2条8項）という事務の区分で行手法・行政手続条例の規律を決するものではないものと解される。

12　なお、地方公共団体によっては、手引き等を作成してかかる適用関係について解説しているケースがある。たとえば、福岡県の場合、「行政手続に関する事務の手引」を作成している。URL：http://www.pref.fukuoka.lg.jp/uploaded/life/159015_50918060_misc.pdf, last visited,10 May 2024.

13　藤原崇『災害援護資金の貸付制度とその立法的解決──阪神・淡路大震災から24年目の復興支援』（第一法規、2020年）67頁以下。また、「災害弔慰金の支給及び災害援護資金の貸付けに関する法律等の施行について」（昭和49年2月28日社施第34号各都道府県知事・各指定都市市長あて厚生省社会局長通達）別紙1において、「災害弔慰金の支給等に関する条例準則」がある。

例となることから、その手続法は地方公共団体が定める行政手続条例となる。

　答申例・裁決例においては、①武蔵野市行政不服審査会平29・10・24答申（平成29年度答申第1号）は、児童福祉法（昭和22年法律第164号）附則73条1項の規定により読み替えて適用される同法24条3項、武蔵野市保育施設の利用調整等に関する規則（平成27年武蔵野市規則第37号。以下「規則」という）7条により保育施設の利用調整の方法及び基準を定め、保育所入所不承諾処分（以下「本件処分」という）を行ったところ、審査請求人は、本件処分は最終実施指数・優先項目指数の計算式が記載されておらず、要綱等の審査基準に適合するか否かの判断ができないから本件処分の理由を示したことにならないとして、行手法8条1項および武蔵野市行政手続条例（平成8年3月武蔵野市条例第5号）7条1項に定める理由の提示に違反すると主張するも、本件処分は規則ではなく児童福祉法に基づく処分であり、申請に対する処分の理由の提示について行手法3条3項により同8条1項のみが適用さ

14　なお、「災害弔慰金の支給及び災害援護資金の貸付けに関する法律等の施行について」（昭和49年2月28日社施第34号各都道府県知事・指定都市市長あて厚生省社会局長通知）第2－6によると、災害弔慰金の支給は「受給権に基づいて支給されるものではなく自然災害による死亡という事実に対し、市町村の措置として支給されるものである」としてその権利性が否定され処分性がないものと解釈されたが、神戸地判平9・9・8判例自治171号86頁以降、多くの裁判例は権利性があることを前提にその処分性を肯定している（併せて、災害弔慰金支給申請の処分性につき、松塚晋輔「判研」京女法学11号（2017年）171頁以下。答申例においても、災害弔慰金支給申請は「申請に対する処分」であることを前提に行政手続条例の理由の提示に違反していると判断した事例として、さしあたり、宮城県行政不服審査会令2・10・23答申（令和2年度答申第6号）、熊本広域行政不服審査会平30・7・6答申（平成30年度諮問第4号）、熊本広域行政不服審査会平30・7・6答申（平成30年度諮問第2号）、熊本広域行政不服審査会平30・6・11答申（平成29年度諮問第20号）、熊本広域行政不服審査会平30・4・20答申（平成29年度諮問第17号）、熊本広域行政不服審査会平30・2・16答申（平成29年度諮問第14号）、熊本広域行政不服審査会平30・2・2答申（平成29年度諮問第9号）、熊本広域行政不服審査会平29・11・10答申（平成29年度諮問第3号）、熊本広域行政不服審査会平29・11・20答申（平成29年度諮問第8号）、熊本広域行政不服審査会平29・10・31答申（平成29年度諮問第6号）、熊本広域行政不服審査会平29・10・23答申（平成29年度諮問第1号）、熊本広域行政不服審査会平29・8・23答申（平成29年度諮問第5号）など。熊本広域行政不服審査会平29・8・23答申の若干の解説につき、行政手続研究会・前掲書（注2）8－9頁（総論④）［鎌田惇］。

15　屋外広告行政研究会『屋外広告の知識　法令編〔第五次改訂版〕』（ぎょうせい、2019年）80頁。

16　屋外広告物条例の準則として、「屋外広告物条例ガイドライン」（昭和39年3月27日建設都総発第7号都市総務課長通達）がある。

れることとなるから、武蔵野市行政手続条例7条1項の適用は予定されていない。そのため、審査「請求人らの武蔵野市行政手続条例違反の主張は、主張自体失当である」とした上で、法律（児童福祉法）に基づく処分として行手法8条1項の理由の提示違反について調査審議を行った事例がある（なお、本件処分につき行手法8条1項の理由の提示違反は認められず手続上違法又は不当な点はないとした。武蔵野市平29・11・9裁決（28武行審簿第6号の15）も同旨。）。

(2) 法律が根拠となる場合──「行手法」の適用

　法律に基づいて形式的な要件のみを条例で規律している場合として、たとえば食品衛生法（昭和22年法律第233号）51条3項、52条3項は、公衆衛生上必要な措置について条例で必要な規定を定めることができる旨をそれぞれ規定している。これは公衆衛生上の措置について条例で規律しているのであって、条例が制定されていなくても法律の規定から処分が可能である。したがって、処分の根拠は食品衛生法となり、適用される手続法は行手法である。また、風俗営業等の規制及び業務の適正化等に関する法律（昭和23年法律第122号。以下「風適法」という）21条は、風俗営業者の行為に対し条例により、「善良の風俗若しくは清浄な風俗環境を害し、又は少年の健全な育成に障害を及ぼす行為を防止するため必要な制限を定めることができる」と規定しており、都道府県が定める条例（風適法施行条例）が定められている。これはあくまでも地域の実情を踏まえてその規制を定めているに過ぎないものと解され[17]、条例が制定されていなくても法律の規定から処分が可能である。したがって、処分の根拠は風適法であり、適用される手続法は行手法である。

　次に、法律又は命令で、処分に関し法律のほか都道府県の規則にも同様の規定をしている場合がある。たとえば、漁業法（昭和24年法律第267号）は、都道府県知事による漁業の許可について、大臣許可漁業以外の漁業であって農林水産省令又は規則で定めるものを営もうとする者は、都道府県知事の許

---

[17] 大塚尚『注釈風俗営業法』（立花書房、2022年）344頁、吉田一哉『逐条解説風営適正化法』（東京法令、2019年）120-121頁。

可を受けなければならないとされ（漁業法57条1項）[18]、各都道府県の漁業調整規則において一定の漁業について知事の許可を要すると規定している。ここで、都道府県漁業調整規則例（令和2年4月28日2水管第155号水産庁長官通知）[19]が準則として定められており、各都道府県は都道府県漁業調整規則例を元に漁業調整規則を定めている。この点、各都道府県が定める漁業調整規則は地域の特性に応じた配慮をある程度可能しつつ定められたものであり、処分の根拠が法律に基づく命令にある場合と同一に扱われるべきであるものと解される[20]。したがって、根拠は漁業法であり、適用される手続法は行手法である。なお、都道府県漁業調整規則には漁業法と同様の条項を設けている場合がある。たとえば、漁業法131条と都道府県漁業調整規則例48条についてみると、停泊命令について同様の条項を設けているが、これは漁業法に規定されている条項について都道府県漁業調整規則へ確認的に規定したものにすぎないものと解されるから[21]、やはり根拠は漁業法であり、適用される手続法は行手法である。

　答申例においては、②総務省行政不服審査会令4・9・12答申（令和4年度答申第39号）は、和歌山県知事（以下「処分庁」という）が、審査請求人に対し、漁業法57条1項の許可を受けずに小型機船底びき網漁業を操業した

---

[18] 平成30年改正前の漁業法（以下「旧漁業法」という）は、一般知事許可漁業（旧漁業法65条1項）と法定知事許可漁業（旧漁業法66条）の2区分を定めていたが、改正後はこれらの規定が漁業法57条に一本化された（参照、産業法務研究会『改正漁業法註解—新旧条文対照—』（漁協経営センター、2021年）102頁）。

[19] 本通知は、漁業法の改正を受け、従前の都道府県漁業調整規則例及び都道府県内水面漁業調整規則例（平成12年6月15日12水管第1426号水産庁長官通知）が廃止されるとともに、新たに都道府県漁業調整規則例が定められることになり、海面漁業調整規則例と内水面漁業調整規則例の一本化、目的規定の変更、知事許可漁業について大臣許可漁業に準じた手続等の規定の見直し等について所要の改正が行われた（この点について、漁業法研究会『逐条解説漁業法』（大成出版社、2022年）148頁）。

[20] 旧漁業法65条1項での解説として、IAM・前掲書（注10）98頁、高木・前掲書（注10）106頁以下、室井ほか・前掲書（注6）80頁、仲正『行政手続法のすべて』（良書普及会、1995年）92頁。

[21] 都道府県漁業調整規則研究会『逐条解説都道府県漁業調整規則例』（大成出版社、2021年）137頁。なお、漁業法を根拠とする規定について漁業調整規則にも確認的に規定した背景には、漁業法と漁業調整規則で別個に定めてしまうと、知事許可に関する手続について漁業者等が適切に理解することが難しくなることが挙げられる（この点について、「都道府県漁業調整規則例について」（令和4年3月15日水産庁資源管理部管理調整課））。

として、和歌山県漁業調整規則（令和2年和歌山県規則第63号）48条1項の規定に基づき[22]、審査請求人が使用する漁船について不利益処分として停泊命令処分（以下「本件処分」という）をしたが、上述のとおり、県漁業規則48条1項は、処分庁が漁業法131条の規定に基づき所定の処分をすることができることを確認的に規定したにすぎず、処分の根拠は漁業法131条1項に基づいて行われるべきものであると解されるところ、本件処分に先立つ意見陳述手続については、行手法ではなく和歌山県行政手続条例に基づいて行われており、「本件停泊命令は、本来、漁業法131条1項に基づいて行われるべきものであった」として、処分庁の根拠法（とそれに基づく手続規定）の誤認を指摘している[23]。なお、本件処分については、和歌山県漁業規則48条1項は確認規定であるから、「これを根拠条文としたことが実質的な差異を生じさせるとまではいえない」ことから本件処分が違法又は不当であるとまではいえないとした。

3　行政手続条例における行手法に係る判例・裁判例の援用

　前述のとおり、地方公共団体の行政手続条例は行手法に準拠しているものであるから、その趣旨もまた行手法と同義である。したがって、地方公共団体が定める行政手続条例違反を指摘する際、その根拠が条例に基づく処分で

---

[22] 和歌山県漁業規則48条1項は、「知事は、漁業者その他水産動植物を採捕し、又は養殖する者が漁業に関する法令の規定又はこれらの規定に基づく処分に違反する行為をしたと認めるとき（法第27条及び法第34条に規定する場合を除く。）は、法第131条第1項の規定に基づき、当該行為をした者が使用する船舶について停泊港及び停泊期間を指定して停泊を命じ、又は当該行為に使用した漁具その他水産動植物の採捕若しくは養殖の用に供される物について期間を指定してその使用の禁止若しくは陸揚げを命ずることができる」ものとし、2項において「知事は、前項の規定による処分（法第25条第1項の規定に違反する行為に係るものを除く。）をしようとするときは、行政手続法第13条第1項の規定による意見陳述のための手続の区分にかかわらず、聴聞を行わなければならない」旨を規定している。

[23] 本件処分における根拠規定の誤認が生じた背景として、同答申は付言において、前述の「都道府県漁業調整規則例の制定について」（令和2年4月28日2水管第155号）を契機として「一連の手続や規制の内容について漁業者等が適切に理解できるよう、停泊命令等、漁業法に規定されている条項について都道府県漁業調整規則例に確認的に記載することとした旨が説明されている」ところ、「水産庁長官のこうした意図について否定するものではないが、法律の規定とほぼ同じ規定をその下位法令の例として示しているがために、それらの適用に当たって行政庁に誤認を生じさせる余地があるといわざるを得ない」点を指摘している。

ある場合、行手法の理由の提示をはじめとする判例法理が地方公共団体が定める行政手続条例にも援用できるものと解される。答申例・裁決例にも行手法の判例法理を援用する事例が多くみられ、たとえば、③東京都新宿区平31・4・15裁決は、保育料徴収条例等に基づく保育料決定処分（以下「本件不利益処分」という）の理由の提示違反について、新宿区行政手続条例第14条第1項本文は「不利益処分をする場合には、その名あて人に対し、同時に、当該不利益処分の理由を示さなければならないと定められている」ところ、「不利益処分をする場合に、同時にその理由を名あて人に示さなければならないとしているのは、「名宛人に直接に義務を課し又はその権利を制限するという不利益処分の性質に鑑み、行政庁の判断の慎重と合理性を担保してその恣意を抑制するとともに、処分の理由を名宛人に知らせて不服の申立てに便宜を与える趣旨に出たもの」（最3小判平23・6・7民集65巻4号2081頁）と解される。そして、どの程度の理由を提示すべきかは、上記のような趣旨に照らし、「当該処分の根拠法令の規定内容、当該処分に係る処分基準の存否及び内容並びに公表の有無、当該処分の性質及び内容、当該処分の原因となる事実関係の内容等を総合考慮してこれを決定すべき」（前出最高裁判決）であり、その理由の提示は、なぜ当該処分を受けたかということを被処分者が理解するためになされるものであるから、付記すべき理由としては、「いかなる事実関係に基づきいかなる法規を適用して当該処分がなされたのかを、処分の相手方においてその記載自体から了知しうる」（最3小判昭60・1・22民集39巻1号1頁）程度に示されることが求められているとして、行手法の理由の提示に係る判例法理を援用したうえで、本件不利益処分は違法な処分として取り消している。

Ⅲ 「要綱」による処分と行政手続法制

1 手続法適用の可否

　「要綱」による処分として、たとえば療育手帳交付・不交付決定の場面が挙げられる[24]。これは、療育手帳は知的障がい児（者）への一貫した指導や相談を行うとともに、これらの者に対して各種の援助措置を受けやすくする

ため、児童相談所等において知的障がいと判定された者に対して交付するものであるが、その支給については「療育手帳制度について」（昭和48年9月27日厚生省発児第156号厚生事務次官通知）[25]に基づき、都道府県知事、指定都市市長又は児童相談所を設置する中核市の市長は、療育手帳の交付手続について知的障がいであると判定された者に対して交付するものである。

　ここで、療育手帳交付制度は、あくまでも地方公共団体が定める療育手帳制度実施要綱といった「要綱」及び「要領」といった行政規則に基づいて実施されている制度であるところ、法規としての性格を有しておらず、また、行手法2条第1号の「法令」や地方公共団体が定める行政手続条例の「条例等」に基づくものではないから、行手法や行政手続条例の適用を見ないものと考えられる[26]。したがって、たとえば療育手帳不交付決定につき、その処分通知の理由が端的である等の理由により、行手法8条1項又は地方公共団体が定める行政手続条例に規定する理由の提示違反を問うことが困難なものと解される。

2　答申例・裁決例
(1)　手続の瑕疵（理由の提示違反）が認められなかった事例
　④新潟市平29・6・7裁決は、療育手帳不交付決定につき、その処分通知書の理由が「要件非該当（知的障がいと認められないため）」としか記載されていないものの、療育手帳制度は要綱及び要領に基づいて実施されている制度であり、行手法2条1号の「法令」や新潟市行政手続条例（平成9年3月29日条例第2号）2条2号の「条例等」に基づくものではないから、行手法又は新潟市行政手続条例にいう申請に対する処分にはあたらないため、行手法8条1項又は新潟市行政手続条例8条1項に規定する理由の提示には違反せず、手続の瑕疵やその他違法又は不当な点は認められないと判断した[27]。

---

[24] ほかにも補助金・給付金の場合、「要綱」や「規程」等といった給付規則を根拠にその支給を定めているものがあるが、本稿では紙幅の都合上、検討の対象としない。

[25] 当該通知は、療育手帳制度に関する技術的助言である。

[26] なお、地方公共団体によっては要綱ではなく例規（規則）を定めている場合がある（たとえば、静岡県療育手帳交付規則（平成12年静岡県規則第89号）、宮城県療育手帳交付規則（平成12年3月31日宮城県規則第102号））。この場合、地方公共団体が定める行政手続条例が適用される。

(2) 理由の提示について指摘した事例

　⑤北九州市行政不服審査会平30・11・12答申（答申第14号）は、却下決定
通知書の「却下の理由」欄が「要件非該当」と記載されているのみである点
について、本件処分が要綱（北九州市療育手帳制度実施要綱）に基づくもの
である以上、行手法8条又は北九州市行政手続条例（平成8年北九州市条例
第4号）8条に定める理由の提示の適用を受けず違法又は不当な点はないと
判断しつつも、付言（本件答申では「付帯意見」）において、理由の提示の
趣旨が「処分庁の恣意を抑制するとともに、拒否の理由を申請者に知らせる
ことによって、その不服申立てに便宜を与えるためにあるものと解されるこ
とからすれば、これらの規定の趣旨に鑑み、交付決定にあたっては、処分理
由をわかりやすく具体的に記載することが望まし」く、「却下通知書に却下
の理由を記載する際には、拒否の根拠規定を示すだけでなく、いかなる事実
関係に基づきいかなる規定や要件を適用して拒否したかについて、申請者に
おいてその記載自体から了知しうるものとするよう努められたい」と指摘し
ている（本件答申を受けて、北九州市平31・1・29裁決も、手続上の瑕疵が
原処分を取り消すべき違法又は不当な点があるとまではいえないとしつつも、
今後は処分理由の内容につきわかりやすく具体的に記載することが望ましい
旨を指摘している）。

　⑥千葉県行政不服審査会令3・2・26答申（令和2年度答申第17号）は、
付言において、行手法8条1項及び千葉県行政手続条例（平成7条例第48
号）8条1項の理由の提示について、千葉県療育手帳制度実施要綱（昭和62
年1月6日付け障第329号）に基づく再判定の申請に対して手帳の交付を非
該当と決定する場合にも直接適用されるかどうかは争いの余地があるとしつ
つも、「本件処分のように、要綱に基づく再判定の申請に対して、処分庁が
手帳の交付を非該当と決定する場合には、行手法又は行手条例の定める理由

27　本件事例は新潟市行政不服審査会に諮問されているが、新潟市行政不服審査会平29・5・29答
　申（平成29年度答申第1号）は、「審査会の判断の理由」において審査会による調査審議では再判
　定について検討を行っているものの、行手法および行政手続条例の適用の有無についての検討・言
　及は確認できなかった。なお、本件答申書の「審理員意見書の要旨」では、行手法および行政手続
　条例の適用の有無について裁決例と同様の判断を行っている。

提示に準じて、当該決定の理由を示すことが求められると解すべきである」から、要綱の別紙様式を改正して理由提示に係る記載欄を設けること等の検討も行い行手法又千葉県行政手続条例に準じた適正な理由提示に努めるべき旨を付している（なお、本件処分は実体的には正しい処分であったこと、審査請求において、審査請求人が理由の提示の程度については何ら主張していないことから、理由の提示について当該処分を取り消すまでには至らないものと判断している）。

⑦さいたま市行政不服審査会令3・3・4答申（令和3年答申第3号）は、さいたま市療育手帳制度要綱（平成15年さいたま市告示第260号）に基づく再判定申請における処分について、「療育手帳制度は市療育手帳制度要綱に基づいて実施されている制度であるため、行政手続法やさいたま市行政手続条例（筆者注・平成13年5月1日条例第22号）にいう申請に対する処分にはあたらない」ものの、「その一方で、理由付記制度の趣旨に鑑みれば、要綱に基づく申請に対する処分であっても拒否処分とする場合は、申請者の権利利益保護の観点から理由の提示はすべきである」とした（なお、療育手帳における再判定制度の構造に照らせば具体的な再判定申請権を有しているものと解することはできず一部拒否処分であると解することはできないほか、再判定申請は「障害の程度が改善していることを期待する申請者もある」といった事情もあることから、「申請時に明確な意思表示がない本件処分を申請に対する拒否処分とは」いえず、「通知書に理由の提示がないことをもって、行政手続的に瑕疵があったとはいえない」と判断している。さいたま市令3・3・17裁決（保保健第6050号）も同旨）。

(3) 手続の瑕疵（理由の提示違反）があるとして取り消すべきものとした事例

⑧さいたま市行政不服審査会平30・10・4答申（平成30年答申第13号）は、療育手帳の不交付決定に関する処分につき、さいたま市療育手帳制度要綱は「法律」や「条例等」には当たらないから、行手法及びさいたま市行政手続条例の直接の適用を受けるものではないものの、審理員意見書において「知的障害者福祉法は、知的障害者の認定手続の創設を行政機関に委ねたものと解すべきであり、要綱に基づく療育手帳制度は、知的障害者福祉法が予定し

ている知的障害者の認定制度であるというべきである」から、「障害の程度に係る認定を含め、療育手帳の交付決定は、直接新たに国民の権利義務を形成しまたはその範囲を確定することが法律上認められた行政処分であると解するのが相当である」と東京高判平13・6・26裁判所ウェブサイトを援用しその処分性があることを前提に、「知的障害者福祉法という法律の要請を受けて行われた「申請に対する処分」として行政手続法第8条の考え方が踏襲されて然るべきである」としたうえで、さいたま市療育手帳制度要綱4条3項の規定は、「重度、中度及び軽度の障害の程度に該当しないと認めるときは、療育手帳非該当通知書にその理由を付すことを処分庁自らに課しているのも、同様の考え方に基づくものと解される」から、本件処分は行手法8条1項本文及びさいたま市療育手帳制度要綱4条3項の理由の提示を欠く「違法な」処分であり取り消すのが相当であると判断した（さいたま市平30・10・24裁決（保保健第3500号）も同旨）。

3　小括

　これら答申例・裁決例についてみると、要綱に基づく処分について、前述のとおり行手法2条1号の「法令」や地方公共団体が定める行政手続条例の「条例等」に基づくものではないから行手法や行政手続条例の適用がないとしつつも、これら手続法の趣旨を踏まえたうえで理由の提示をすべき旨を言及している事例が多く見受けられた。

IV　「一般処分」と行政手続法制

1　手続法適用の可否

　「一般処分」とは、特定の名宛人のいない、相手方が不特定かつ多数であり、その一般的行為に処分性が認められるものをいうが、一般処分はその性質上、相手方が不特定かつ多数であるため公示の形式を取ることが必要であるから、一般的に告示の形式をとっているケースが多い。また、権利義務を制約している点から行政立法ではなく執行作用の一種にほかならないと解されている[28]。この点、行手法2条3号の「申請」とは、法令に基づき、行政

庁の許可、認可、免許その他の自己に対し何らかの利益を付与する処分を求める行為であって、当該行為に対して行政庁が諾否の応答をすべきこととされているものであるから、その効果は名宛人に対する処分であることを要する。たとえば、森林法（昭和26年法律第249号）27条１項に基づく保安林指定解除申請の効果は、名宛人以外の利害関係人に対してもその効果が及ぶものと解されるところ（森林法26条）、名宛人に対する処分ではないから、行手法にいう「申請」とは解されずその適用をみないものと解される[29]。裁判例（名古屋地判平26・４・10裁判所ウェブ）においても、「保安林の指定の解除は、同法（筆者注・森林法）27条１項に基づく直接の利害関係人からの申請を契機とすることはあっても、保安林の指定と同様、農林水産大臣が、専ら公益的な見地から、特定の者を名宛人とせずに行う一般処分であって、上記申請をした者に対する処分ではないから、これを求める同項所定の「申請」は、行政手続法８条１項、２条３号所定の「申請」には当たらない。」とし、また、申請者自身に「一定範囲の地域住民に保安林指定解除処分取消訴訟の原告適格があることをもって、同処分がその申請者を名宛人とする処分であることを理由付けるものではない」と判示している（控訴審である名古屋高判平27・３・19裁判所ウェブも同旨）。

2　答申例・裁決例

⑨沖縄県行政不服審査会平30・７・４答申（答申第38号（平成29年））[30]は、保安林指定の不解除処分（以下「本件処分」という）につき、審査請求人は行手法８条をはじめとする理由の提示違反があると主張したものの[31]、保安林指定の解除は「利害関係人からの申請を契機とすることはあっても、知事が、専ら公益的な見地から特定の者を名宛人とせずに行う一般処分であって、当該申請をした者に対する処分ではないから」、森林法27条１項でいう「申

28　阿部泰隆「誤解の多い対物処分と一般処分」自治研究80巻10号（2004年）33頁。

29　IAM・前掲書（注10）98頁。

30　本件事例の若干の解説につき、行政手続研究会・前掲書（注１）10-11頁（総論⑤）［鎌田惇］。

31　本件事例について、審査請求人は行手法８条１項のほか、行手法14条１項違反（不利益処分に係る理由の提示違反）を併せて主張しているが、かかる主張は採用されていない。

請」は行手法2条3号に定める申請にあたらず、本件処分について行手法8条は適用されない。もっとも、森林法28条は原則として同一の理由で再申請ができない旨を規定していることを考慮すれば、「処分庁は、申請にかかる調整を行うにあたっては、どのような条件であれば解除が可能なのか、具体的に説明を行う等、申請人に対して丁寧な対応を心がけ、申請手続きに対する理解が得られるよう努めるべきであ」って、「本来、申請書に形式的な不備があれば、まず申請人に対して不備内容の説明を行い、必要に応じて補正を命じる等の指導を行う等、申請書類を整えるための努力を行うべきである。最終的に申請が形式的に整った時点で、処分庁は、当該申請が許可基準に合致し解除するか否かの判断を行えばよいのであって、たとえ解除を行う見込みがないと処分庁が判断したとしても、申請者に対して補正を命ずることもせず、申請書類を返却しようとした行為は、保安林指定解除の申請権を不当に侵害するものであり、極めて不適切な対応であったと言わざるを得ない」から、「手続上、処分庁に看過し難い過誤」があったものとして、手続上の瑕疵を理由に処分を取り消すべきと判断している（本件答申を受けて沖縄県平30・7・31裁決も、公益性等処分の判断に誤りがなかったとしても、適正手続の観点から本件処分を取り消した上で再申請に対する手続を行うことが適当であるとしている）。

3　小括

　前述の事例において、森林法28条は同一の内容について再申請を禁止している事情から、申請者の地位に鑑みればなぜ当該申請が不許可となったのかその理由を提示する必要があり、適正手続の側面から不当な処分として判断しているものと解される[32]。実務上、行手法又は行政手続条例が適用されない処分について、理由の提示違反をはじめとする手続上の瑕疵を主張する際、本件事例は参考となるものと解される。

32　なお、平・前掲論文「行政不服審査における不当裁決の類型と不当性審査基準」（注5）191頁以下は、不当裁決の類型のうち、さいたま市平30・3・14裁決（財財財第3890号）を例に、「理由付記手続に関し申請者の配慮を著しく欠き、処分庁の判断の慎重・合理性を欠くとして処分を不当とする」ものを「理由付記手続不十分型」と位置付けている。

V 結びに代えて

　本稿では、行手法・行政手続条例の適用について争点となった若干の答申例・裁決例を紹介した。ところで、答申例・裁決例を研究・検討する意義としては、「行政法学者にとっての貴重な研究素材であり、行政実務家にとっては行政法理論への理解を個別具体の事案を通じて深める契機[33]」であることなど、既に多くの研究者が言及しているところである。加えて、法律実務家の視点に立つと、答申例や裁決例に「自らの業務を遂行する上で有用な「主張」や「指摘」、「見解」等が示されていた場合、これらを引き合いに出しながら行政担当者に伝えることで、説得性の高い主張を展開できる[34]」ことが挙げられるほか、行政解釈において答申例をひとつの推論過程の素材として有用なものと捉えることができる[35]。前述の行手法や行政手続条例の適用を見ない処分につき、手続の瑕疵が争点となった答申例・裁決例を検討することで、既存の行政実務において行政手続の瑕疵が予見されるような点を見直すことにつながり、また、処分の「違法」のみならず「不当」といった点をも検討することから、より適正な手続保障を履践することができよう[36]。したがって、手続上の瑕疵を検討するにあたっては、法令、判例・裁判例に加えて、行政手続の瑕疵が争点となった答申例・裁決例を実務にフィードバックしていくこともまた有用であると考える。

33　宇賀克也「[巻頭言] 行政不服審査法の改善に向けた運用の見直し」行政法研究46号（2022年）21頁。

34　徳永浩「特定行政書士の意義（後編）」行政書士大阪2022年10－11月号5頁。

35　福永実「行政解釈の方法」行政法研究38号（2021年）78頁。

36　なお、近年では一部の地方公共団体において行政リーガルドックを導入し、行政手続のコンプライアンス向上に努めている事例がある。行政リーガルドックの意義と狙いについて、北村喜宣「自治力トレーニング手法としての行政ドック」自治実務セミナー2019年6月号2－4頁、各地方公共団体の取り組みについて、加藤豊「静岡市の行政リーガルドック事業について」同5－10頁、帖佐直美「流山市における行政リーガル・ドックの実践」同11－16頁、蓮實憲太「那須塩原市における行政リーガルドックの取り組み──行政手続コンプライアンスの向上を目指して」同17－20頁、行政リーガルドックのこれからについて、北村喜宣ほか【座談会】行政ドックの効果と可能性」自治実務セミナー2024年9月号2－16頁など。

裁決にみる判断過程審査に関するおぼえがき

藤原　将史

I　はじめに

　本稿は、行政不服審査における判断過程審査について、「おぼえがき」として記すものである。

　行政国家現象のもとでは、巨大となりすぎた行政権から国民の権利利益を擁護すべく、権利救済と裁量統制とに関する方法が模索されている。その方法のひとつとして判断過程審査がある。判断過程審査は、行政の処分等に至る判断過程を考察し、手続に瑕疵が無いかを審査する手法である。行政不服審査は、最高裁により判断の統一が図られる司法とは異なり、行政庁ごとの行態に特徴があり、また地方自治との兼ね合いもある。そのためか、あまり「裁決における判断過程審査」に言及する見解は少ないように感じられる。

　小論においては、まず行政不服審査という公的機能の性質を振返り、次いで判断過程審査に関し言及する。その中においては、細やかではあるが「不当」性についても言及を試みたい。その後、実際の裁決における判断過程審査をみていくこととする。最後に、今後の課題などについて挙げてみたい。

II　行政不服審査制度について——行政不服審査制度の二面性

1　民主的制度としての行政不服審査制度
(1)　三権分立
　行政不服申立は特定の行政活動について不服を有する国民が当該行政庁等に対して行政争訟を申立てることであり、行政不服審査は行政が申立てられ

た行政争訟を処理する行政サービスである[1]。

日本国憲法下において、立法権は国会に属し（憲法41条）、行政権は内閣に属し（憲法65条、同73条1号）、司法権は裁判所に属し（憲法76条1項）、権力が分立されている。もちろん、日本国憲法は、常に特定の作用を特定の機関に排他的に委ねるものではないが、立法権と行政権とを分離し、その二権から司法権を分離するという「抑制」を第一目的とする「横断的」「階層的」な権力分立[2]を定めている。立法を司る国会と行政を司る内閣とを合わせて政治部門といい、国民主権のもと民主政政治の実現が強く求められている。他方、司法を司る裁判所は、少数者の人権保障など自由主義が重んじられている。つまり民主主義的な組織である内閣と自由主義を重んじる裁判所とは、「抑制」を第一目的とする「横断的」「階層的」な関係にある。

その関係の中で判断過程審査は行われてきたのである。

(2) 半直接民主制

政治部門は、国民主権のもと民主制政治の実現が求められる場である。日本国憲法は間接民主制を基調としているが、それは少数の国民の意見を全く無視してよいということではない。日本国憲法下においては、憲法改正の国民投票（憲法96条1項）や地方特別法の住民投票（憲法95条）など、少なからず半直接民主制（démocratie semi-directe）に基づく制度が設けられている。

そこで、行政不服審査制度を半直接民主制の制度として捉えることは出来ないだろうか。

大石眞「国民主権と半直接民主制に関する主要国の制度」（参議院憲法調査会事務局　2002年7月）によると、半直接民主制とは、「主権者である国民が、たんに代表者の選挙のみならず、自らも直接意思を表明することがで

---

[1] 小早川光郎ほか編『条解行政不服審査法』（弘文堂、2016年）2頁では「……行政不服審査制度は行政の活動について関係者たる国民が不服を有する場合に、行政に対して、すなわち当該活動の主体である行政庁それ自身またはその他の行政庁に対して、その不服を申し立てる制度である……すなわち行政争訟に属する制度である」としている。

[2] 小嶋和司『小嶋和司憲法論集 二 憲法と政治機構』（木鐸社、2016年）147-256頁参照

きるような代表民主制のありかた」であり、「それ自身活動しうる機関として組織化された公民団」たる国民に「立法作用その他の国政に直接介入する機会が確保された民主政の形態を指す」としている。ここにいう「その他の国政」が何を意味するのかは不明であるが、大石は、国民と議会との「権限配分関係であるととらえることから、憲法典に規定されるのが通例である」としている。

　そうだとすれば、日本国憲法典上に規定が無いこと、行政不服審査請求人は一般的に「それ自身活動しうる機関として組織化された公民団」ではないこと、行政は議会ではないことから、行政不服審査制度を半直接民主制の制度として捉えることは難しいとも思える。

　しかし、前述のとおり、政治部門は民主制政治の実現が強く求められる場である。民主制に基づいた法制度は、政治部門において出来得る限り増やしていくべきであろう[3]。とりわけ、行政国家現象のもと、行政にこそ民意が反映されなければ、国民主権の意義が問われることにもなろう。もちろん、代表民主制という前提は揺るがないとしても、法律よって、表明された民意に何らかの効果を認める半直接民主制的な制度をつくることは可能かと思われる。

　行政不服審査制度は、半直接民主制の制度とはいえないとしても、国民が自らの不服という意思を、不服審査という公式の場へ表明し、その不服の申立に対し行政による裁決等の法的効果がもたらされるという意味で、政治部門における半直接民主制的な法制度であると捉えることは可能ではなかろうか。

(3) 地方自治

　ここまでは、国政についての行政不服審査について述べたが、地方におい

---

[3] 佐藤幸治『日本国憲法論』（成文堂、2020年）439頁は「……日本国憲法のとる民主制は限定的な半直接制ということになる……」としている。日本国憲法が間接民主制を基調とする以上、「限定的」であることは当然のことといえよう。もっとも、国民主権を原則とする以上は、政治状況や人口、技術の進歩、国民の意識の変化等により、でき得る限り国民の意思が反映された政治体制は設けられていくべきと考える。

ては、地方自治の本旨（憲法92条）に基づいた議論が必要となろう。

住民自治の要請により住民の意思の反映はもちろん、市民生活に近い公権力の行使が多いことから、審査関係人の生の声・行態がうかがえる口頭意見陳述の意義は、国政における行政不服審査よりも、重要になるかと思われる。

また、団体自治の観点から、同じ法律に基づく制度であったとしても、その運用等が地方自治体ごとに異なることもあろう[4]。

2　自由主義を基調とする行政不服審査制度

法改正前の行政不服審査においても公正性は図られてきたと思われるが、平成26年の行政不服審査法の改正により、目的規定たる第１条に「公正」との文言が明記された。その趣旨は、「より客観的かつ公正な審理手続を定めるなど不服申立人の手続保障を強化」（行政不服審査制度検討会最終報告案平成19年７月[5]）するため審理員制度や諮問制度を設ける点にあったといわれている[6]。この改正により、行政救済は究極的には訴訟によるべきと考えられた2014年以前の行政不服審査制度よりも、司法（訴訟）化が図られることになった。

また、新しい行政不服審査制度に対応すべく、各行政庁は、既存の訴訟制度を参考に、制度の運営や事案の審査等を行っていると思われる。

これにより、本来は民主的な行政の一翼を担う行政不服審査制度は、準司

---

[4] 行政不服申立において、他の自治体の対応を取上げ、それと異なることから、処分が違法・不当である旨が主張されることがある。事案によっては、その主張が認められることもあろう。しかし、そのような主張を「（処分は）……各市町村の社会的経済的な実情に即した合理的な裁量に委ねられるべき性質のものであるから、他の市町村と比較するのは妥当ではない」とした裁決や「審査請求人が例に挙げた認定基準は、もとより、それぞれの自治体において決定されたものであって、……その主張は、他の自治体で採用しているような認定基準を本市でも採用するよう求める要望に過ぎない。このため、審査請求人の主張は採用できない」とした裁決もある。このような自治体ごとの取扱いの違いを認める裁決は、生活保護の事案でも見受けられることが多い。なお、他の自治体の取扱いを踏まえた点をとらえ「他の自治体における……取扱いを聴取し、国の見解を確認したうえで、取扱いを見直し」た処分庁の処分を「違法又は不当な点は見当たらない」とした裁決もある。

[5] https://www.soumu.go.jp/main_sosiki/gyoukan/kanri/gyouseifufuku/pdf/070627_s1.pdf, last visited, 23 May 2024.

[6] 宇賀克也『行審不服審査法の逐条解説〔第２版〕』（有斐閣、2017年）14頁。

法的な制度といわれたり、国民の権利利益の救済のみを強調して語られたり
して、自由主義を重んじる司法的な性質を、より強く帯びることになったと
考えられる。

3　小括

　行政不服審査法１条１項は、行政不服審査制度の目的として、「国民の権
利利益の救済」と「行政の適正な運営」の確保との２つを並列して規定して
いる。この点、「国民の権利利益の救済」は、司法のように、自由主義の観
点から国民の権利・人権の救済を意味すると解される。他方、「行政の適正
な運営」の確保は、民主的な行政の本来の在り方を示したものと解される。
つまり、行政不服審査制度は、司法の性質と行政の性質とを併せ持った二面
性を有する行政サービスであると解される。そこで、制度の運営や事案の審
査等においても、この二面性を対等に踏まえるべきであると考える[7]。

Ⅲ　判断過程審査について

1　判断過程審査の変遷

　判断過程審査は、裁量を統制する観点から、手続的瑕疵の有無を審査する
手法である。まず、我が国の判断過程審査に影響を与えたであろうフランス
とドイツの行政裁量の統制について言及し[8]、次いで日本における判断過程
審査についてみていくこととする。

(1)　コンセイユ・デタ（Conseil d'Etat）による行政裁量統制について

　行政法の母国といわれるフランスにおいては、主権者の意思たる法律の優

---

[7] 行政不服審査に類似の制度として、中華人民共和国にも行政複議制度がある。張栄紅「中国にお
ける行政複議制度改正の動向」行政法研究48号（2023年）179頁によれば、行政複議制度に関して、
行政化、司法化について活発な議論があったことが指摘されている。
[8] 本稿において、アメリカの行政裁量に対する統制について言及することができなかった。アメリ
カにおける司法による行政裁量に対する統制に関しては、高橋正人『行政裁量と司法審査論――ア
メリカ司法審査論の展開と日本の動向』（晃洋書房、2019年）及び高橋正人『行政裁量と内部規
範』（晃洋書房、2021年）が詳しく論じている。

位のもと公権力作用が総体として法律に服従すべしという「適法性の原則」が重視されている[9]。これは、公権力に対する不信[10]が民衆による革命にまで至った歴史的経緯が、権力分立の在り方に影響を与えたものと考えられる。

行政裁量に関しては、「légalité（適法性）」と「opportunité（妥当性、便宜性、合目的性）」とを区別し、原則として「事実の法的性質決定の過誤に対する審査」が行われるという[11]。この審査を行うのは行政裁判所たる性質を帯びたコンセイユ・デタという行政機関である[12]。コンセイユ・デタは、「opportunité」に関しては審査せず、行政の裁量行為に法の範囲を超える越権があった場合に「légalité」を確保するために、処分等の取消しを行うことになる。その裁量統制は、「最小限統制」、「通常統制」、「最大限統制」の三段階に分類されている。

具体的な審査手法としては、①行政決定によって与えられる市民的権利への侵害の程度と、その決定によって得られる公益性とが比較され、権利侵害の程度の方が大きいと考えられた場合には、その決定が取り消される比例性統制、②活動行政側による法的性質決定に関して、明白な過誤があるとみなされる場合には、行政裁判官は当該法的性質決定を取消す、評価の明白な過誤統制、③事業の実施によりもたらされるところの公的利益と、所有権等の私的利益、財政上の利益、または環境上の利益を含む社会的または公的な諸

---

[9] フランスの行政訴訟制度の概要に関しては、橋本博之「行政訴訟に関する外国事情調査結果（フランス）」を参照したものである。

[10] フランスは、革命期に、司法機関たるパルルマン（Parlement）が、立法・行政への妨害を行ったことから、行政への過度の司法的介入を防ぐために、行政と司法との分立の原則を定め、行政権主体の行政裁判制度を設けたといわれている。もっとも、革命期の民集が抱いた不信感は、司法というよりも裁判所という機関に向けたものと思われることから、コンセイユ・デタによる行政裁量の統制も適法性の原理を担保する限りにおいて認められているようである。

[11] 本稿におけるフランスの行政裁量の統制に関しては、服部麻理子「フランスの行政裁量論における統制『段階』モデルの機能——『事実の法的性質決定』をめぐって」一橋法学18巻2号（2019年）399-420頁、及び、加藤祐子「フランス裁量統制をめぐる学説の新潮流——活動行政と行政裁判所との間の役割配分論に関する序論的考察」早稲田法学会誌68巻2号（2018年）109-150頁を参照したものである。

[12] コンセイユ・デタ（Conseil d'Etat）及び越権訴訟（recours pour excè s depouvoir）については、阿部泰隆『フランス行政訴訟論——越権訴訟の形成と行政行為の統制』（有斐閣、1971年）に詳しい分析がなされている。

利益に対して生ぜしめられるところの侵害とを、適正に比較衡量することを要請し、かかる利益衡量の結果、前者に比して後者が過剰なものであると認められる場合に限り、事業計画の公益性が否定する費用便益衡量統制 等があげられるが、これらの具体的な審査手法が前述の三段階のいずれに該当するかは、保護法益や対立利益といった事案の特殊性等により異なり、一定していないようである。

　フランスの行政裁量の統制においては、統制の必要性が高まるにつれ「opportunité」の範囲は縮小されつつあり、またコンセイユ・デタによる判断代置の度合いも増えているように思われる。そこで、裁量統制審査における主観的判断を、どの程度認めていくかが問題となっているようだ。

(2)　衡量審査要請について

　次いで、日本の行政法学はドイツの強い影響下にあった[13]ことから、ドイツの行政裁量の統制についてみることとする。ドイツでは、都市計画における行政裁量の統制として衡量瑕疵論（Abwägungsfehlerlehre）が発展してきたといわれている[14]。衡量瑕疵論は、計画策定に関わる公的・私的利益が相互に適正に衡量されなければならないという衡量要請（Abwägungsgebot）に違反する場合を、①衡量がそもそも行われなかった場合（Abwägungsausfall）②衡量に取り入れられなければならない利益が衡量に取り入れられなかった場合（Abwägungsdefizit）③利益の意味が誤認された（重みづけの誤りがある）場合（Abwägungsfehleinschätzung）④個々の利益の客観的な重みと比例しない方法で利益間の調整が行われた場合（Abwägungsdisproportionalität）に分類する考え方である。また、ドイツ行政手続法75条1a項1文は「事業案に関わる公的及び私的利益の衡量に当たっての瑕疵は、それが明白（offensichtlich）でありかつ衡量結果に影響を

---

[13] 宇賀克也『行政手続三法の解説〔第3次改訂版〕』（学陽書房、2017年）22頁。
[14] 衡量瑕疵論については、湊二郎「計画確定決定の衡量統制に関する一考察（1）──衡量の瑕疵とその有意性」立命館法學2019年第3号（2019年）1033-1069頁を参照したものである。なお、山本隆司「行政裁量の判断過程審査の理論と実務」司法研修所論集2019（129号）（2020年）14頁では「衡量過程審査」と表現されている。

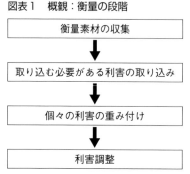

図表1　概観：衡量の段階

ヤン・ツィーコー（大西有二訳）『ドイツ行政法の基礎』（北海道学園大学出版会　2023年1月15日）90頁より抜粋

及ぼした場合に限り、有意（erheblich）である」と規定している[15]。この「明白性」と「結果への影響」という要件に関しては、西ドイツ連邦建設法にもみられ、司法審査の範囲を限定するのが趣旨であるとされる[16]。

この衡量を、どのような順で考えていくべきかを示したのが図表1となる[17]。

(3)　日本における判断過程審査について

① 判例における判断過程審査

ドイツの衡量瑕疵論の影響を強く受けていると思われるのが、日本の判例・裁判例である。日本の判例・裁判例における判断過程審査は、日光太郎杉判決（東京高判昭48・7・13 判時710号23頁）をリーディングケース[18]とし、また司法の場における主な判断枠組みといわれる社会観念審査と判断過程審査との併用型（以下、単に「併用型」とす）を明確に示した呉市学校施設目的外使用事件（最3小判平18・2・7 民集60巻2号401頁）等をもとにして発展してきたといわれている。

司法による裁量統制は行政に対するものだけではなく、立法に対するもの

---

[15] 衡量論に関しては、湊・前掲論文（注14）より抜粋したものである。
[16] 「明白性」や「結果への影響」に関する立法過程や判例動向については、山田洋「衡量過程の瑕疵と計画の効力──西ドイツ連邦建設法一五五b条二項二文をめぐって」一橋論叢94巻5号（1985年）697-713頁を参照したものである。
[17] 山本・前掲論文（注14）21頁によれば、行政の判断過程を審査する判断過程審査は、行政機関の判断過程が循環的に進行することから、論理的な進行通りとはならないと考えられる。図表1はあくまで項目チェックリストのように捉えるのが良いと思われる。
[18] 高橋正人『行政裁量と司法審査論──アメリカ司法審査論の展開と日本の動向』（晃洋書房、2019年）213頁では、「……（日光太郎杉判決について）「先駆的」事例としての扱いが学説において統一されている訳ではない。」とし、旅券発給拒否事件（最2小判昭44・7・11民集23巻8号1470頁）についての説なども紹介している。

もある[19]。参議院議員定数不均衡事件（最大判平16・1・14民集58巻1号56頁）では、補足意見2としてではあるが、次のような立法裁量に対する判断過程審査が述べられている。「裁量権を与えた趣旨に沿って適切に行使されなければならない」という裁量権の適切行使義務を強調しつつ、「……裁量権行使の態様が、果たして適正なものであったかどうか、例えば、様々の要素を考慮に入れて時宜に適した判断をしなければならないのに、いたずらに旧弊に従った判断を機械的に繰り返しているといったことはないか、当然考慮に入れるべき事項を考慮に入れず、又は考慮すべきでない事項を考慮し、又はさほど重要視すべきではない事項に過大の比重を置いた判断がなされてはいないか、といった」点については審理・判断すべきとし[20]、また「……立法裁量に際し、諸々の考慮要素の中でも重きを与えられるべき投票価値の平等を十分に尊重した上で、それが損なわれる程度を、二院制の制度的枠内にあっても可能な限り小さくするよう、問題の根本的解決を目指した作業の中でのぎりぎりの判断をすべく真摯な努力をしたものと認められるか否かである」とする。その後、立法裁量に対する判断過程審査は、違憲状態の有無を（実体的に）判断した後に相当期間（ないし合理的期間）経過しているか否かという点と、真摯な努力をしたものと認められるか否かという点の二段階で合憲性を判断している見解が多いように思われる[21]。この「真摯な努力」の有無という判断枠組みは、行政裁量に対する判断過程審査とは異なった特徴である。

　ここに、判断過程審査は、行政の判断及びその審査を為す司法審査の透明化に資する判断枠組みとして評価されていたが、立法裁量の審査にまで使われることで、公権力の行使を透明化する判断枠組みへと変わってきたのである。

② 裁判から行政不服審査へ

---

[19] 婚外子法定相続分事件（最大判平7・7・5 民集49巻7号1789頁）、国籍法違憲判決（最大判平20・6・4 民集62巻6号1367頁）など。

[20] 曽我部真裕ほか編『憲法論点教室〔第2版〕』（日本評論社、2020年）57-63頁

[21] 参議院議員定数不均衡事件（最大判平16・1・14民集58巻1号56頁）以降の判例の動向については、山本真敬「立法裁量の『判断過程統制』論、その後」早稲田法學92巻2号（2017年）133-149頁を参照

平成26年に行政不服審査法が改正されると、各行政庁（機関）は、新しい行政不服審査制度への対応に追われることとなった。とりわけ2040年問題[22]を控え行政不服審査制度の担い手不足や、より専門性をもった人材を求めた行政機関においては、行政救済法関係の学識者や弁護士等の訴訟の専門家を、いわゆる外部職員という身分で、審理員、審査会等委員等として採用することが多い[23]。

　そのため、答申・裁決においても、司法の場で用いられる判断過程審査の判断枠組みが用いられているのである。

小括

　このように判断過程審査は、ドイツ等の法制度で使われていた判断枠組みが日本の判例・裁判例の中で発展し、また行政裁量の統制手段としてではなく、立法裁量の統制にも使われはじめることで、判断を為す司法をも含めた公権力の行使の透明化に資する判断枠組みとして発展してきた。そして、司法審査の場から行政不服審査へと活用の場が変遷してきたのである。

2　判例にみる判断過程審査の判断枠組み

　裁決においては、判例・裁判例を引用するものがみられる。そこで、判例にあらわれた判断過程審査の判断枠組みをみていくこととする。前述の日光太郎杉判決は、「……判断するにあたり、本来最も重視すべき諸要素、諸価値を不当、安易に軽視し、その結果当然尽すべき考慮を尽さず、または本来考慮に容れるべきでない事項を考慮に容れもしくは本来過大に評価すべきでない事項を過重に評価し、これらのことにより……判断が左右されたものと認められる場合には……裁量判断の方法ないしその過程に誤りがあるものと

22　2040年頃に、高齢者の人口の伸びは落ち着き、現役世代（担い手）が急減することによる様々な問題の総称。行政組織においては、解決すべき課題が増大するのに対し、解決の担い手である職員が不足するという問題を意味する。

23　総務省が公表している「令和元年度における行政不服審査法の施行状況に関する調査結果――国における状況」「令和元年度における行政不服審査法の施行状況に関する調査結果――地方公共団体における状況」によるデータより算出するに、審理員の属性における弁護士・その他士業・学識経験者・法曹有資格者・法科大学院修了者の割合は、約29％となっている。

して、違法となるものと解するのが相当である」としている。このうち「本来最も重視すべき諸要素、諸価値を不当、安易に軽視し」の部分は考慮不尽、また「当然尽すべき考慮を尽さず」の部分は考慮遺脱、そして「本来考慮に容れるべきでない事項を考慮に容れもしくは本来課題に評価すべきでない事項を過加重に評価し」の部分は他事考慮について、審査することを各々意味していると解される。

　また、併用型を用いた呉市学校施設目的外使用事件は「……諸般の事情を総合考慮してされるものであり、その裁量権の行使が逸脱濫用に当たるか否かの司法審査においては、その判断が裁量権の行使としてされたことを前提とした上で、その判断要素の選択や判断過程に合理性を欠くところがないかを検討し、その判断が、重要な事実の基礎を欠くか、又は社会通念に照らし著しく妥当性を欠くものと認められる場合に限って、裁量権の逸脱又は濫用として違法となるとすべきものと解するのが相当である」としている。本判決では、処分庁に裁量権があることを前提に、様々な要素を考慮しなければならない「総合考慮」を求め、考慮要素や考慮した要素を前提とした判断過程の過誤を審査しつつも、社会観念審査によって認められる行政裁量の程度や処分等の取消の必要性を判断していると解される[24]。

　これらの判例にあらわれた判断過程審査という判断枠組みに対しては、考慮要素の選択や価値判断に主観が交わることや審査密度の濃淡に明確な基準が示されないこと、裁判所による判断代置が三権の権力分立に抵触しないかなどといった点が批判されている。他方、裁量の判断過程や司法による裁量統制の透明化に資するといった点が評価されている。

3　行政不服審査における適正手続（憲法31条）の意義

　司法の場においては、訴訟対象となった処分等に手続的瑕疵があった場合でも、必ずしも当該処分等が違法として取消されるわけではない。処分等の法的安定性を図るため、争点となった手続を取消すことによって行政の判断が変わる場合や重大な手続的瑕疵があった場合にのみ、違法として当該処分

24　山本・前掲論文（注14）7頁

144

等を取消すというのが司法による裁量統制であるといわれている[25]。また、理由の不提示（行政手続法8条等）といった重大な手続的瑕疵があるとして処分等が取消されたとしても、その後に、処分庁が適正な手続を踏み直した上で同じ処分等をなせば、結論自体は変わらないことが多い。

　では、行政不服審査において、手続的瑕疵があったとしても処分等の結論に影響が無い場合もしくは重大ではない場合には、手続的瑕疵を争う意義はないのだろうか。

　行政手続法など行政手続の規律を定める法令の趣旨は、適正手続の保障（憲法31条等）である。また、行政が適正な手続を踏まなければならないのは、<u>①間客観的な判断のもと処分等をなすことで行政への信頼の確保するため　②行政の恣意から個人の尊厳を守るため　③公正公平な社会の実現に資するため　④制度としての実体的真実の発見を図るため　⑤手続規範の実効性の確保ため　である</u>[26]と考えられる。

　これらの行政上の適正手続の保障の意義はもちろんのこと、訴訟による事後的救済の限界や行政手続の透明性の向上といった行政手続法等の制定・整備の経緯に鑑みれば、行政不服審査においては手続的瑕疵の有無を重視し、行政の自省を促し、不服を申立てた民意に基づき「行政の適正な運営を確保」するため、少なくとも司法の場よりは手続的瑕疵により処分等を取消す場合を広げるべきではなかろうか。

4　行政不服審査における「不当」性判断について

　判例・裁判例における判断過程審査は手続的瑕疵に基づく違法性を判断す

---

[25] 判断過程審査により違法があるとの判断を下すには、処分等の結論に影響があることが求められているが、山本隆司「行政裁量の判断過程審査 - その意義、可能性と課題」行政法研究14号（2016年）9頁では「……理論的に言えば、判断過程のうち複数の主要な部分に重大な瑕疵があるが、瑕疵の是正により判断の結論が変わる可能性は低い、または明らかでない場合……事前に十分な調査・判断を経ずに処分を行ったという手続の瑕疵を、処分の違法事由・取消事由とする可能性も考えられよう……」とし、判断過程の瑕疵に結果への影響が少ないと思われる場合でも、処分が違法・取消となり得る場合を提示している。

[26] 日本国憲法典上の適正手続に関しては長谷部恭男『憲法〔第8版〕』（新世社、2023年）264-267頁、行政手続上の適正手続に関しては板垣勝彦『行政手続と自治体法務』（第一法規、2024年）7-18頁を参考とした。下線部の表記については、本稿執筆者の責任による。

る行政裁量統制の手法である。しかし、「行政不服審査の最大のメリットは、裁判と異なり、処分の不当審査もできるという点にある」[27]。そこで、「不当」についてみていきたい。

行政不服審査法の改善に向けた検討会の最終報告[28]では「……運用上、違法と不当を殊更に区別して、審理手続や審査会審議を行っている事例は見られなかった。この点、違法か不当かの線引きが困難である事案において、「違法又は不当」であることを理由に請求を認容している事例が見られ、違法であるとまでは判断することが困難な事案において審査請求人を迅速に救済する役割を果たしていると言えることから、実務上は殊更に区別することまではせず、引き続き不当性も審査対象としていることを念頭に、審査庁において審査が行われていくことが望ましい」とされた。

また、司法は違法性のみ判断するとされてきた[29]が、地方自治法251条の7第1項の規定に基づく不作為の違法確認請求事件（最2小判平28・12・20民集70巻9号2281頁）は「裁判所の審理判断は、当該処分がされた時点における事情に照らし、当該処分に違法又は不当（以下「違法等」という。）があると認められるか否かとの観点から行われるべきものであ」ると判示した。ここにいう「不当」とは、「……処分の職権取消しが許容される根拠は、法律による行政の原理又は法治主義の観点によるものと考えられるところ……処分を職権で取り消す理由とされる以上は、その程度が相当程度著しいものを指す」[30]とされている。また、「その程度が相当程度著しい不当」は、「事案に即して個別具体的に判断せざるを得ず、一般的な基準を定立することは困難である」とされ、「原処分が違法とまでは評価し難いものの、それに準じる程度に不合理なものがこれに当たることになろうか」と解されている[31]。前述のフランスのコンセイユ・デタによる行政裁量の統制において、その必要性が高まるにつれ、本来は審査対象ではない「opportunité」の意味する

---

27 櫻井敬子『行政救済法のエッセンス〔第1次改訂版〕』（学陽書房、2015年）45頁

28 https://www.soumu.go.jp/main_content/000787650.pdf, last visited.9 May 2024.

29 宇賀・前掲書（注13）23頁には、「訴訟提起は……違法か否かの問題に審査が限定され、違法でなくとも裁量権の行使が妥当でなく不当か否かの問題は審査されない。」とある。

30 衣斐瑞穂「判解」法曹時報69巻8号（2017年）2433頁、2443-2444頁。

31 衣斐・前掲判解（注30）2456頁の（注19）に記載がある。

ところが変わっていった[32]ように、日本の判例・裁判例においても、「不当」の取扱いが変わりつつあるのかもしれない。

　そのような変化の中、行政不服審査における「不当」性についても検討がなされている。

　判断過程審査は、行政裁量が認められる場合、「原告が納得できないと主張する点について、行政機関の説明する判断過程が一応の説得力を持つか否かを審査」する方法である[33]。そこで、弁護士で行政法学者の平祐介は、「「不当」か否かは、ある裁量行為等に関する複数の考慮事項がある場合において、当該行為等に関する領域につき専門的審査を行いうる審査機関が、当該領域における専門家の集団意識としての知見（一般人の集団意識たる「社会観念（通念）」ではなく、いわば「専門家通念」）に照らし、「すべての考慮事項について調査・考慮を行い、かつ、すべての重要事項（単なる考慮では足りず、重視することを要する事項（要重視事項））について調査・重視をした」などとする処分庁（行政庁）の説明を、一応納得できるものと評価しうるか否か、という基準によって判断すべきものと解する」とし、「日本の裁量処分の不当性審査は、裁量審査を前提としつつ、処分庁の説明（判断過程・論証過程）をチェックする判断過程審査の審査密度をさらに向上させ、そのチェックに際して違法審査では要重視事項（ないし（要）考慮事項）にはならない事項に係る事情の調査・考慮（重視）を問題とする審査方法によるものとみるべきである」[34]としている。人格的自律にかかわる自己決定権（憲法13条後段）、その前提たる知る権利（憲法21条）は、1990年代のいわゆるIT（情報通信技術）革命以降の高度情報化社会においては、日本国憲法において、とりわけ重要な基本的権利であるといえよう。そして、それらの

---

[32] 「opportunité（妥当性）の観念およびその多義性や可変性について、阿部・前掲書（注12）200-202頁参照。また、加藤・前掲論文（注11）によれば、「フランスは、妥当性判断の許容性をめぐる議論の基礎にある、行政裁判所と活動行政（administration active）との間の役割配分がある。「不当」な判断とは、「違法ではないが、適切ではないもの」適法性とは、「ある行政決定の、法規範への適合性」をいい、妥当性とは活動行政が行政決定を行う際に伴う「事実的判断のことである。」としている。

[33] 山本・前掲論文（注14）6頁参照。

[34] 平祐介「行政不服審査における不当裁決の類型と不当性審査基準」行政法研究28号（2019年）167-199頁

基本的権利の保障を実質化する行政等の説明責任は、今後、更に重要性を増していくものと考えられる。平の不当性審査基準は、判断過程審査に基づき行政の説明責任を重視とする点において、評価されるべきものと考える。

また、弁護士の和田浩は、処分が不当であると判断される場合について、処分庁の調査や検討が不充分である場合や処分時に判明しなかった事情が事後的に判明したり、原処分後に事情の変化があったりし、当該処分の効力を維持するのが審査請求人にとって酷な場合などを挙げている[35]。

あくまで私見であるが、これらに加え地域的差異を理由とする場合や役所独自の基準等に基づく処分等に関し、単に昔からこのように取り扱っていただけといったような合理的理由が薄弱な場合や審査基準等が不明確であったり、役所内だけで共有されていたりといった一般人にとって審査基準等を納得することのできないような場合にも、不当という判断はあり得るのではなかろうか。行政不服審査の場合、三権の権力分立における「抑制」が無い以上、より踏み込んだ判断も可能かと思われる。

Ⅳ　裁決の検討

具体的な裁決において判断過程審査がどのように行われているか、いくつかの裁決を取上げてみたい。

令和6年5月1日現在、総務省が公表している行政不服審査裁決・答申検索データベース（https://fufukudb.search.soumu.go.jp/koukai/Main,last visited 1 May 2024.）において、10004件の裁決が公表されている。そのうちフリーワード検索[36]で「判断過程」のみで絞ると84件、「判断過程」「調査義務」のいずれかで絞ると103件、「判断過程」及び「不当」で絞ると77件がヒットする。このうち「判断過程」及び「不当」で絞った77件中、認容裁決

---

[35] 濱和哲ほか『行政不服審査の対応にもう困らない自治体の審理手続に役立つ実務Q&A』（第一法規、2024年）190-193頁

[36] フリーワード検索は、あくまで文言による絞り込みとなり、またワードに引っかからなくとも判断過程審査が行われた裁決もあるかと思われる。あくまで本稿において、取上げる裁決事例の絞込みのための検索である。

は20件ある。

　これらの具体的な裁決のうち、いくつかの案件について、判断過程審査を中心にみていきたい。

1　令和3年5月27日裁決（2武行審簿第1号の44）審査庁：武蔵野市長

　別居中の妻がした教育・保育給付認定に係る支給認定変更申請に対し「ひとり親世帯」と認定した処分を、変更前に教育・保育給付認定保護者であった夫が不服を申立て、本件処分が取消された事案である。

　審査庁は、処分庁の行態について、3つの不当を認定している。

　まず、①本件教育・保育給付認定変更認定申請書の様式について、子ども・子育て支援法（平成24年法律第65号）23条1項は教育・保育給付認定変更認定申請の申請者を、申請時点で給付認定を受けている全ての教育・保育給付認定保護者とすることを要請していないにもかかわらず、本件支給認定変更申請書の様式には、そもそも申請（届出）者欄がなく、また申請者欄と解される「保護者」欄について、単に保護者氏名を記載するのみならず、それぞれの押印欄があり、また欄外には「※保護者が複数いる場合は、全ての保護者が記入してください。」との注記があることから、処分庁が運用上、全ての教育・保育給付認定保護者による申請を求めていたかは判然としないが、上記様式は、申請者に対し、教育・保育給付認定保護者全員による申請を求めているとの誤認を生じさせるものであり、不当であるとしている。

　次いで、②単独申請としてか、それとも共同申請として受理したのか、処分庁の弁明からは判然としなかったようだが、処分庁は、審査請求人が申請の意思を有していない可能性が高いことは認識していたと認められることから、妻に対し、審査請求人たる夫の申請意思の有無を確認したうえで、妻のみによる申請であれば行政手続法7条に基づき、申請者欄と解される本件申請書の「保護者」欄の記載を妻のみによる申請に補正させるべきであったのに、補正していない本件申請書に基づいて行われた処分は、不当なものであると言わざるを得ないとしている。

　そして、③判断過程審査として、子ども・子育て支援法6条2項に規定する「保護者」に当たるか否かの判断は、その判断が同法上の種々の権利関係

に影響を及ぼすことに鑑みれば慎重に行われるべきであり、各家庭の事情を十分踏まえたうえで、どの程度子の監護を行っているか（関わっているか）という点を十分に調査および検討し、「かかる裁量行為の違法不当の判断に際しては、処分庁の判断過程が合理性を欠く結果、処分が社会観念上著しく妥当を欠くか否かにより、決定することになる」との判断枠組みを示した。その上で、「処分庁において、請求人及び妻の家庭の状況や、請求人の子らに対する関わりや監護について十分な調査又は確認が尽くされた事実や、これらの調査又は確認が不可能であったとの事情も認められない」ことから「処分庁の判断は、その調査又は確認が不十分であるという点において合理性を欠いており、少なくとも不当なものであると言わざるを得ない」とした[37]。

　本件裁決中に、「違法」との認定は無く、複数の「不当」との文言が使われていることから、処分を不当として取消した認容裁決かと思われる。当該事案の答申書の記載から、審理員意見書においても認容裁決をくだす意向であったようである。本件裁決においては、前述のとおり３点の不当が指摘されている。３つ目の不当に関しては、「調査・検討」ではなく、「調査・確認」であることから、検討にいたる前段階の調査義務の履行に不当があるとの認定であると解される。また判断過程審査に関しては、「保護者」に当たるか否かの判断は、その判断が子ども・子育て支援法上の種々の権利関係に影響を及ぼすことに鑑みれば慎重に行われるべきとの判断をしていることから、審査密度を上げているものと思われる。

　本件審査会は、本件処分は不利益処分であるとの認定から審査請求人に対する各種通知が無かったことを軽微とはいえない取消理由として挙げている

37　これらの争点以外にも、当該案件における武蔵野市行政不服審査会の答申では、審査請求人にとって本件処分は不利益処分（行政手続法２条４項）となることから聴聞手続が必要であったという指摘がなされている。本件裁決においては、審査請求人が教育・保育給付認定保護者でなくなることは間接的な効果に留まり不利益処分には当たらないとしている。また審査請求人が侵害されたと主張する「子どもらへのアクセス」に関しても、本件処分の違法又は不当とは関係がないとしている。そうだとすると本件審査請求人は、どのような根拠で不服申立適格を有していたのだろうか。

　なお、附言においては、審理員に対し妻を本件審査に参加させるべきであったとの指摘や行政側の手続的瑕疵に基づく処分の取消しによって審査請求人側が被る負担への配慮が求められている。

が、本件裁決は、その点は否定しており、前述の3つの手続的不当を取消事由としていると解される。

2 2021年3月4日裁決　審査庁：大津市長

補装具費支給却下決定処分を取消し、補装具費を支給せよとの裁決が下った事案である。

本件裁決は、「補装具費を支給するか否かの判断については、市町村の合理的裁量に委ねている」としつつ、「かかる裁量も無制限ではなく……その判断の基礎とされた重要な事実に誤認があることなどにより重要な事実の基礎を欠くこととなる場合、又は、事実に対する評価が明らかに合理性を欠くこと、判断の過程において考慮すべき事情を考慮しないこと等によりその内容が社会通念に照らし著しく妥当性を欠く場合には、裁量権の範囲を逸脱し、またはこれを濫用したものとして違法になる」として違法性判断基準を示し、その後に「市町村が行う補装具費の支給要否の決定が裁量権の範囲を逸脱濫用したものとして違法・不当となるかどうかの判断は、当該決定に至る判断過程において、これらの考慮事項を適切に調査せず、又はこれを適切に考慮しないことにより、処分庁の決定内容が、当該申請に係る障害者の身体の状態、年齢、職業、学校教育、生活環境等の諸条件その他の具体的な事情に照らして、立法の趣旨に反しないかどうかという観点から検討されるべきである」とした裁判例[38]を引用している。本件裁決で述べられた2つの規範は、前者は違法性判断を、後者は違法性及び不当性の判断を行うもののようである。そして、本件事案においては、「……障害児に対する補装具費の支給には一層きめ細やかな配慮が求められている」として審査密度を濃くしており、「処分庁が本件処分を行うに当たり……具体的な調査・検討を行った事実は認められない」とし、「……具体的事情を考慮することなくなされた本件処分は違法である」とした。その上で、審査庁が詳細な判断代置を行い「処分庁は、審査請求人に対し必要となる補装具費を支給せよ」との裁決を下し

---

38 福岡地判平27・2・9賃金と社会保障1632号45頁。心臓機能障害を有する原告が行った電動車いすを購入するための補装具費支給申請の却下処分の取消請求および支給決定処分の義務付け請求が認容された事案である。

た[39]。

本件答申書（答申番号：令和2年度答申第9号）によると、審理員意見書では、市町村の合理的裁量を認めた上で「……処分庁が行う補装具費の支給要否の決定は、その判断の基礎とされた重要な事実に誤認があること等により重要な事実の基礎を欠くこととなる場合、または、事実に対する評価が明らかに合理性を欠くこと、判断の過程において考慮すべき事情を考慮しないこと等によりその内容が社会通念に照らして著しく妥当性を欠くものと認められる場合に限り、裁量権の範囲を逸脱し、またはこれを濫用したものとして違法となるものと解される」との判断枠組みをたて、本件審査手続にあらわれた事情を判断し「本件処分に違法ないし不当はない」とし「本件審査請求は棄却されるべきである」とした。それに対し、本件審査会は、審査請求人に対する口頭意見陳述を行ったり、審査関係人に対する回答を求めたりして独自に事実認定を行ったうえで、「かかる裁量も無制限ではなく、市町村が行う補装具費の支給要否の決定が、その判断の基礎とされた重要な事実に誤認があることなどにより重要な事実の基礎を欠くこととなる場合、又は、事実に対する評価が明らかに合理性を欠くこと、判断の過程において考慮すべき事情を考慮しないこと等によりその内容が社会通念に照らし著しく妥当性を欠く場合には、裁量権の範囲を逸脱し、またはこれを濫用したものとして違法となる」との判断枠組みを立てたうえで、「考慮不尽」として本件処分を違法としている。とりわけ、補装具費支給決定に関しては、処分庁から処分庁ではない身体障害者更生相談所等の判定又は意見を求める場合があり、その判断過程に関して「……県更生相談所において上記調査が尽くされた事実も認められないから、同相談所の判断に全面的に依拠した本件処分につい

---

39 処分庁は、その他の争点として、①県厚生相談所が配布した研修資料中の補装具費の支給基準を越えて判断することは難しい　②身体障害者厚生相談所で交付不適切と判定されたものを市町で適当として交付決定するに足りる理由はない　との主張をした。これに対し、本件裁決では、①処分庁の主張する当該基準には何らかの法的な裏付けは存在せず、また補装具費の支給については、あくまでも障害者一人ひとりの状態に基づいて判断すべき　②県厚生相談所の判断は「専門的助言」にとどまるものであり、処分庁が県厚生相談所別途の判断をすることは当然に認められ、本件申請に対する判断とその責任は、処分庁が負うものである　という旨の裁決を下している。なお、そもそも本件で申請された手押型車椅子は、県厚生相談所への判定依頼を必須とするものではなかった点についても認定している。

152

て、本法の趣旨に基づき考慮されるべき事項が考慮し尽くされているとは評価できない」として県更生相談所に考慮不尽があり、同判断に全面的に依拠している処分庁による処分も考慮不尽であるとして、違法性が承継されていることを認定している[40]。その点に関しては、本件裁決には記されていない。そして、審査請求後に明らかになった事情を踏まえ、判断代置を行い「本件審査請求は理由があり、本件処分は取り消されたうえ、補装具費支給決定ほか必要な対応がなされるべきである」としている。なお附言には、処分庁が補装具費支給の判断を為すには、「当該申請人の障害の程度及びそれが日常生活又は社会生活を自立して営むのにどの程度の影響を受けるのか具体的に調査・検討する必要がある」とし、また「県更生相談所の判定がなされた場合であっても、処分庁は、県更生相談所の判断に拘束されることなく、考慮すべき事項を考慮して申請に対する判断を行う必要がある」として、処分庁の調査義務と処分に対する処分庁の責任とを強調している。

　審理員意見書、答申、裁決にあらわれた判断過程審査の判断枠組み自体は、さほど差のあるものとは思われない。ただ、各々の立場の違いが、調査義務の履行の程度、考慮要素の選択といった点に差があらわれたものと考えられる。

3　令和元年8月22日裁決　審査庁：京都府知事

　生活保護法（昭和25年法律第144号）63条に基づく費用返還決定処分が取消された事例である。

　複数の争点が取上げられた本件事案であるが、判断過程審査は「エアコン等購入費用を自立更生費として認めなかったことの適否」という争点において用いられている。本件裁決は、前述の呉市学校施設目的外使用事件を参照し、生活保護「法第63条の規定に基づく返還額の決定について有する処分庁の裁量は全くの自由裁量ではなく、処分庁の裁量権行使において、その判断要素の選択や判断過程に合理性を欠くところがないかを検討し、その判断が

40　令和2年1月31日裁決（審査庁：墨田区長）の事案も、審理員意見書においては処分庁ではない東京都心身障害者福祉センターの判断過程を審査している。

重要な事実の基礎を欠くか、又は社会通念に照らし著しく妥当性を欠くものと認められる場合には、裁量の逸脱又は濫用となるというべきとされている」との判断枠組みを立てている。その上で、処分庁がエアコンの購入費用を自立更生費として認めなかったことについて、「……夏場は、最高気温が38度以上の日が続くという近年の京都という地域的な特徴から、猛暑の中で身体への負担が大きく、請求人は、貧血やめまい等、熱中症の症状が出るなど、障害を抱える請求人にとってエアコンの必要性は極めて高く、ケースワーカーもその必要性を認識していたものと認められることから、エアコン等購入費用の控除を認めないとした処分庁の判断は、社会通念に照らし著しく妥当性を欠くと判断される余地があった」ことなどを理由として、「エアコン等購入費用について、自立更生費控除を認めないとした本件処分には裁量権の逸脱・濫用があり、著しく不当であるから、この点において請求人の審査請求には理由がある」と判断した。

　呉市学校施設目的外使用事件は、判断過程審査と社会観念審査との併用型の判断枠組みであるが、本件裁決は、処分庁が地域的な特徴を考慮していない点などを「社会通念に照らし著しく妥当性を欠く」として、本件処分を「不当」と判断している。司法の場において違法性の有無の判断枠組みである判断過程審査を用いつつ、社会観念審査を併用することで、不当性の有無の判断を行ったのが、本件裁決であるといえるのではなかろうか。

4　審査の場に処分庁側の主張・証拠資料等が出てこない場合

　審理員・審査庁や審査会等が処分庁に対し求めても、処分庁側から審査の場に主張・証拠資料等が出てこない場合があるという。かかる場合、判断過程審査の判断枠組みでは、どのように判断されるであろうか。

　行政不服審査裁決・答申検索データベースで公表されている裁決においては、資料等が無い点を調査義務を尽くしていないとしたり[41]、「判断要素の選択に合理性を欠いた」[42]としたり、処分庁は判定理由を了知していないと判

41　令和3年3月5日裁決（審査庁：宮城県知事）、令和5年2月8日裁決（審査庁：弘前市長）。

42　令和元年7月9日裁決（審査庁：鳥取県知事）。

断せざるを得ない[43]としたりして、処分を取消しているものが散見される。

　判断過程審査は、処分等の判断の過程を審査するものであるから、処分庁側に説明責任つまり主張・立証責任を果たすことを求めることになる。そのため、審査員・審査庁・審査会等に対する処分庁の説明が説得力を有するものになっていないならば、その不利益は処分庁側が負うのは当然といえよう。言い換えれば、判断過程審査を用いることは、処分庁側に行政不服審査に対する協力を促す効果があるといえよう。

小括

　裁決事例を幾つかみてきたが、行政不服審査の場にあらわれる審査方法及びその判断枠組みは、判例・裁判例を基にしているものが多く、司法審査との差を示すものは少ない。また「不当」性の判断も、判例や判例解説の影響が強く、「不当」性審査自体に行政不服審査独自の判断枠組みを用いるものも少ないように見受けられる。

　もちろん、手続の迅速性や不服申立費用がかからない点など運用面から行政手続である特徴も見受けられる。

　しかし、行政不服審査制度が、司法審査の簡易版または前哨戦との評価を越えるためには、「行政」による行政に対する審査手続であるという点を重視して、行政不服審査制度の運営や判断枠組みなどを再構築していくべきではなかろうか。例えば、判断過程審査や不当性審査においても、三権の権力分立に基づく「抑制」を気にすることなく、司法判断よりも踏み込んだ審査・判断は可能であるかと思われる[44]。

　また、行政不服審査において、判断過程審査を用いることは、処分庁側に説明責任を果たすよう求めることになり、ひいては行政不服審査制度の審査・運営に処分庁側の参加・協力を促すことにもなると考える。

43　令和元年11月21日裁決（審査庁：静岡県知事）。
44　行政不服審査において、立法・行政・司法の三権の権力分立に基づく抑制は働かないが、処分主体と審査主体という行政内部の役割分担は図られるべきできあろう。

V おわりに

　大日本帝国憲法下の植民地において、本土並みに行政救済制度が適用されていたのは樺太であり、その他は訴願でさえ認められていなかったという[45]。その理由としては、植民地政策の混乱を避けるため、現地の人々の声を抑え込むためだったようである。行政救済制度の制定・施行状況は、統治の適正さ、とりわけ民主主義社会においては民意の反映の程度を如実に表す指標であると考えられる。

　判断過程審査は、公権力の行使の適正化・透明化に資するだけではなく、行政不服審査制度においては民意による行政の適正化にも資するものである。そのため、国民主権のもと民主的に「行政の適正な運営」を図るには、行政不服審査における判断過程審査の更なる発展が必要であると考える。その発展は、司法における判断過程審査にとらわれることなく、行政の中で磨かれていく必要がある[46]。それがなされれば、行政不服審査制度は、裁判とは異なった制度として国民の認識を強くし、さらに国民の権利利益の実現に資する制度になっていくものと考える。

　長尾龍一は『法学ことはじめ』（信山社、1998年）の中で、日本人の訴訟嫌いについて、様々な検討を試みている。また民事訴訟の件数が非常に少ないという統計的事実は「単なる思い過ごしではない」ともしている。日本人が訴訟嫌いであるとするならば、行政不服審査制度においては、権利救済のための争訟としての一面を今以上にアピールするよりも、より良い行政運営を確保するための話合いの場であるという側面を発展させる方が、国民にと

45　小野博司「帝国日本の行政救済法制」鈴木光秀ほか編著『法制史学会60周年記念若手論文集　法の流通』（慈学社、2009年）609-637頁

46　令和8年6月以降に予定されているデジタル規制改革推進の一括法の施行により、行政不服審査制度においても公示送達等の方法が変わってくる。また総務省行政管理局が公表している「行政不服審査法事務取扱ガイドライン　令和4年6月」においても電子的方法を利用することが推奨されている。判断過程審査においては、主張・反論するにしろ、審査するにしろ、多くの情報を早期に入手して、分析する必要がある。行政不服審査手続におけるDX化は、制度の利便性や審理の充実化にとって、喫緊の課題であるといえよう。

って行政不服審査制度に対する親和性や利便性が増していくのではなかろうか。長尾は、同著の文末でMax Weberの言葉を借り、「思いつきもまた学問活動の重要な部分である」としている。本稿の「思いつき」も、ささやかではあろうが、学問活動の一部となれるよう祈っている。

法律に強く、法律を使おうとする行政書士像
──審査基準・ガイドラインに拘泥することなく、
国民の権利利益を実現する行政書士とは──

伊藤　智基

I　はじめに

　デジタル社会を見据え、それに対応できる行政書士のあるべき姿とは、いかなるものであろうか。それが定まらない限り、本稿は執筆できない。

　ひとつにはデジタル社会に対応する情報処理スキルを行政書士が身に着けるということであろうが、それを解説することは筆者にとってもあまりにも専門外である。

　また、例えば（話は逸れるが）国際化時代に対応する日本人というときに、英語などの外国のスキルを身に付けるよりも、日本の文化や制度（とりわけ日本特有のもの）についての見識を深めることが重要であるとの指摘が、しばしばなされるところである。

　となると、付焼刃的にデジタルスキルを身に付けるよりも（それはそれで必要であろうが）、行政書士たるスキルのブラッシュアップをすることで、デジタル社会においても活躍できる行政書士たり得るのではないかと筆者は考えるところである。

　よって本稿では、「行政に関する手続の円滑な実施に寄与するとともに国民の利便に資し、もつて国民の権利利益の実現に資する」（行政書士法１条）べく、時代が変化しようとも活躍し続けられる行政書士とはいかなる存在であるべきか、１つの方向性を検討することとした。

II 考察の手がかり

この点、自治体職員であれば、新たな時代（とりわけ地方分権改革）に対応したそのあるべき姿についてはすでに提示されているところであり、例えば法学的な観点からのものとして、「自治体法務検定公式テキスト（2023年度検定対応）」では、以下のとおりとされている[1]。

> そもそも法務の観点から自治体職員をみると次の3つの類型に分類することができます。
> ① 法律に弱く、法律に使われる職員：多数＝法律学の知識や理論が苦手であるために、法律論になると十分理解できず、法律の規定や形式的な法律論に左右されてしまう職員
> ② 法律に強く、法律に使われようとする職員：少数＝法律学の知識や理論は知っているが、これを政策的に活用する姿勢がないために、結果として形式的な法律論にとどまっている職員
> ③ 法律に強く、法律を使おうとする職員：ごく少数＝法律学の知識や理論を知っていて、しかもこれを政策的に活用する姿勢をもっている職員
> 現状では、①のタイプの職員が一番多く、続いて、②のタイプは少数ですが、法制担当課や許認可担当課などにはある程度います。③のタイプはほとんどいません。
> ここで押さえておきたいポイントは、次の2点です。第1に、法律学の知識や理論を学んでいないと、結果として法律に使われるしかないこと（法律を避けようとしても無関係ではいられないため、法律論に翻弄されること）、第2に、法律学の知識や理論があっても、それを活用する姿勢がなければ、やはり法律に使われる結果になるということです。したがっ

---

[1] 自治体法務検定委員会『自治体法務検定公式テキスト 政策法務編 2023年度検定対応』（第一法規株式会社、2023年）616頁以下参照。なおこの分類の初出は、礒崎初仁『分権時代の政策法務』（北海道町村会、1999年）49頁以下であるため、本稿執筆時点（2024年）で25年経過した内容がいまだに妥当していることになる。

て、政策法務の展開に必要なのは、一定の法的能力を有し、法を政策的に活用する発想を有する人材であり、政策法務能力とは、この法的能力と政策的発想の両方ということになります。

以上を手掛かりとしつつ、この３分類を行政書士の分類に応用するならば、
①　法律に弱く、法律に使われる行政書士＝法律学の知識や理論が苦手であるために、法律論になると十分理解できず、法律の規定や形式的な法律論に左右されてしまう行政書士
②　法律に強く、法律に使われようとする行政書士＝法律学の知識や理論は知っているが、これを業務に活用する姿勢がないために、結果として形式的な法律論にとどまっている行政書士
③　法律に強く、法律を使おうとする行政書士＝法律学の知識や理論を知っていて、しかもこれを業務で活用する姿勢をもっている行政書士
ということになろう。そしていつの時代においても（時代がどのように変わろうとも）、「国民の利便に資し、もつて国民の権利利益の実現に資する」行政書士というのは、③に該当する行政書士であるように思われる。
　では③に該当する行政書士とはどのような存在であろうか。以下においてはその点を検討したい。

Ⅲ　法律に強く、法律を使おうとする行政書士

　上記③の「法律に強く、法律を使おうとする行政書士」を検討する前に、上記①「法律に弱く、法律に使われる行政書士」や上記②「法律に強く、法律に使われようとする行政書士」とはどのようなものかを見ておきたい。これら①や②に該当する行政書士は、例えば、依頼者から受任した許認可申請の際に、行政機関（担当課）が示した審査基準（行政手続法５条１項）やガイドラインに従って、まず必要な資料や情報を依頼者から提出してもらい、そのうえで申請に必要な書類・書式を行政書士として調製するというようなところであろうか。もちろんこれは通常であれば行政書士として必要かつ十分な職務遂行であろう。

しかしながら、そのように漫然と審査基準やガイドラインに沿うことだけを念頭に置いて行政書士として活動することは、「行政に関する手続の円滑な実施に寄与」していることは確かであるが、行政書士たる専門的スキルを十分に発揮してはいない（もっと発揮する余地がある）ように思われる。たとえば、審査基準やガイドラインの内容にそもそも納得していない依頼者であれば、そのような行政書士の仕事ぶりには満足ができないところであろうから、「国民の権利利益の実現に資する」ものとなっていないということができよう。

　そうすると、上記③のような行政書士であれば、審査基準やガイドラインには解釈の余地があることや、また審査基準やガイドラインとは異なる取扱いがなされることが場合によっては許容されることを念頭に、依頼者の要望の実現のために行政と対峙し交渉することもできなければならないと思われるところであり、それこそが「国民の権利利益の実現に資する」行政書士の姿ではないかと思われるところである。

Ⅳ　行政書士であれば本来ここまでできるはず

　かくいう筆者は、数年前、自宅を建築するために農地の宅地転用と所有権の移転、また都道府県レベルにおいて制度が設けられている住宅補助金について、申請手続及び書類作成を行政書士に依頼したのであるが、その際の仕事ぶりが上記①又は②に該当する（審査基準やガイドラインのいいなり）であったため、筆者のほうから「こちら（筆者）のほうで行政機関（担当課）と話をつけるので、その後に行政書士として書類作成業務を行ってほしい」というふうに伝え、実際に筆者のほうで行政機関（担当課）と交渉を行い、以下の３点において望むとおりの結果を導くことができた。本来であれば筆者ではなく、筆者が依頼した行政書士に以下のような仕事ぶりを期待したかったところである。またそれができる行政書士こそ、上記③で示した行政書士像ではないかと思われたところである。以下、その顛末を記しておきたい。

1 農地の転用許可申請に際して

　農地の転用許可申請時に土地利用計画図を提出する必要があるところ、担当課より同計画図内において「家庭菜園の面積は50㎡以下」との基準が示された。ここでいう家庭菜園とは、一般的な野菜畑（野菜を植える部分には畝を作り、それ以外の部分を通路とするもの。両者を一体として50㎡以下）を想定していると思われるところ、筆者としては単なる野菜畑を設置するのではなく、庭園としても美しい場所にしたいと考え、全体として八角形の形となるよう外周及び対角線上の通路部分には防草シートと砕石を敷き、野菜栽培をする部分と通路部分を明確に分けることとした。そして通路部分は、家庭菜園の通路としての機能のほか駐車場や花壇・植栽スペースにアクセスするための通路としての役割も持たせることとした。以上のような形により、純粋に野菜を植える部分の面積のみで50㎡以下となるようにし、通路部分は50㎡に算定しない形で、筆者のほうで土地利用計画図を作成した。行政書士からは家庭菜園の面積が広すぎると指摘がなされたが、筆者としては、①野菜を植える部分と通路部分が明確に区別されていること、②通路部分は防草シートと砕石を敷設すること通路としての役割に固定されていること、③通路部分は駐車場や花壇・植栽スペースといった他の場所への移動のための通路としての機能を兼ねること、④単なる家庭菜園ではなく、庭園としての性格も有していることを根拠として、筆者が作成した土地利用計画図をそのまま担当課に提出するように（そして担当課から指摘があった場合には、①から④の内容を説明するように）との要望を出した。結果的には筆者の作成した土地利用計画図のままで担当課からの異論は出なかった。もし通路部分も菜園部分に含むべきと担当課が伝えてきたのであれば、⑤菜園部分と通路部分が別物であって、通路部分は菜園部分に含めないというのは、例えるなら公務員の勤務時間と通勤時間は別のものであり、通勤時間を勤務時間に含めないのと同じである、と反論するつもりであった。

2 雨水浸透桝の数

　筆者が自宅を建築した市においては、「土地利用条例」において「当該開発事業の区域内には、雨水を有効に排出するとともに、その排出によって当

該開発事業の区域外に溢（いつ）水等による被害が生じないような構造及び能力で適当に配置されるように設計が定められていること。ただし、市長が認めるときは、この限りでない。」と規定があり、さらに「開発事業に係る技術的細目に関する規則」において、「宅地の造成、建築物又は太陽光発電施設の建築を目的とする開発事業をしようとするときは、次に掲げる施設を設置しなければならない。」として、その1つに「敷地内の雨水が隣地、側溝、河川等に直接流出しないために必要な浸透施設」を挙げ、「施設を設置する場合においては、市長が別に定める基準に適合しなければならない」と規定している。この規定の下、筆者が依頼した行政書士は、筆者の土地の広さに応じて雨水浸透桝が2つ必要であるとの結論を導いたが、筆者としては自宅の建物部分とカーポートの部分（つまりこれらの屋根に降った雨の分）についてはそこに降った雨水を浸透させる雨水浸透桝が必要としても、建物の敷地以外部分（植栽・花壇・菜園部分）では雨水は地面に浸透するため、雨水浸透桝は1つで足りると考えた。そして当初、担当課（及び行政書士）は雨水浸透桝が2つ必要との見解にあったものの、筆者から両者に対して、①建物の敷地外の部分は従前の土地利用の利用状態（農地）と変わりがないかもしくは筆者が行った土壌改良により水はけがよくなっていること、②自宅の建物の建築工事期間が新型コロナの影響による資材調達困難などの理由により1年以上となり、その期間ずっと雨水浸透桝が1つも設置されていない状態であったが（雨水浸透桝は工事の最後に設置することとなっていた）、敷地内の雨水が敷地外に流出することがなかったこと、③土地の現況や利用状況が同じ場合でも、その地目が農地であれば雨水浸透桝不要、宅地であれば雨水浸透桝が必要となることについて、合理的な理由が見いだせないとの説示を行ったところ、最終的に雨水浸透桝は1つで足りるということになった。

3　補助金の受給

　筆者が自宅を建築した県においては、環境への負荷が少なく、高い断熱性能を有する住宅を新築・改築する場合に（そのほか、県産の建材を使用するなどの要件もある）、県から助成金が交付されるという制度がある。そして

その補助金を受けるためには、断熱工事の施工が必要となってくるところ、筆者の自宅の施工業者は、外壁と内壁の間105mm の中に14K100mm の断熱材と10K50mm の断熱材の２枚を入れる（押し込む）状態で施工を行った。つまり、外壁と内壁の間105mmに100mmと50mmのグラスウールの断熱材を押し込むという施工方法であり、これにより断熱効果が高まるという施工業者の経験からそのような施工方法がとられたわけであるが、担当課としては、このような施工方法はメーカーの標準仕様に従った使用でなく、メーカーが保証する断熱性能は確保できない（熱抵抗値については単純に100mmの熱抵抗＋50mmの熱抵抗＝150mm熱抵抗の計算では算出できない）ため、補助金の支給要件を満たさない（標準仕様での施工でなければ助成金の対象とならない）というのが当初の結論であった[2]。以上のような状況のもと、施工業者や行政書士としてはもはや補助金は受給できないものとしてお手上げ状態であった（また上記の結論が伝達されたのが上記断熱工事が施工された後であったため、標準仕様での施工となるように断熱工事のやり直しを行うと、工期が伸び、やり直しのためのコストが発生するほか、何よりも断熱材２枚を１枚に減らす必要があり施工業者としてはそれでは断熱性能が落ちると考えていたため承服できるものではなかった）が、筆者が担当課に対して、①補助金を受けるためには断熱工事でどの程度の熱抵抗値を達成すればよいのか、②その熱抵抗値を達成できるのであれば標準的な施工方法以外でもよいはずではないか（断熱材メーカーの標準仕様の施工であれば①が達成できるであろうが、だからといって標準仕様の施工でなければ①が達成できないということにはならない。達成すべきは①なのであれば、それが標準仕様の施工であってもそれ以外の施工であっても問題が無いはずである。あくまでメーカーの標準仕様の施工でなければならない、それ以外の方法でなければ①が達成できないというのであれば、それについての合理的な根拠をお示し願いたい）との問合せを行ったところ、後日担当課から、①についてグラスウールの断熱材１枚（14K100mm）分の熱抵抗値が達成されていればよい、②につ

---

2 要するに、断熱材を押し込むとその分だけ断熱材の間にある空気が減り、断熱効果が落ちるというのが担当課の見解であった。また断熱材のメーカー側としては、メーカーの標準仕様に従った使用でないとメーカーが保証する断熱性能は保証できないというものであった。

いて今回の施工業者が行った方法で①の値が達成できるということを文献や実証実験において示せば標準的な施工方法なくとも要件を満たすとの返答があった[3]。それに基づき、施工業者から JJJ 断熱診断を行う別の企業に断熱性能診断の依頼がなされ、現地（建築途中段階での筆者の自宅）での測定が行われた結果、壁の熱貫流率：U 値（W/㎡K）が0.19との測定結果が出たため（これは H25年改正省エネ基準である0.53よりも大幅に良好な数値であり、断熱材１枚よりも２枚のほうが断熱効果が高いことが証明された）、その測定報告書を担当課に対して提出したところ、基準を満たすということで、最終的には補助金が交付されることになった。

4　小括

　以上のとおり、筆者が行政法学その他の知見を活用することで、「自宅敷地の菜園は庭園として八角形の機能美を備えつつ50㎡以上の広さを確保することができ、雨水浸透桝も１つで足り、省エネ住宅補助金の支給を受けることもできた」が、もし筆者が行政法学を専門としておらず、依頼した行政書士のいいなりであれば、「長方形で50㎡の菜園スペース、雨水浸透桝２つ、省エネ住宅補助金の支給を受けることはできない」という結果に終わっていたであろう。以上の顛末から、行政書士の資質によって結果が左右されることが再認識されたほか、もしⅡで述べた③の行政書士（法律に強く、法律を使おうとする行政書士）であれば、わざわざ筆者が関与するまでもなく、十分に前者を達成可能と思われた次第である。

3　筆者が担当課に問合せを行う前に、施工業者も担当課に問合せをしていたようであるが、施工業者に対しては「標準の施工でないと補助金の対象にはならない」との説明がなされるのみであった。ゆえに②のごとく担当課の方針が変化したことについて施工業者も驚いてはいたものの、その要因の１つとして、筆者が行政機関に対して国家賠償請求訴訟も辞さない（施工業者による断熱工事が行われている途中で担当課による現地調査がなされ、その際に、断熱際２枚を押し込むこの施工方法では支給要件を満たさないことを担当者として指摘するか、それが無理であっても少なくとも疑義があることは現地で施工業者に伝達できたはずであり、それを行っていれば断熱工事を一時的に見合わせることもできた。しかしそれがなされなかったことにより、補助金を受けることができなくなったため、補助金相当分を賠償してほしいという論理構成）との方針を担当課に示していたことが、何らかの影響を与えたのかもしれない。

V　身に付けるべき法的素養

　以上のとおり、筆者が行政機関（担当課）とのやり取りを行った際には、行政法学その他の専門的な知識を駆使したわけであるが、それらは「法律に強く、法律を使おうとする行政書士」においても必要なものであると思われる。よって、以下ではそれらがどのようなものであるかを整理しておきたい（まず1や2を以て臨み、それが奏功しないときには3を以て対峙する。その1から3を行う際の下支えとなるのが4という整理になろう）。

1　審査基準・ガイドラインの法的性質の理解

　審査基準は、「申請により求められた許認可等をするかどうかをその法令の定めに従って判断するために必要とされる基準をいう」（行手法2条8号ロかっこ書き）とされている。ガイドラインについては、法的に定まった定義はないようであるが、ここには法令の規定の解釈が示されたり法令を執行するにあたっての基本的な方向性や判断基準が示されたりするものである。このように審査基準とガイドラインには似た側面があり、実務においてもガイドラインが審査基準とされている場合もある[4]。そして審査基準やガイドラインは、行政立法の分類における行政規則（解釈基準・裁量基準・給付規則）に該当するものであり、原則として行政組織の内部的な規範であって、国民を拘束する外部効果を有さないとされているところであるが、他方でこれらについて外部効果を認めうる場合が存在するとも指摘されている。すなわち、本稿との関係でいうと、これらと異なる取扱いをすることを行政機関（担当課）が許されているか否かが問題となるところであるが、「合理的理由なくして当該裁量基準を適用しないことは、平等原則に反し、違法と解され

---

[4] 例えば内閣府では、公益認定法人法に基づく公益認定及び変更認定並びに公益目的支出計画の変更の認可に当たっては、「公益認定等に関する運用について（公益認定等ガイドライン）」（平成20年4月11日（平成31年3月最終改正）内閣府公益認定等委員会）を審査基準としている（国・都道府県公式公益法人行政総合情報サイト「ホーム〉公益法人制度関係法令とガイドライン〉審査基準、会計基準」https://www.koeki-info.go.jp/pictis_portal/other/houreiguideline/kijyun.html, last visited, 30 March 2024）。

ることになろう」[5]、「裁量基準も、それを適用しない合理的理由が無い限り行政機関を拘束する、という考え方を『行政の自己拘束論』と呼び、その意味で裁量基準も外部効果を持つ場合がある」[6]、「行政庁が給付規則に従わない場合、平等原則違反の問題が生ずる」[7]との整理がなされている。つまりここからは、「合理的な理由」があれば、審査基準やガイドラインにおいて示された解釈基準・裁量基準・給付規則とは異なる取扱いをすることもできるとの帰結が導かれるわけである（いいかえれば、漫然とこれらに従って処理を行うことが、違法（Ⅴ3の裁量権の逸脱・濫用）となりうることもあるというわけである）。

　すなわち行政書士としては、審査基準やガイドラインを金科玉条とするのではなく、依頼者の利益のために、時には行政機関（担当課）に対して審査基準やガイドラインとは異なる取扱いをするよう求めるべきであろう（Ⅳ3参照）。

2　法解釈についての素養

　上記Ⅴ1では、審査基準やガイドラインと異なる取扱いをすることができるという点について確認したが、そこに至らずとも、審査基準やガイドラインの文言を解釈することによって、その適用範囲を広げたり狭めたりすることもまた検討されてしかるべきであろう。

　そのためには、行政書士としても法解釈の手法について今一度確認しておき、ここぞという時（例えばⅣ1のような場面）にいつでも活用できる準備をしておかねばならない。すなわち、解釈のスタンスとして文理解釈や論理解釈（立法意思説、法律意思説、目的論的解釈）があることや、それらに基づいて実際に解釈を行う際の手法として拡張解釈や縮小解釈、類推解釈

---

[5]　宇賀克也『行政法概説Ⅰ　行政法総論〔第7版〕』（有斐閣、2020年）324頁以下参照。

[6]　宇賀・前掲書（注5）326頁参照。また、「行政の自己拘束論」につき、大橋洋一『行政規則の法理と実態』（有斐閣、1989年）54頁以下参照。

[7]　宇賀・前掲書（注5）325頁参照。なお、平等原則違反とは、相対的平等の考え方の下では、「合理的な理由なしに差別的取扱い（他者と異なる取扱い）をすること」とされているため、裏を返せば、合理的な理由があれば給付規則に反していたとしても平等原則違反にはならないということになろう。

（その一種としてのもちろん解釈）や反対解釈があることは、すでに周知のところであろう。また良い解釈というのは、論理性（内容に矛盾するところがなく（一貫性）、支持する内奥が明確（明確性）であること）、射程の適切性（その解釈を適用して得られる帰結が適切であること）、言語的自然さ（日本語との理解として無理のないこと）、整合性（他の法律・判例・通説と整合的であること）といった点[8]から判断されることも知っておくべきであろう（さらに、なぜその解釈のスタンスや解釈手法をとったかについてその理由の説明も求められるところであるが、その際にはⅤ4で示す内容の理解が不可欠であろう）。

3　裁量権の逸脱・濫用

行政事件訴訟法30条は、裁量処分については、裁量権の逸脱・濫用があった場合に限り、裁判所が当該処分を取り消すことができる旨を定めており、どのような場合が裁量権の逸脱・濫用に該当するかの判断基準については、裁判例が蓄積し、また学説はそれを類型化しようと努めてきた[9]。この判断基準は、主に裁量処分に関するものであるところ、本稿の関心となっている状況、すなわち行政規則（解釈基準・裁量基準・給付規則）を解釈したり（Ⅴ2）異なる取扱いを求めたり（Ⅴ1）するときに、行政機関（担当課）がそれらに応じることなく裁量処分を行うことが裁量権の逸脱・濫用となるか、という場面においても当てはまりうるように思われる[10]。あるいは行政機関（担当課）が行政規則を制定する行為自体を捉えて、申請者が求める取扱いを行政規則に規定していないこと（規定しようとしないこと）が、制定行為に係る裁量権の逸脱・濫用に該当するという方向で議論を進めることも可能ではなかろうか[11]。

8　木村草太『キヨミズ准教授の法学入門』（海星社、2012年）196頁以下参照。
9　この判断基準には、実体的統制（重大な事実誤認、目的違反ないし動機違反、信義則違反、平等原則違反、比例原則違反）、判断過程統制（考慮すべき事項の不考慮、考慮すべき事項の軽視、重視すべきでない事項の重視、他事考慮、第三者機関の判断過程の不合理性）、手続的統制（事実認定の際の手続違反）といったものがある。論者により整理方法に若干の際はみられるものの、主な整理として、宇賀・前掲書（注5）356頁以下、櫻井敬子・橋本博之『行政法〔第6版〕』（弘文堂、2019年）112頁以下参照。

いずれにせよ、行政書士としてはいかなる場合が「裁量権の逸脱・濫用」に該当するかを理解した上で、実際の行政機関（担当課）の裁量行為に対峙した際には、それに該当する点があるかを検討し、それがあるならば行政機関（担当課）に対してためらうことなく指摘を行うべきであろう。

4　事実・推測・意見

およそ世の中で行われている表現とは、文章表現・口頭表現を問わず、事実（客観的かつ100%正しい。「水は0度で凍る」など）、推測（客観的だが100%の正しさはない。「明日は雨かもしれない」など）、意見（主観的であり100%の正しさはない。「研究者たるもの原稿の締切りを守るべきである」など）のいずれかであるとされているが、裏付けとなる根拠を示さないままそれらを述べたり、推測や意見に過ぎないものを事実であるかのように表現したり、事実と事実を安易に結び付けて因果関係を導きだしたりするといった、論理の崩壊がしばしばみられるところである[12]。行政書士としては行政機関（担当課）とのやり取りの場においては、とりわけこれらの点を注視してもらいたいところである。例えばⅣ3において担当課は、「断熱材1枚分のすきまに2枚を押し込むと、空気の量が減るので断熱効果が弱まる。そのように大学時代に大学の先生から習ったからである」と述べていた。しかし

---

[10] 例えば最1小判平10・7・16判時1652号52頁は、酒税法に基づく酒類販売免許に係る申請拒否処分の取消しが争われた裁判例であるが、ここでは法定要件該当性の認定基準を定めた通達の合理性が審査され、認定基準に適合した処分は原則として適法であるとの判断が示された。これに対して本稿での関心となるのは、法定要件該当性の認定基準と異なる取扱いをしないことが裁量権の逸脱・濫用となるかというものであるのでこの裁判例とは異なるものの、認定基準（及びそれを定める行政規則）が合理性を欠く場合には、それに基づいてなされた裁量処分が違法となるとの帰結をこの裁判例を手掛かりとして導くことは可能ではないかと思われる。

[11] ただし、裁量処分を行う際の裁量と、行政規則を制定する際の裁量には、裁量の性質や程度が異なると思われるので、前者における裁量権の逸脱・濫用の審査基準が、後者にも直接的に当てはまりうるかは検討の余地があると思われる。しかし全く当てはまらないということはならないであろう。

[12] これらについてわかりやすく解説したもとして NHK 高校講座『ロンリのちから』がある（https://www.nhk.or.jp/kokokoza/ronri/ において1回10分で全20回分の放送が公開されている〔last visited, 30 March 2024〕）。とりわけ第16回「事実・推測・意見」を中心として、第11回「見せかけの根拠」、第12回「推測の確かさ」、第13回「『だから』に反論する」、第14回「因果関係」の回を視聴されたい。

空気の量が減るので断熱効果が弱まるというのは、事実（客観的で100％正しい）というよりは依然としてまだ推測の段階のものであり（そうであるならば「断熱効果が弱まると思われる」というふうに語尾において断定表現を避けてもらいたいものである）、またその根拠として大学の先生がそう言っていたというのも、根拠として薄弱と思わるものであった（大学の先生がそう言っていたのは、事実としてそういっていたのか、推測としてそういっていたのかが不明であるし、大学の先生がどれほどの根拠を持ってそう言ったのかも明らかではない）。さらに「標準的な施工方法では所定の断熱性能を達成できる」ということが事実であったとしても、だからといって「標準的な施工方法でなければ所定の断熱性能を達成できない」というわけではないことからして、筆者としては、断熱材１枚を用いる標準的な施工方法よりも断熱材２枚を用いる今回の施工方法のほうが、場合によっては断熱性能が高い可能性もあると考えるに至り、現地での断熱性能測定の実施に踏み切ったわけである。

　すなわち行政書士としては、①行政機関（担当課）が述べる内容が、事実・推測・意見のいずれなのかを判別し、②推測や意見にすぎないことを事実であるかのように述べていないか、③推測や意見であればその裏付けとなる根拠は十分かといった点に常に注意を払った上で、④行政機関（担当課）に対して有効な反論を展開できるようになっておくべきであろう。

Ⅵ　想定される疑問とそれに対する回答

　以上のとおり、本稿では、審査基準やガイドラインの言いなりになるのではなく、依頼者の要求を実現すべく解釈したり、場合によっては審査基準やガイドラインの内容とは違う取扱いを行政機関（担当課）に認めさせることができてこそ、「法律に強く、法律を使おうとする行政書士」であって、それがいかなる時代においても依頼者から求められる行政書士の姿であると説いてきた。

　他方でこのような行政書士の姿は従来のよくある姿（Ⅱで述べた①や②の行政書士）とは異なるものであるため、ご批判が出るかもしれない。よって

最後に、どのようなご批判が考えられるかを筆者のほうでいくつか想定したうえで、それに対する筆者の見解を整理しておきたいと思う。

1 行政機関（担当課）との関係性について

　審査基準やガイドラインの内容を依頼者の要求を実現すべく解釈したり、また審査基準やガイドラインとは異なった取扱いを行うように行政機関（担当課）に求めたりすることは、①当然行政機関（担当課）に手間をかけることになり、いい顔はされないだろうし、「今後の仕事がやりにくくなる」と考える行政書士もいるかもしれない。また、②場合によっては「カスハラ」になってしまうのではないかとの懸念を持つ行政書士もいるかもしれない。

　この点、①についてみれば、いつでもどんなときでも審査基準やガイドラインに異を唱えよと言っているわけではなく、通常は審査基準やガイドラインに従って提出書類を調製していれば足りることがほとんどであろうから、あくまでいざという時に伝家の宝刀を抜く（それに備えていつでも抜ける準備は怠らない）というスタンスで十分であろう。また、行政機関（担当課）としても、Ⅱで述べた「法律に強く、法律を使おうとする職員」であれば、むしろ進んで応対してくれるのではないかと思われる。また、昨今の行政現場ではEBPM（エビデンス・ベースト・ポリシー・メイキング。証拠に基づく政策立案）が重要視されていることからしても、審査基準やガイドラインを解釈したりあるいは審査基準やガイドラインとは異なる取扱いをしたりすることについて、合理的な根拠があるのであれば、EBPMの点からむしろ進んでそれらを行うべきということになろう。

　また②に関しても、「カスハラ」について現在法律上の定義はないものの、東京都議会に上程されているカスタマーハラスメント防止条例案においては、「就業者に対する暴行、脅迫などの違法な行為、または暴言や正当な理由がない過度な要求など不当な行為で就業環境を害するもの」と定義されている。審査基準やガイドラインを解釈したりあるいは審査基準やガイドラインと異なる取扱いをしたりすることについて、合理的な根拠があるなら、ここにいう「正当な理由がない」にも該当せずまた「過度な要求」にも該当しないことは、明らかであろう。

2　行政書士の負担増について

　審査基準やガイドラインの内容を依頼者の要求を実現すべく解釈したり、また審査基準やガイドラインとは異なった取扱いを行うように行政機関（担当課）に求めたりすることは、皮相的に審査基準やガイドラインに従っているのに比べて、レベルが高い仕事ぶりということになる。またその際、それらを行うことについてあらかじめ依頼者の同意を得たり、また必ずしも求めた結果になるわけではないことについて依頼者に説明したりといった追加的な配慮も必要があろう。そしてそれに伴い行政書士にとっては追加的な時間や労力が必要となると思われる。

　よってこれらにかんがみ、依頼者に対して別途の着手金や成功報酬を求めることもできるのではないかと思われる。すなわちこれらは結果的に、依頼者の満足の向上（Ⅳ1参照）、依頼者の金銭的負担減（Ⅳ2参照。この場合は雨水浸透桝が2つ設置ではなく1つ設置で足りるということになり設置工事費が軽減された）、あるいは依頼者への金銭給付（Ⅳ3参照）につながるようなものであるので、依頼者としてもそれらの追加的な費用発生について納得が得られるのではないかと思われる。

3　特定行政書士でなければならないか

　審査基準やガイドラインの内容を依頼者の要求を実現すべく解釈したり、また審査基準やガイドラインとは異なった取扱いを行うように行政機関（担当課）に求めたりする際には、行政機関（担当課）がそれに応じないこと自体あるいはそれに応じない状態でなされた処分等が違法または不当であると行政書士が指摘することを伴う場合があろう（Ⅴ3参照）。そしてそのような指摘を行政不服申立てという手段をとって行うのであれば、特定行政書士でなければその代理ができないであろうが、しかしそのような指摘は、行政書士が依頼者から受任した申請案件について行政機関（担当課）の窓口において担当者とやり取りを行う場においても当然行うことができよう。そして、そのようなやり取りは、特定行政書士ではない行政書士であっても、当然行うことができるものであろう。すなわち特定行政書士はもちろんそうではない行政書士にとっても、行政機関（担当課）の行為の違法や不当を追求でき

る能力を磨き必要な場面でそれを行使できることは、「法律に強く、法律を使おうとする行政書士」にとって必須と思われるところである。

Ⅶ　おわりに

以上のとおり、いかなる時代においても依頼者から求められる「法律に強く、法律を使おうとする行政書士」の一端をお示ししたところである。行政書士であられる読者諸氏におかれては「それになれない理由」はいくつか思いつくであろうか、そうではなく自分が「そうなる方法」を本稿を手掛かりとして考えていただけたのであれば、今後も何かと行政書士にお世話になるであろう筆者としては、大いに喜ばしいと考えるところである。

また本来であれば、行政法学者は「研究・教育」、行政書士は「実務」という分担があり、それぞれの領域で専門能を活用すべきところ、今回は、筆者が期せずして関与した「実務」を基にして本稿を執筆した。これは筆者としても新鮮かつ有意義であったとともに、「研究・教育」と「実務」の架橋の必要性を改めて認識する機会となった次第である。

AI技術の発展と行政書士業務への影響・課題

米丸　恒治

I　AI技術の発展——特に生成AIの現状に限定して

　いわゆる生成AI（Generative AI）は、AIの一分野であり、画像、音楽、文章などのデータを生成する技術を指す。初期の生成AIの研究として 生成AIの先駆けとなる研究は、1950年代から1960年代にさかのぼるといわれる。この時期には、ランダムなパターン生成や言語生成などの研究が行われた。その後の展開としては、ニューラルネットワークの発展があげられ、生成AIの発展には、ニューラルネットワークの進化が大きく貢献した。特に、ディープラーニングの台頭により、生成AIの精度と多様性が向上したといわれる。また、生成モデルの進化、すなわち 生成AIの分野では、GAN（Generative Adversarial Networks）やVAE（Variational Autoencoders）などの生成モデルが開発され、高品質な画像や文章の生成が可能になった。そして現在、応用分野への展開がすすみ、生成AIの技術は、芸術、デザイン、音楽、映像などの分野に広く応用されている。

　2022年末に米OpenAI社からAIチャットボット「ChatGPT」がリリースされたことをきっかけに、いわゆる「生成AI」の技術が注目されるようになった。同サービスは、日本においても急速にユーザー数を増やしており、さらに日本企業も含む多様な企業がAI利用サービスに参入し、2023年はさながら「生成AI元年」ともいわれている[1]。また、現在では、弁護士や企

---

[1]　簡単な文献では、野村総合研究所編『まるわかりChatGPT＆生成AI』（日本経済新聞出版、2023年）を参照。

業法務部の担当する業務についても生成 AI を利用したサービスが開発され普及しつつある[2]。こうした生成 AI 技術の発展は、負の側面をも有しており、生成 AI を用いた偽画像や偽動画のインターネット上での作成拡散や、コンピュータ・ウィルスへの AI の利用といった悪用の危険も指摘されるに至っている。

　本稿は、こうした生成 AI の利用が、弁護士業務や行政書士業務にどのような効用をもたらすかの一方で、従来からの実務に対してどのような課題を投げかけているかについて論じることによって、最終的には、行政書士業が今後どのように対応していく必要があるかについて論じるものである。なお、生成 AI の利用がもたらす誤情報の生成、知的財産権侵害、個人情報の漏洩、企業秘密の漏洩、サイバー攻撃への悪用といった負の問題や、そうした問題を避けるための対応策等については、すでに論じられてきているので[3]、本稿では扱わない。

II　AI の利用と士業への影響——弁護士業務を例に

1　弁護士業務と業務独占

　以下では、公的に議論が展開された弁護士業務の独占規定に AI 利用サービスの提供が抵触するか否かについての法務省見解を素材としてみながら、後に言及する行政書士の業務との抵触関係についても検討の素材を整理しておく。

　弁護士の職務について定める弁護士法 3 条によれば、弁護士は、「当事者その他関係人の依頼又は官公署の委嘱によつて、訴訟事件、非訟事件及び審査請求、再調査の請求、再審査請求等行政庁に対する不服申立事件に関する行為その他一般の法律事務を行うことを職務とする。」（同 1 項）そして、

---

[2]　こうした観点からのガイドとして、弁護士ドットコム・櫻庭信之『リーガルテック活用の最前線』（ぎょうせい、2020年）、長島・大野・常松法律事務所・MONTSQ 株編『LegalTech』（きんざい、2020年）、寺島栄輔編著『法律事務所のための ChatGPT 利活用ガイドブック』（日本加除出版、2023年）、松尾剛行『ChatGPT と法律実務』（弘文堂、2023年）などがある。

[3]　直近のものとしては、増田雅史・輪千浩平『ゼロからわかる生成 AI 法律入門』（朝日新聞出版、2023年）、田中浩之ほか『ChatGPT の法律』（中央経済社、2023年）がある。

「弁護士は、当然、弁理士及び税理士の事務を行うことができる。」（同2項）とされ、これらの弁護士職務規定に違反した者については、同法72条において「弁護士又は弁護士法人でない者は、報酬を得る目的で訴訟事件、非訟事件及び審査請求、再調査の請求、再審査請求等行政庁に対する不服申立事件その他一般の法律事件に関して鑑定、代理、仲裁若しくは和解その他の法律事務を取り扱い、又はこれらの周旋をすることを業とすることができない。ただし、この法律又は他の法律に別段の定めがある場合は、この限りでない。」とし、同条に違反した場合には、同法77条3号によって二年以下の懲役又は三百万円以下の罰金に処するとされている[4]。

2　AIの利活用と弁護士業務独占による制約

(1)　法務省見解の概要

　前述のように、2023年は生成AI元年とも言われたが、生成AIを利用して提供されるサービスが、弁護士の職務領域を侵すのかどうなのか、弁護士法72条に違反しないかについて、問題が提起され[5]、一般論としてとの限定付きではあるが、法務省からガイドラインの形式での見解（以下、法務省見解という）がまとめられ公表されている。

　法務省見解によれば、弁護士業務の独占について定める前述の弁護士法72条の抵触の有無については、同条の趣旨について判示した最高裁の見解（最判昭46・7・14刑集25巻5号690頁）を前提としつつ、最終的には、裁判所の判断に委ねられているとする。最高裁は、「同条制定の趣旨について考えると、弁護士は、基本的人権の擁護と社会正義の実現を使命とし、ひろく法律事務を行なうことをその職務とするものであつて、そのために弁護士法に

4　なお、弁護士法の具体的な条文の解釈については、日本弁護士連合会調査室編著『条解弁護士法〔第5版〕』（弘文堂、2019年）、高中正彦『弁護士法概説』（三省堂、2020年）など参照。

5　法務分野でのAI利用サービスについては、提供事業者側、利用者側及び弁護士側の多方面から、同サービスと弁護士業務独占規定の抵触の有無について疑問が提起されてきた。特に、事業者側からは、産業競争力強化法7条の規定に基づく疑義照会が複数回なされ、それぞれ法務省の回答が示されている。法務省の見解としてまとまったものが、後に検討する令和5年8月 法務省大臣官房司法法制部「AI等を用いた契約書等関連業務支援サービスの提供と弁護士法第72条との関係について」（https://www.moj.go.jp/content/001400675.pdf, last visited, 9 May 2024）である。

は厳格な資格要件が設けられ、かつ、その職務の誠実適正な遂行のため必要な規律に服すべきものとされるなど、諸般の措置が講ぜられているのであるが、世上には、このような資格もなく、なんらの規律にも服しない者が、みずからの利益のため、みだりに他人の法律事件に介入することを業とするような例もないではなく、これを放置するときは、当事者その他の関係人らの利益をそこね、法律生活の公正かつ円滑ないとなみを妨げ、ひいては法律秩序を害することになるので、同条は、かかる行為を禁圧するために設けられたものと考えられるのである。しかし、右のような弊害の防止のためには、私利をはかつてみだりに他人の法律事件に介入することを反復するような行為を取り締まれば足りるのであつて、同条は、たまたま、縁故者が紛争解決に関与するとか、知人のため好意で弁護士を紹介するとか、社会生活上当然の相互扶助的協力をもつて目すべき行為までも取締りの対象とするものではない。／このような立法趣旨に徴すると、同条本文は、弁護士でない者が報酬を得る目的で、業として、同条本文所定の法律事務を取扱いまたはこれらの周旋をすることを禁止する規定であると解するのが相当である。換言すれば、具体的行為が法律事務の取扱いであるか、その周旋であるかにかかわりなく、弁護士でない者が、報酬を得る目的でかかる行為を業とした場合に同条本文に違反することとなるのであつて、同条本文を、『報酬を得る目的でなす法律事務取扱い』についての前段と、『その周旋を業とすること』についての後段からなるものとし、前者については業とすることを要せず、後者については報酬目的を要しないものと解すべきではない。この見解に反する当裁判所従来の判例（昭和三七年（オ）第一四六〇号同三八年六月一三日第一小法廷判決、民集一七巻五号七四四頁、同三七年（あ）第六七三号同三九年二月二八日第二小法廷決定、刑集一八巻二号七三頁等）はこれを変更する。」以上が、法務省見解の前提とする最判の判示である。

　法務省見解は、その上で、あくまで一般論とならざるを得ないがとの留保をつけながら、72条とAI利用サービスとの関係についての考え方を整理している。その対象とされたのは、「そのため、飽くまで一般論とならざるを得ないが、AI等を用いて契約書等（契約書、覚書、約款その他名称を問わず、契約等の法律行為等の内容が記載された文書又はそれらの内容が記録さ

れた電磁的記録をいう。以下同じ。）の作成・審査・管理業務を一部自動化することにより支援するサービス（以下これらを総称して「本件サービス」という。）の提供と同条との関係についての考え方」である。

　一方、こうした見解の前提となる生成AIを利用したサービスの具体的な内容も問題となる。具体的に、実際にChatGPT4が回答してくれた、弁護士業務の支援内容は、次のとおりである。「弁護士法や個人情報保護法など、適切な法的枠組みの中で使用する必要があります：1．法的リサーチ：　大量の法律文書、判例、立法情報を迅速に検索し、関連情報を提供する。2．文書作成の補助：　訴状、契約書、法的意見書などのドラフト作成を支援する。3．クライアントコミュニケーション：　クライアントへの通信文書のドラフト作成を補助する。4．ケースマネジメント：　ケースファイルやスケジュールの整理、管理をサポートする。5．法的教育：　最新の法的変更や発展についての要約や教育的な内容を提供する。／これらの活用はあくまで補助的であり、弁護士自身の判断と責任のもとで行う必要があります。」

　生成AIが提供できる支援としては、「法的文書の自動生成と編集：　契約書、訴状、弁護書（？）、その他の法的文書の作成を自動化することができます。AIは指定されたパラメータに基づいてこれらの文書を迅速に草案し、弁護士はより高度な分析や戦略的な業務に集中できます。／証拠と先例の検索：　大量の法的資料から関連する情報や先例を迅速に検索し、事例に即した適切な引用を提供します。これにより、裁判準備が効率化され、より正確な法的意見を形成することができます。／ケースマネジメント：　ケースの進行状況を追跡し、クライアントコミュニケーションを管理し、期限や重要な日程を自動的にリマインドするシステムを提供します。これにより、弁護士事務所の運営がスムーズになります。／予測分析：　過去の裁判結果やトレンドを分析し、特定のケースの可能性ある結果を予測します。これは戦略的意思決定に役立ち、クライアントに対するアドバイスの質を向上させることができます。」といった内容であり、いずれも弁護士業務を効率化する可能性は十分に持っていると（回答の限りでは）判断することが可能であろう。もっとも、こうしたChatGPTの回答は、日本法についての知識や法令・判例等を十分蓄積した上での回答ではないことは、具体的なリサーチを

試みれば確認できる。したがって、ユーザ（またはサービス提供事業者）による契約書やその他の法的文書等の学習に基づけば、という限定付きで見ておくべき回答といえよう。

　生成AIは、自らを利用したサービスについて、AIによる脅威についても判断している。「仕事の自動化と職業の未来：　文書作成や情報検索などの基本的なタスクが自動化されると、特に新人弁護士のトレーニングや初期キャリアに影響を与える可能性があります。ルーティンワークの減少は、スキルの習得機会を減少させるかもしれません。／プライバシーとデータセキュリティ：　クライアントデータを扱う際、そのセキュリティとプライバシーが最優先事項です。AIシステムの導入によりデータ漏洩のリスクが増加する可能性があり、それが職業倫理や法律に違反することもありえます。／倫理的ジレンマ：　AIの提供する解析や予測が法的な意思決定を歪める可能性があります。特に、AIが示唆する行動が法的倫理やベストプラクティスに反する場合、弁護士はその提案をどのように扱うかという問題が生じます。／人間の専門性の価値の低下：　AIによる高度な支援が一般化すると、人間の弁護士による詳細な分析や個別の対応が過小評価される可能性があります。」

　「弁護士としては、AIの利点を活用しながらも、これらの潜在的なリスクに注意深く対応することが重要です。これには以下のような対策が含まれます：倫理的ガイドラインの遵守：　弁護士は、AIの提案や分析がクライアントの最善の利益を代表しているかどうかを常に検討し、職業倫理に従って行動する必要があります。／継続的な学習と適応：　法律の専門家として、新しい技術の知識を更新し続けることで、AIツールを効果的に利用し、その限界を理解することが必要です。／セキュリティとプライバシーの強化：AIシステムの導入にあたり、クライアントのデータを保護するための強固なセキュリティ対策を講じることが不可欠です。／クライアントとのコミュニケーションの保持：　AIが提供する情報やサービスに依存することなく、クライアントとの直接的な対話を維持し、そのニーズに応じたパーソナライズされたサービスを提供することが重要です。」

　生成AIによれば、「これらの対策を通じて、弁護士はAI技術の恩恵を受

けつつ、プロフェッショナルなサービスを継続的に提供することができるで
しょう。AIは単なるツールであり、その使用は弁護士の専門的判断と倫理
的考慮に基づくべきです。」というわけである。

(2)　次に、生成 AI を利用したサービスが弁護士の業務独占規定（弁護士
法72条）に違反するか否かについての、法務省の見解について見ておこう。
　法務省の見解は、次のようにまとめることができる。
　AI などを利用した契約書関連の業務支援サービスが弁護士法第72条（非
弁行為の禁止）に違反するかどうかは、判例の見解を前提としながら具体的
な事実関係に基づいて裁判所が判断する事項である。
　見解の対象となる本件サービスの定義は、契約書の作成、審査、管理を部
分的に自動化する支援サービスをいう。その上で、本件サービスが、弁護士
法72条違反にならない条件としては、提供されるサービスが「報酬を得る目
的」、「訴訟またはその他一般の法律事件の取扱い」、「鑑定またはその他の法
律事務」のいずれの要件にも該当しない場合、弁護士法に違反しないとされ
る。
　具体例でいえば、「報酬を得る目的」については、無償で提供されるサー
ビス、他の有償サービスへの誘導が含まれる場合など、様々な状況が考慮さ
れる。現金のみならず、物品やサービスの提供も含まれる。
　いわゆる事件性の考慮については、法律上の権利義務に争いや疑義がある
場合に「その他一般の法律事件」として扱われ、契約の背景や経緯を考慮し
て判断される。
　鑑定やその他の法律事務としては、法律的見解を述べることや、法律上の
効果を発生させる事務がこれに該当し、提供されるサービスの具体的機能や
表示内容に基づいて判断される。
　また例外的には、弁護士や弁護士法人がサービスを利用する場合、弁護士
が自ら修正を行う方法で利用する場合などは、72条に違反しないとされてい
る。
　以上の様な法務省ガイドラインは、AI 技術を用いた契約書関連業務に限
定して法的な枠組み内でどのように扱われるかについて法務省が示した見解

であるといえる。

ここでは、法務省ガイドラインも、あくまでも契約書関連業務に限定した一般論を示したものに止まり、たとえば、有償の AI 利用サービスの利用者（企業法務などで弁護士を擁していない組織）自体が、法律事件に関わる情報を得ようとして生成 AI を利用したサービスを利用することが、法律事件を前提とした法律相談に該当しないか（サービス提供側に弁護士が属していて実質的に案件処理をしている状況まで求められているのか）、争訟性の認められる事案についての具体的な状況から教科書的一般的情報を AI に相談することだけでも不可なのか、などのグレーゾーンをなお残しているとも考えられる。

Ⅲ　行政書士業務をめぐる AI の利用

1　行政書士の業務

弁護士業務に対する AI 利用サービスの具体的な内容及びその限界については、以上見てきたとおりである。以下では、行政書士の業務について、AI 利用サービスがどのような内容の支援を提供するかについて見ていきたい。

まず、先に検討してきた弁護士業務と AI 利用サービスの提供との関係についての議論の整理は、業務内容は異なるものの業務独占を認められた士業としての行政書士についても基本的には妥当するものと考えられる。以下、検討する[6]。

行政書士法（昭和25年法律第103号）は、行政書士の職務については、まず、同法１条の２において「行政書士は、他人の依頼を受け報酬を得て、官公署に提出する書類（その作成に代えて電磁的記録（電子的方式、磁気的方式その他人の知覚によつては認識することができない方式で作られる記録で

---

[6] 行政書士法の具体的な条文についての詳細な解釈としては、兼子仁『行政書士法コンメンタール〔新14版〕』（北樹出版、2024年）、阿部泰隆『行政書士の業務——その拡大と限界』（信山社、2012年）、日本行政書士会連合会編『条解行政書士法〔第２版〕』（ぎょうせい、2023年）、地方自治制度研究会編『詳解行政書士法〔第５次改訂版〕』（ぎょうせい、2023年）がある。

あつて、電子計算機による情報処理の用に供されるものをいう。以下同じ。）を作成する場合における当該電磁的記録を含む。以下この条及び次条において同じ。）その他権利義務又は事実証明に関する書類（実地調査に基づく図面類を含む。）を作成することを業とする。」（同第1項）また、「行政書士は、前項の書類の作成であつても、その業務を行うことが他の法律において制限されているものについては、業務を行うことができない。」（同第2項）さらに、同法は、条を続けて、同法1条の3において、次のように定める。

　「行政書士は、前条に規定する業務のほか、他人の依頼を受け報酬を得て、次に掲げる事務を業とすることができる。ただし、他の法律においてその業務を行うことが制限されている事項については、この限りでない。
一　前条の規定により行政書士が作成することができる官公署に提出する書類を官公署に提出する手続及び当該官公署に提出する書類に係る許認可等（行政手続法（平成五年法律第八十八号）第二条第三号に規定する許認可等及び当該書類の受理をいう。次号において同じ。）に関して行われる聴聞又は弁明の機会の付与の手続その他の意見陳述のための手続において当該官公署に対してする行為（弁護士法（昭和二十四年法律第二百五号）第七十二条に規定する法律事件に関する法律事務に該当するものを除く。）について代理すること。
二　前条の規定により行政書士が作成した官公署に提出する書類に係る許認可等に関する審査請求、再調査の請求、再審査請求等行政庁に対する不服申立ての手続について代理し、及びその手続について官公署に提出する書類を作成すること。
三　前条の規定により行政書士が作成することができる契約その他に関する書類を代理人として作成すること。
四　前条の規定により行政書士が作成することができる書類の作成について相談に応ずること。
　2　前項第二号に掲げる業務は、当該業務について日本行政書士会連合会がその会則で定めるところにより実施する研修の課程を修了した行政書士（以下「特定行政書士」という。）に限り、行うことができる。」と行

政書士及び特定行政書士の職務について定めている。

　これらの職務行為については、弁護士同様の法的独占が認められており、同法19条において、「行政書士又は行政書士法人でない者は、業として第一条の二に規定する業務を行うことができない。ただし、他の法律に別段の定めがある場合及び定型的かつ容易に行えるものとして総務省令で定める手続について、当該手続に関し相当の経験又は能力を有する者として総務省令で定める者が電磁的記録を作成する場合[7]は、この限りでない。」と定め、「報酬を得て」文言は含まれないものの、同条本文においては、同法１条の２の職務についてのみ、行政書士の業務独占を認める規定をおいている。この規定を受けて、21条第２号が、19条１項に違反した者に対して、一年以下の懲役又は百万円以下の罰金に処する旨罰則規定をおいている。

2　行政書士業務と生成AI

　行政書士の業務は、以上の様な行政書士法に規定されている。行政書士の主な業務内容としては、各種許認可申請や行政機関の定める書類の作成代行、登記関連などの書類の作成、さらには法律事件に関わらない（争訟性・事件性のない）法律相談などが含まれる。以下に、行政書士法に基づく主な業務を示しておこう。

　①書類の作成：　行政書士は、行政機関へ提出する書類の作成や提出を代行することができる。これには、建設業許可申請、運送業許可申請、飲食店営業許可申請などが含まれる。

　②許認可申請の代行：　行政書士は、各種許認可申請の代行業務を行うことができ、これには自動車登録や前述した建設業等の許可申請などが含まれる。

　③法律相談：　行政書士は、法律に関する（法律事件性のない）一般的な相談に応じることができる。これは特に許認可申請や書類作成に関連する法

---

[7] ここで総務省令で定めている具体的な事例は、行政書士法施行規則20条で定める、いずれも道路運送車両法上の自動車の新規登録等の手続である。

的な疑問に対応することが多い。

④遺言書や契約書の作成：　行政書士は、遺言書や各種契約書の作成支援も行う。これには、相続に関わる遺言書の作成や不動産の売買契約書、賃貸契約書の作成が含まれる。

⑤法人設立関連業務：　会社やNPO法人などの設立に関する書類作成を行う。これには、定款の作成や登記申請書の作成などが含まれる（あくまでも文書作成に限定される）。

　行政書士の業務は、弁護士独占についての事件性の制約はあるものの、非常に広範であり、その具体例は多岐にわたる。これらの業務は、他士業独占にかからない限り、すべて、行政書士法に基づいて行うことが認められており、法律上・行政上の専門的知識を有する行政書士によって提供される重要なサービスである。

　以上のような行政書士の業務の中で、生成AIを利用したサービスがどのような支援を提供しうるのか。ChatGPT4によれば、行政書士の業務に対する支援は、次のような内容として提供される。

①文書作成の自動化：　申請書や契約書などの事件性のない限りでの標準的な法的文書のドラフト作成を自動化できる。AIは与えられた情報から適切な文書を作成し、時間を節約し、誤りを減らすことができる。

②情報検索とデータ分析：　大量の法令、判例、行政指針を迅速に検索し、関連する情報を抽出することができる[8]。これにより、行政書士はクライアントに対してより効率的かつ正確なアドバイスを提供できるようになる。

③クライアント対応の効率化：　AIを用いてクライアントからの問い合わせに自動で応答するシステムを設けることが可能である。これにより、よくある質問に対して迅速に対応でき、行政書士はより専門的な業務に集中できる。

④リスク評価とコンプライアンスチェック：　AIは過去のデータと学習

---

[8] こうした情報検索が日本での法令・行政リソースから過不足なく可能かについては、筆者が使用した限りでは、まだChatGPT4は及ばないところがあると判断する。国の現行法令データベースのみならず、地方公共団体の例規集データベースをも、しっかりと検索できる機能が望まれる。行手法・行手条例上の審査基準および処分基準についても同様である。

したルールを基に、申請書類のミスや不備を検出し、法令遵守の確認を支援する。これにより、手続の精度が向上することが期待される。

　ChatGPT4を活用して代行または支援できる行政書士の業務については、AI技術、特に自然言語処理を用いることで、以下のような支援が可能であるが、もちろん実際の法的手続の代行はできない。

　①書類の草稿作成：　ChatGPT4は、許認可申請や登記などの書類作成の初期草稿を作成するためのアシスタントとして利用できる。ユーザーから提供される情報に基づいて、申請書や契約書の草稿を作成するためのテキストを生成することが可能である。

　②法律相談の初期応答：　法律に関する一般的な質問に対して基本的な情報を提供することができる。例えば、特定の許認可が必要な条件や一般的な手続の流れについての説明が可能である。ただし、具体的な事件性が認められる案件についての法的アドバイスや解釈は専門家たる弁護士に依頼する必要がある。

　③遺言書や契約書のフォーマット提供：　ChatGPT4は、遺言書や契約書などの基本的なフォーマット（条項）の提供を行うことができる。ユーザーが具体的な内容を入力するためのテンプレートを提供し、文書作成のプロセスを支援する。

　④情報検索と整理：　行政書士が必要とする情報や法律、規則に関する資料の検索（限界については、前注8）と整理を支援する。関連する法律やガイドラインの概要を提供し、特定のケースに関する情報収集を助けることができる。

　⑤文書の校正支援：　生成した文書の文言の確認や校正を支援する。文法的な誤りや表現の改善提案を行い、より適切な文書を作成するための支援を提供する。

　もちろん、これらの支援はすべて、実際の法的手続の完了や法的責任の代行には至らない。ChatGPT4はあくまで支援ツールとして機能し、専門家による最終的な確認や手続が必要である。

3　AIによる影響と脅威

　ChatGPTのようなAIツールが行政書士の業務に支援を提供することは、確かに今後ますます依頼者や企業にも受け入れられる可能性がある。この技術利用によって行政書士の役割や業務が変化する可能性があるという考えには、一定の根拠がある。以下、この点を検討してみよう。

　①業務の効率化：　AIの導入により、書類作成や情報検索といった時間がかかる作業が効率化される。これによって行政書士はより複雑な問題解決や顧客対応に集中できるようになるため、サービスの質が向上する可能性がある。

　②業務範囲の拡大：　AIによる支援が基本的な書類作成をカバーすることで、行政書士はこれまで手が出せなかった新しい業務領域に注力できるようになるかもしれない。たとえば、より複雑な法律相談や国際的な案件など、専門性を高める方向での業務拡大が考えられる。

　③コスト削減とアクセスの向上：　AIを利用することで、特に簡単な手続や一般的な書類作成のコストが削減され、これまで専門家のサポートが難しかった中小企業や個人も容易にアクセスできるようになる。これは行政書士のサービスがより広範な顧客層に届くきっかけとなろう。

　④職業の変化と対応：　確かにAIの導入は、一部の伝統的な業務がAIに置き換わることを意味し、これによって行政書士の役割自体が変わる可能性がある。この点に関しては継続的な教育とスキルアップが必要とされ、専門職としての適応が求められることになろう。

　⑤倫理的・法的考慮：　AIを使ったサービス提供には、倫理的および法的な問題も伴う。例えば、個人情報の取り扱いや、誤った情報に基づく文書作成の責任の所在などといった問題もありうることから、それらの点については慎重に対応する必要がある。

　結局のところ、AI技術の進化と導入は、行政書士業務の補助的なツールとして有益であるが、専門的判断や法的責任を伴う業務については、現状では、依然として人間の専門家が不可欠である。業界全体としても、これらの変化をどのように取り入れ、適応していくかが重要な課題となる。

4 特定行政書士と生成AI

特定行政書士の職務には、行政手続における聴聞や弁明の機会の代理、行政不服審査の手続の代理などが含まれる。これらの業務のうちとりわけ不服審査の手続代理は、特定行政書士だけが行うことができる特別な業務であり、一般的な行政書士には許されていない業務である。

(1) 特定行政書士の具体的な職務

①聴聞の場での代理： 特定行政書士は、行政手続中に必要とされる聴聞の場において、依頼者の代理人として出席し、意見や主張を代弁することができる。これには、依頼者の立場からの事実関係の説明や証拠の提出・法的主張を行うことが含まれる。

②弁明の機会での代理： 行政機関が行う弁明の機会においても、特定行政書士は依頼者を代理して弁明書を提出しあるいは出席し、必要な説明や防御を行うことが可能である。

③行政不服審査の手続の代理： 行政機関による不利益な処分に対して行政不服審査を求める場合、特定行政書士はその手続の代理を行うことができる。これには、不服申立ての書類作成や審査の場での代理、必要な証拠や主張の提示が含まれる。

これらの業務は、依頼者の法的権利や利益を保護するために非常に重要である。行政機関に対して効果的に代理することで、依頼者が適切な手続の機会を持ち、公正な審理を受けることができるよう支援する。

特定行政書士はこれらの代理業務を遂行するために必要な法的知識や手続の専門性を持っており、行政手続に関する複雑な問題に対処する能力が求められる。これにより、一般的な行政書士とは異なる高度な専門職としての位置づけを与えられている。

(2) 特定行政書士の職務と生成AI利用

特定行政書士の職務において、ChatGPT4は以下のような支援サービスを提供することが可能である。AIを利用することで、特定行政書士がより効率的かつ効果的に業務を行えるようサポートする。

①文書の草案作成：　特定行政書士が行う行政不服審査や聴聞等の手続の代理に必要な文書の草案作成を支援する。例えば、不服申立ての書類や、聴聞会で提出する意見書などの初期草案を生成することができる。ChatGPT4は、提供された情報に基づいて、適切な法的表現と構成を用いて文書を作成する支援をする。

②情報の整理と要約：　行政手続における大量の情報や文書を整理し、重要なポイントを要約するサポートを提供する。たとえば、過去の類似案件の判例や法律条文から関連情報を抽出し、その要約を提供することで、特定行政書士が効率的に情報を取り扱うことができる。

③事例研究の支援：　特定の案件に関連する先例や類似の聴聞、不服審査の事例を研究する際のサポートを行う。ChatGPT4は、関連する法律、法令、過去の事例などから必要な情報を抽出し（この点、留保が必要）、その分析を行うことができる。これにより、特定行政書士はより深い洞察を得ることができ、効果的な代理活動を展開できるようになる。

④クライアントコミュニケーションの支援：　クライアントからの問い合わせに対する迅速かつ正確な回答を生成することで、コミュニケーションの効率化を支援する。特定行政書士がクライアントに提供する情報の精度を向上させ、信頼関係の構築を助ける。

⑤訓練材料の生成：　特定行政書士としての専門知識を高めるための訓練材料や学習資料の生成を支援する。特定の法律や手続に関する解説、問題集、ケーススタディなど、学習効率を向上させる教材を提供することができる。

　これらの支援は、特定行政書士の業務を直接的に代行するものではなく、その業務を補助し、効率化を図るためのものである。ここでもAIの使用には限界があり、最終的な判断や法的責任は人間の専門家たる特定行政書士が担う必要がある。

　また、日本の行政手続法に基づく審査基準や処分基準は、許認可や不利益処分を行う際の重要なガイドラインとなる。これらの基準を理解し適切に活用することは、特定行政書士の業務において非常に重要である。ChatGPT4は以下のような形で特定行政書士への支援を行うことができる。

①情報の整理と解釈支援：　ChatGPT4は、入手された審査基準や処分基

準の文書から重要な情報を抽出し、それを整理して要約するサポートを提供できる。例えば、建設業許可の審査基準に関する文書がある場合、その基準に必要な条件や提出書類リスト、審査プロセスの説明などを明確に要約し、特定行政書士がクライアントに効率的に説明できるようにする。

②ケーススタディの提供：　ChatGPT4は、類似の許認可や不利益処分の事例に基づいて、具体的なケーススタディを作成する支援を行う。これにより、特定行政書士は過去の事例と審査基準を比較分析し、クライアントの申請書類や手続の適切なアドバイスを行うことができる。

③文書の草稿作成：　ChatGPT4は、審査基準に基づいた申請書類や反論書、不服申し立ての草稿作成をサポートする。例えば、環境規制に基づく工場の設立許可申請に必要な書類の草稿を作成する際、審査基準を踏まえた内容で適切な記述を提案する。

④トレーニングと教育資材の提供：　ChatGPT4は、特定行政書士が審査基準や処分基準に関する知識を深めるためのトレーニング資料や教育用の内容を生成する。これには、審査基準の解釈、法的な背景、関連する判例の分析などが含まれることがある。

⑤クライアント向け説明資料の作成：　特定の審査基準や処分基準に関するクライアント向けの説明資料やプレゼンテーションを作成する支援を行う。これにより、特定行政書士はクライアントに対して、その手続の基準や要件を明確に伝えることができる。

　これらの支援サービスを通じて、特定行政書士はより効率的かつ正確に業務を遂行することが可能になる。しかし、AIの提供する情報や資料は、常に最新の法的解釈や実務の動向に基づいて適切にレビューと調整を行う必要がある。また、最終的な法的判断や戦略の策定は、人間の特定行政書士が責任を持って行うべきである。

　以上の様な行政書士の業務をめぐるAIの支援のメリットと具体的な内容は、他方では、行政書士の相手方たる行政機関の側でも生成AIを利用したサービスの利活用により、環境が変わることも容易に想定される。実際に、国の行政機関でも、地方公共団体でも生成AIを利用したサービスを導入している機関が出てきている。以下、検討する。

AI 技術の発展と行政書士業務への影響・課題　189

5　行政書士の業務の相手方としての行政による AI 利活用の影響

　行政機関におけるデジタル化、オンライン化、そして AI の利活用の進展
は、行政書士の職務にも大きな変化をもたらすと思われる。これにはプラス
面とマイナス面があり、行政書士がどのようにこれらの変化に対応するかが
今後の業務の質や範囲に大きな影響を与えることになろう。

(1)　プラス面

　①効率化とスピードの向上：　行政手続のデジタル化により、書類の提出
がオンラインで簡単に行えるようになってきている。これにより、手続のス
ピードが向上し、行政書士はより多くのクライアントを効率的に扱うことが
可能になる。物理的な書類のやり取りや窓口での待ち時間が削減され、手続
の完了が速くなり、クライアントの満足度が向上することになろう。

　②アクセスの改善：　手続がオンライン化されることで、地理的な制約が
少なくなり、遠方のクライアントも容易にサービスを提供できるようになる。
これにより、行政書士の市場が拡大する可能性がある。

　③新しいサービスの提供：　AI の活用により、より複雑な分析や予測が
可能になり、行政書士は新たな価値を提供するサービスを開発できるかもし
れない。例えば、手続の成功率の予測や最適な申請戦略の提案などが挙げら
れよう。

(2)　マイナス面

　①職務の縮小：　一部の簡単な手続が自動化されることで、行政書士が従
来行っていた業務の一部が不要になるかもしれない。特に、標準化された書
類の作成や提出は、実質的に AI に取って代わられる可能性が高い。クライ
アント自身が AI を利用することにより手続を自ら行う可能性も拡大すると
考えられる。こうした動向は、弁護士などの士業も同様の面がある。

　②専門性のシフト：　デジタル化と AI の導入により、行政書士が必要と
される専門性が変化する。これにより、継続的な学習とスキルアップが求め
られ、既存の行政書士にとっては大きな挑戦となると思われる。デジタルツ
ールやプラットフォームの利用には、適切な技術スキルが必要である。デジ

タル化に適応できない行政書士は、市場での競争力を失うリスクがある。

　③プライバシーとセキュリティの課題：　オンライン手続の増加は、データのプライバシーとセキュリティの問題を引き起こす可能性がある。行政書士は、クライアントの情報を適切に保護するために、高度なセキュリティ対策を講じる必要が出てくる。

　このように、行政のデジタル化とオンライン化が進む中で、行政書士は自身の業務や提供する価値を再定義し、技術の進展に適応することが重要となる。これにより、変化する環境に対応し、クライアントにとって依然として価値あるサービスを提供し続けることができると思われる。

6　生成 AI を利用する弁護士業界との相互作用

　行政書士の職務は、弁護士も行うことが法的に認められている。前述のように弁護士の世界ではいちはやく生成 AI を利用したサービスが広がりつつある。今後、行政書士の世界でも生成 AI の利活用が広がっていくとすれば、弁護士と行政書士の世界の関係は、どのように変化していくであろうか。以下、検討しておこう。

　生成 AI の進化と広がりにより、行政書士と弁護士の業務においても変化が見込まれる。これにより、両職種の関係も新たな段階に入る可能性がある。以下に、AI の利活用が進むことで考えられる弁護士と行政書士の関係の変化について、整理しておきたい。

　①協力関係の強化：　AI 技術の活用によって、弁護士と行政書士が互いの専門性を補完し合う協力関係をさらに強化する可能性がありうる。例えば、複雑な法律問題に関連する行政手続において、AI が提供するデータ分析や文書生成を活用することで、より効率的で精度の高いサービスを提供できるようになるかもしれない。これにより、弁護士と行政書士は各々の専門分野での協力を深め、クライアントに対してより包括的なサポートを提供できるようになることが考えられる。

　②競争と差別化：　AI の利用が一般化すると、弁護士と行政書士の間での競争が激化する可能性もある。特に、AI が基本的な法律サービスや文書作成を自動化することで、両職種が提供するサービスの差別化が難しくなる

ことが考えられる。これに対応するため、行政書士は AI を活用して新たな価値を創出し、独自のサービスを開発する必要があるのではないか。同時に、弁護士も AI を活用した高度な法的解析や訴訟サポートでその価値を高めることが考えられなければならないだろう。

③技術適応の必要性：　AI 技術の進展に伴い、弁護士と行政書士の双方が新しい技術に適応する必要がでてくる。特に、デジタル技術や AI に精通していない法律専門家は、継続的な教育とトレーニングを受けることが不可欠となろう。これにより、両職種の間で技術的なスキルに関する格差が生じる可能性があり、その結果、業界内での役割分担や職務内容が再編されることになるかもしれない。

④サービスの質の向上：　最終的に、AI の適切な利活用は、弁護士と行政書士の提供するサービスの質を大幅に向上させることができるであろう。AI によるデータ分析やリスク評価、文書自動生成などを活用することで、より迅速かつ正確なサービス提供が可能になり、クライアントの満足度を高めることにつながろう。

これらの変化に適応し、新たな技術を取り入れながら、それぞれの専門性を生かすことが、弁護士と行政書士の両職種にとっての今後の課題となると思われる。

Ⅳ　おわりに

本稿を締めくくるにあたり、生成 AI 技術の進展が行政書士業務に与える影響と課題を再度強調しておきたい。生成 AI は行政書士の業務効率を向上させ、クライアントに対するサービスの質を高める可能性を秘めているが、新たな倫理的・法的課題も浮上している。AI が文書作成や情報検索の自動化を進める一方で、最終的な意思決定や法的責任は行政書士が担うべきである。また、AI 技術の進展に伴い、クライアントのデータ保護やプライバシーに対する懸念も増大する。そこでは、行政書士は高い倫理観と責任感を持ち、技術と専門知識を融合させたサービスを提供する必要がある。

さらに、生成 AI の進化は行政書士業務の枠を超え、行政機関や他の法律

専門職との連携や競争にも影響を与える可能性がある。AI を駆使した新たな業務モデルを構築し、包括的なサポートを提供するためには、他士業との協力関係を強化することが重要であろう。生成 AI 技術は行政書士業務に多くの利点をもたらす一方で、慎重な対応と適応が必要となる。未来の行政書士業務において、AI 技術を適切に活用し、高品質なサービスを提供することが今後の重要な課題となる。そのために、継続的な学習と技術の習得、そして高い倫理観を持って業務に取り組むことが求められているといえよう。

〔後記〕本稿執筆にあたっては、テーマの関係もあり、生成 AI を利用したサービスである ChatGPT4を利用してみながら作業を進めてきた。執筆時点では、論じている行政書士や弁護士の業務に、実際に、なおかつただちに、一定の水準の専門性をもって ChatGPT4が応えてくれたわけではない。しかし専門的な情報の蓄積による今後の利活用の可能性が拡大することは十分考えられ、多くの可能性を有していることは確認できたように思われる。

行政書士法19条1項違反の罰則について
—— 「報酬を得て」という文言をめぐって ——

穴沢 大輔

I　はじめに

　本稿は、行政書士法（以下、行書法）19条1項違反に科される罰則について、刑法的視点から考察することを試みる。簡単に、処罰に至る条文構造を確認しておきたい。行書法19条1項本文は「行政書士又は行政書士法人でない者は、業として第一条の二に規定する業務を行うことができない。」とし、その違反について、行書法21条1項2号は、1年以下の懲役又は100万円以下の罰金を刑罰として規定する。ここでは非行政書士による業務行為が処罰される。これは、行政書士の「独占業務」を担保するものであるが、この業務独占は「その士業者の権益保障」を主たる目的にするのではなく、全体として「国民の利便」に資する[1]仕組みであるとされている[2]。

　行書法1条の2は、その業務を次のように定めている。すなわち、「行政書士は、他人の依頼を受け報酬を得て、官公署に提出する書類（中略）その他権利義務又は事実証明に関する書類（実地調査に基づく図面類を含む。）を作成することを業とする。」そこでは、①他人の依頼を受ける②報酬を得て③一定の書類④作成が必要とされ、そのすべてを充足したうえで資格のない者が「業として」なすと刑罰を科しうる。

---

[1]　行書法1条参照。1997（平成9）年に導入された目的規定は数度改正されている。これまでの改正について、日本行政書士連合会『条解行政書士法　第一分冊（業務編）〔改訂版〕』（ぎょうせい、2021年）19頁以下（以下、条解）、地方自治制度研究会編『詳解行政書士法〔第5次改訂版〕』（ぎょうせい、2024年）3頁以下（以下、詳解）。

[2]　兼子仁『行政書士法コンメンタール〔新14版〕』（北樹出版、2024年）22頁以下。

いずれにせよ、実質的に、行書法1条の2の業務内容が処罰の対象行為であり、権限なき者が報酬を得て書類を作成する行為と規定されており、理解しやすい規定である[3]。

その一方で、限界設定は難しい。というのも、私人本人による行政書類の作成は可能であり、たとえば、家族に頼んでそれを代筆してもらうような行為は許されるのであろう（業として行っていない）。ただ、問題なのは、サービスの一環として他人がそれをなす場合である。他の契約締結の際にサービスとして書類の作成が行われることがあるとき、これを「②報酬を得て」行ったといえるであろうか。

この点、「②報酬を得て」とは、書類作成という役務の提供に対する対価の支払いを受けることとされ、個々の書類作成でなく、業務全体として評価であり、物品・饗応でもよいとされる。また、「業として」とは、反復継続の意思をもってなされることとされる。しかし、この解釈だけではサービスの一環についての判断は難しい。

こうしたことから、「②報酬を得て」という規定を削除すれば、刑事罰を科すことは容易になるが、果たしてそれでよいかについて検討するためには、行書法19条違反に刑罰をもって臨んだ趣旨を再確認する必要があろう。

本稿では、同じく「非」業務行為を処罰する弁護士法及び司法書士法の規定のこれと関係する刑事解釈論を前提に、先の③に該当しないとして本罪の成立を否定した最判平成22年12月20日刑集64巻8号1291頁（以下、最判平成22年とする）の検討もふまえて、現行の行書法19条の改正可能性を考えてみることにしたい。

II　弁護士法違反と司法書士法違反

1　弁護士法違反

弁護士法72条は「弁護士又は弁護士法人でない者は、報酬を得る目的で訴

---

[3] 兼子・前掲書（注2）187頁は、「業として」に暗黙裡に報酬が見込まれるとする。これは、「報酬を得て」の立法経緯に則しているように思われる（後掲注28参照）。

訟事件、非訟事件及び審査請求、再調査の請求、再審査請求等行政庁に対する不服申立事件その他一般の法律事件に関して鑑定、代理、仲裁若しくは和解その他の法律事務を取り扱い、又はこれらの周旋をすることを業とすることができない。ただし、この法律又は他の法律に別段の定めがある場合は、この限りでない。」とし、同法77条3号は「2年以下の懲役又は300万円以下の罰金」により処罰の対象としている[4]。

　周知のように、弁護士法72条をめぐっては長らく一罪説と二罪説との対立があった。すなわち、前者は、非弁護士は「報酬を得る目的で……法律事務を取り扱い、又はこれらの周旋をすることを業とすることができない。」と、報酬を得る目的と業とすることをすべてにかからせるのに対し、後者は、非弁護士が①「報酬を得る目的で……法律事務を取り扱」うことと②非弁護士が「周旋することを業とすること」に分けて報酬を得る目的は①でしか問題とされず、業とすることは②でしか問題とされないとする。

　かつての最高裁の表現からは一罪説[5]とも二罪説[6]とも読める表現はあったが、下級審判例では、その理由に踏み込んだものもある。たとえば、大阪高判昭和37年7月28日下刑集4巻7・8号700頁は、報酬を得る目的で一度の債権の取立委任を受けて実行した事案について、「法律事務の取扱行為が、職業化され営利性を帯びてくるときは、右に述べた事件関係者及び社会公共の利益は忘却され、もつぱら営業上の利潤を継続追求することが主眼となつて諸々の弊害を生じ、ひいては、これらの者の事件介入が障碍となつて、弁護士の使命である社会正義の実現は著しく困難となることが予想されるので

---

4 非弁護士排除の歴史について、大野正男「弁護士の職業的苦悩——非弁護士活動に関する二つの判決にふれて」判例タイムズ269号（1972年）3頁以下、桜田勝義「判批」法学28巻3号（1964年）382頁以下。

5 最2小決昭34・12・5刑集13巻12号3174頁。もっとも、本判決では争点とされていないことに注意を要する（川添万「判解」最高裁判所判例解説［刑事］昭和34年度442頁）。

6 最2小決昭39・2・28刑集18巻2号73頁。調査官解説でもこれを正当とする（石丸俊彦「判解」最高裁判所判例解説［刑事］昭和39年度23頁）。なお、それ以前の最1小判昭38・6・13民集17巻5号744頁では、「業として」という要件を検討せずに弁護士法72条に違反することから、民法90条違反を肯定する（解説として、安倍正三「判解」最高裁判所判例解説［民事］昭和38年度184頁以下。反対する評釈として、石川明「判研」法学研究38巻2号（1965年）79頁以下、桜田・前掲判批（注4）385頁）。

これを規制対象としなければならない。このように前示法条における法益保護の目的等に着目すれば、弁護士法第七十二条第一項本文に列記された行為は、報酬を得る目的及び業という二つの特別構成要件を充足した場合にはじめて違法性を帯びるものと解せられる。」として一罪説から無罪としたのに対し、その控訴審である大阪高判昭和38年4月18日下刑集5巻3・4号207頁は、「いわゆる周旋行為については、その行為自体本来法律的知識を必要とするものではなく、又周旋者自ら他人の権利義務の得喪変更に直接影響のある行為をするものでもないから、たとえ弁護士でない者がそのような周旋行為をしたとしても、それが業としてなされたのではなく、いわば偶発的に行われたに過ぎない場合には、なんらの弊害もなく、敢えてこれを違法として取締るべき必要はないが、それが業としてなされる場合には、周旋業者と特定弁護士との相互利用など弁護士の品位を害するような事態の発生も予想され、これを防止すべき必要があるので、法は特に右周旋行為を業とする場合にかぎり取締の対象としたものと考えられるのである。これに反し、前段に列記されている行為を見ると、それはいわゆる法律事件に関して鑑定、代理、仲裁もしくは和解その他法律事務を取り扱う行為であつて、本来法律的知識を必要とするものであるのみならず、他人の権利義務の得喪変更に多大の影響を及ぼすものであるから、弁護士でない者、すなわち、その法律的知識についてはなんらの保証もなく弁護士会による自主的規制にも服さない者が報酬を得る目的でこれらの行為をすることを許すならば、法が、特に弁護士制度を設けこれらの行為をすることをもつて弁護士の職務とするとともにその資格及び職務の執行等について厳格な規制を施している趣旨が没却されることは明らかであるのみならず、その行為の過程及び結果において依頼者又はその相手方の人権を侵害し社会正義に反するような事態が生ずる虞がないとはいえないのである。」として、二罪説から被告人を有罪とした。

　このように、それぞれの解釈の基礎にはそれなりの考え方があった。とくに二罪説は、立法時の法制局参事官の解説[7]及び昭和31年の法務省刑事局長の行政解釈[8]に基づいており、有力視されていたといえる。

7　福原忠男「弁護士法解説」司法研修所資料11号（1956年）115頁以下。

こうした状況の中、最大判昭和46年7月14日刑集25巻5号690頁は一罪説を採用した。「弁護士は、基本的人権の擁護と社会正義の実現を使命とし、ひろく法律事務を行なうことをその職務とするものであつて、そのために弁護士法には厳格な資格要件が設けられ、かつ、その職務の誠実適正な遂行のため必要な規律に服すべきものとされるなど、諸般の措置が講ぜられているのであるが、世上には、このような資格もなく、なんらの規律にも服しない者が、みずからの利益のため、みだりに他人の法律事件に介入することを業とするような例もないではなく、これを放置するときは、当事者その他の関係人らの利益をそこね、法律生活の公正かつ円滑ないとなみを妨げ、ひいては法律秩序を害することになるので、同条は、かかる行為を禁圧するために設けられたものと考えられるのである。しかし、右のような弊害の防止のためには、私利をはかつてみだりに他人の法律事件に介入することを反復するような行為を取り締まれば足りるのであつて、同条は、たまたま、縁故者が紛争解決に関与するとか、知人のため好意で弁護士を紹介するとか、社会生活上当然の相互扶助的協力をもつて目すべき行為までも取締りの対象とするものではない。」（下線は筆者による）

「このような立法趣旨に徴すると、同条本文は、弁護士でない者が報酬を得る目的で、業として、同条本文所定の法律事務を取扱いまたはこれらの周旋をすることを禁止する規定であると解するのが相当である。換言すれば、具体的行為が法律事務の取扱いであるか、その周旋であるかにかかわりなく、弁護士でない者が、報酬を得る目的でかかる行為を業とした場合に同条本文に違反することとなるのであつて、同条本文を、『報酬を得る目的でなす法律事務取扱い』についての前段と、『その周旋を業とすること』についての後段からなるものとし、前者については業とすることを要せず、後者については報酬目的を要しないものと解すべきではない。この見解に反する当裁判所従来の判例はこれを変更する。」

これによれば、報酬を得ることと業とすることの2つの要件が処罰のために必要である。それは、弁護士法の前身である「法律事務取扱ノ取扱ニ関ス

---

8 昭和31年8月1日付法務省刑事第17603号法務省回答。

ル法律」1条を引き継いだことからは素直である[9]。調査官解説によれば、二罪説では、一度縁故者のために法律事務をした者に感謝の意を表して金銭を渡す行為が処罰の対象となるが、「業とする」ものを取り締まることで足りるといえる[10]。

　以上は、弁護士法を巡る特有の解釈論の対立ともいえるが、おそらく下線部は行書法が両方の要件を規定していることについて積極的な評価をするものといえるように思われる。というのも、下線部前半は行書法1条の目的規定にも則っているように思われるからである。

　では、「報酬を得て」または「報酬を得る目的」という規定を有していない司法書士法はどうであろうか。次いで確認しよう。

2　司法書士法違反

　司法書士法73条1項は「司法書士会に入会している司法書士又は司法書士法人でない者（協会を除く。）は、第三条第一項第一号から第五号までに規定する業務を行つてはならない。」とし、同法第78条は「第七十三条第一項の規定に違反した者は、一年以下の懲役又は百万円以下の罰金に処する。」とし、これを処罰するが、同法3条1項は「司法書士は、この法律の定めるところにより、他人の依頼を受けて、次に掲げる事務を行うことを業とする。」と定めるのみで、1号〜5号[11]に「報酬を得て」という文言は規定されていない。

　この意味で、報酬を得る目的がなくとも、処罰されることになる[12]。この規定の意義について、最判平成12年2月8日刑集54巻2号1頁は、行政書士

---

[9]　解説として、佐藤藤左「法律事務取扱の取締に関する法律」法曹会雑誌11巻9号（1933年）114頁。

[10]　田尾勇「判解」最高裁判所判例解説［刑事］昭和46年度156頁、160頁以下。出射義夫「判研」警察研究45巻5号113頁も参照。

[11]　小林昭彦ほか編著『注釈司法書士法〔第4版〕』（テイハン、2022年）580頁によれば、登記手続の代理業務や裁判書類等の作成業務等及びこれらの業務に関する相談業務である。司法書士法の沿革について、同1頁以下。

[12]　司法代書人当時の大審院判決として、大判昭9・3・16刑集13巻291頁。代書料を得る目的がなくても処罰されるとされたが、本件では、作成すれば代書料を受ける、または、成功報酬中に代書料を包含して契約をした事案であるとされた。

である被告人が17回にわたり登記申請代理手続をした事案において、「司法書士法の右各規定は、登記制度が国民の権利義務等社会生活上の利益に重大な影響を及ぼすものであることなどにかんがみ、法律に別段の定めがある場合を除き、司法書士及び公共嘱託登記司法書士協会以外の者が、他人の嘱託を受けて、登記に関する手続について代理する業務及び登記申請書類を作成する業務を行うことを禁止し、これに違反した者を処罰することにしたもの」と解している[13]。

　規定がない以上、最高裁はこれに則った解釈を展開したといえるが、本判決の調査官解説[14]には、次のように記されている。当時の「司法書士法十九条一項が、報酬を得る目的の有無にかかわりなく、また、登記の種類を問わず、一律に非司法書士が登記申請業務を行うことを禁止していることについては、業務の集中の方法として、問題がないわけでない。」そのうえで、先の弁護士法違反の大法廷判決との関係をふまえて、「登記に関する業務は、日々の事務量が多く、かつ、対抗力の付与という特殊の効力のため、特に迅速性の要請が大きいということを考えると、不適切な申請行為によって業務の適正円滑な遂行が妨げられることを排除するため、報酬を得る目的の有無を問わず、資格のない者が申請行為をすることを一律に排除することにも一応の理由があるであろう」、と。このように、特殊の効力を与え、迅速さの要求される業務の適切な遂行を妨げないとすることが強調されている。

　この点は、行書法との関係でも参考にすべき点であるように思われる。以上を前提として、行書法19条違反による処罰について考えてみることにしたい。

13　なお、憲法違反でないことについて、すでに最2小判昭39・12・11集刑153号647頁。徳永秀雄『改正司法書士法概論』（日本加除出版、1979年）161頁以下も参照。当時は、「正当の業務に附随して」業務がなされる場合には、違反とされていなかった。
14　福崎伸一郎「判解」最高裁判所判例解説［刑事］平成12年度1頁。

Ⅲ 「事実証明に関する書類」について

1 最判平成22年12月20日

　行書法1条の2は、行政書士が扱う文書を「権利義務又は事実証明に関する書類（実地調査に基づく図面類を含む。）」とする[15]。この点について、近時、前述の最判平成22年が無罪としたが、詳しく見ることにする。

　事案は次の通りである。「（1）本件家系図は、戸籍の記載内容を図に表し、親族の名、続柄、出生の年月日及び出生地、死亡の年月日及び死亡地、婚姻の年月日等を記載し、右側上部に「何々（姓）家系図」、左側下部に日付及び「Ａ工房」の文言を付記した巻物状のものである。（2）被告人は、依頼者に送付した被告人作成のパンフレット等に、家系図は1枚の和紙に記載し、その表装はプロの表装師が行い、桐の箱に収めるなどと記載し、現に、取寄せた戸籍謄本等をもとに、パソコンのイラスト作成ソフトを用いて家系図の原案を作成すると、その電子データを印刷業者に送って美濃和紙に毛筆書体で印字させ、こうしてできたものを表装業者に送って掛け軸用の表装具を使って表装させ、さらに、これを保管するための桐箱を木箱製作業者に作成させるなどして本件家系図を作成した。（3）上記パンフレットには、「こんな時にいかがですか？」という見出しのもとに「長寿のお祝い・金婚式・結婚・出産・結納のプレゼントに」、「ご自身の生まれてきた証として」、「いつか起こる相続の対策に」と記載されているものの、本件の各依頼者の家系図作成の目的は、自分の先祖の過去について知りたい、仕事の関係で知り合った被告人からその作成を勧められて作成した、先祖に興味があり和紙で作られた立派な巻物なので家宝になると思った、自分の代で家系図を作っておきたいと考えたなどというもので、対外的な関係での具体的な利用目的を供述する者はいない。」

---

15 この規定ぶりは偽造罪におけるそれに類似する。偽造罪において判例は「実社会生活に交渉を有する事項を証明するに足る文書」（大判大9・12・24刑録26輯983頁）と解し、選挙候補者推薦会への案内状も含まれるとするが、有力説は「法的にも意義のある、社会生活上の重要な利害に関係ある事実を証明しうる文書」として一定の限定を図る。

行政書士法19条1項違反の罰則について　201

　原審は有罪とした。その理由は、「本件家系図は、被告人が取り寄せた、依頼者及びその親族の戸籍謄本、除籍謄本等の公文書等の記載内容に基づいて被告人が作成するという契約のもとで作成されたものであり、その内容は、文字や図を用いて依頼者の親族関係等を明らかにしているものであるから、本件家系図が戸籍簿等の記載内容や依頼者の親族関係等という社会生活に交渉を有する事項を証明するに足りる書類であることは明らかである。そして、そのような書類である以上、その内容に不備が存在すれば依頼者やその親族の生活に混乱を生じさせる危険があることもまた明らか」であるとした。これに対して、最高裁は「本件家系図は、自らの家系図を体裁の良い形式で残しておきたいという依頼者の希望に沿って、個人の観賞ないしは記念のための品として作成されたと認められるものであり、それ以上の対外的な関係で意味のある証明文書として利用されることが予定されていたことをうかがわせる具体的な事情は見当たらない。そうすると、このような事実関係の下では、本件家系図は、依頼者に係る身分関係を表示した書類であることは否定できないとしても、行政書士法1条の2第1項にいう「事実証明に関する書類」に当たるとみることはできないというべきである。」として、無罪とした[16]。

2　最判平成22年の意義[17]

　これは、証明する必要があるときに参照され、その内容に誤りがあれば混乱等が生ずるというような抽象的な証明文書の利用可能性があれば、処罰さ

---

[16] なお、これに関与した行政書士は非行政書士の共犯として処罰されないとされた（最2小判平23・12・9刑集65巻9号1371頁は、家系図の作成につき、法の適用に関し非行政書士の行為と別個に評価され得るような事情はなく、非行政書士の行為について法律上犯罪行為に該当しないとすれば、行政書士にも家系図作成については犯罪が成立しない関係にあるとした）。

[17] 評釈として、松宮孝明「判批」法学セミナー675号（2011年）123頁、匿名コメント「最高裁新判例紹介」法律時報83巻8号（2011年）128頁、萩野貴史「判研」法律時報83巻11号（2011年）94頁、金秀美「判批」法律のひろば64巻9号（2011年）43頁、佐久間修「判解」平成23年度重要判例解説（ジュリスト増刊1440号（2012年））165頁、嘉門優「判解」新・判例解説Watch（法学セミナー増刊）10号（2012年）145頁、佐藤輝幸「判研」論究ジュリスト4号（2013年）201頁、今井猛嘉「判解」セレクト2011［Ⅰ］（法学教室377号（2012年）別冊付録）35頁、松居新「判批」警察公論66巻5号（2013年）89頁、任介辰哉「判解」最高裁判所判例解説［刑事］平成22年度258頁。

れるべきとした原審に対して、それでは足りず、具体的に対外関係で意味の
ある証明文書としての利用可能性を要求するものといえる[18]。原審のように、
「事実証明に関する書類」について「社会生活に交渉を有する事項を証明す
るに足りる書類」と解するとしてもなお、その交渉などはある程度具体化し
ている必要がある。これは、行政書士の扱う書面は、その時に迅速かつ正確
に作成されるものであることが前提にあるといえよう。

　もっとも、最高裁の法定意見では、「事実証明に関する書類」の解釈を積
極的に述べてはいない。この点につき、宮川補足意見は、行書法1条の趣旨
をふまえたうえで、「文理上、『事実証明に関する書類』の内容については
『官公署に提出する書類』との類推が考慮されなければならない。このよう
に考えると、『事実証明に関する書類』とは、『官公署に提出する書類』に匹
敵する程度に社会生活の中で意味を有するものに限定されるべき」として、
「家系図は、家系についての調査の成果物ではあるが、公的には証明文書と
は」いえず家系図作成自体を行政書士の業務から除外すべきとする[19]。

　いずれにしても、最高裁は具体的に「対外的な関係で意味のある証明文
書」でなければ[20]、それを「事実証明に関する書類」として判断しないこと
を述べたといえよう[21]。

　以上をふまえて、行書法19条違反全体について考えてみることにしたい。

18　佐藤・前掲判研（注17）203頁。

19　これは縮小解釈といえる（支持する見解として、松宮・前掲判批（注17）123頁）。

20　本判決を受けて、日本行政書士連合会は、観賞用又は記念用の家系図作成の場合には、職務上
　請求書を使用して戸籍謄本等を請求することはできないとしたうえで、そうではない、事実証明に
　関する家系図作成では、請求できるとのべている（日本行政書士連合会HP 2011年1月13日お知ら
　せ https://www.gyosei.or.jp/news/topics/tn-20110113.html, last visited 29 May 2024）。条解・前
　掲（注1）86頁以下も参照。

21　なお、念のため、ここで確認しておきたいことは、私文書偽造罪との相違である。この被告人
　が無権限に依頼者の家系図を作成した場合は別として、正当な依頼を受けて作成した以上、これは
　私文書偽造にはあたらない。こうしたことからもわかるように、「事実証明に関する文書」という
　類似の文言が用いられている（もちろん、行書法1条の2では「書類」である。その表現が異なる
　意味について、佐藤・前掲判研（注17）205頁も参照）としても、その解釈は別に考えられうるし、
　考えるべきであろう（佐久間・前掲判解（注17）166頁、萩野・前掲判研（注17）95頁）。

Ⅳ　行政書士法19条違反について──改正の方向性

1　総説──目的の趣旨

　経済刑法の視点[22]からすれば、その法律の目的に従って違反行為を理解し、解釈することが必要である。この点、先の宮川意見が1条の趣旨に則って解釈を展開することはそれと軌を一にする。また、文言の内容を限定的にとらえることは刑罰によらずに処理すべき領域が当該法律において存在することを認めるもので、それ自体に問題はない（刑法の謙抑性）。

　行書法1条は「行政に関する手続の円滑な実施に寄与」及び「国民の利便に資し、もつて国民の権利利益の実現に資する」ことを目的としており、これに基づく解釈が必要である[23]（なお、仮にこれに反する行為であるとしても、侵害の危険性が可罰的な程度（可罰的違法）でないことはありうる）。

　それは、先の弁護士法に関しての下線部前半に表現されるような、行書法1条の趣旨に反するような行為を可罰的な行為とするという意味である。「事実関係に関する書類」の範囲についても、こうした目的の趣旨をふまえた行政書士の業務範囲の問題として検討すべきである[24]。

---

[22]　筆者は経済刑法分野を専門としているため、刑法典以外の他の法律と刑罰との関係を考えることが多い。もっとも、経済刑法分野といえども、刑法の枠組みから逸脱するわけでないことは当然である。

[23]　詳解・前掲（注1）243頁。

[24]　同旨、佐藤・前掲判研（注17）203頁以下。そこでは、行政書士法1条（旧法）の立法理由、同法1条の3第3号をふまえて、「依頼者と相手方の双方にとって、行政書士が書類を作成することにより、官公署の事務処理と同様に円滑な処理が可能となる場合には、行政書士によって、迅速・正確かつ公平に作成してもらう利益がある」とし、「行政書士は、依頼者が当該書類を作成する目的にあわせて、必要な情報を過不足なく把握し、依頼者や役所等から当該情報の提供を受けて整序し、あるいは適合した書式にまとめて、公正に記載する点に専門的知識・能力がある」とし、「事実証明に関する書類」の具体的範囲を見出そうとする。この点につき、学説では、最高裁が「個人の観賞ないしは記念のための品」と認めたことを、依頼者が予定する主観的な書類の用い方ではなく、客観的な書類形式（本事案では、掛け軸状で毛筆書体での印刷）が重視されると解するもの（佐久間・前掲判解（注17）166頁）があるが、最高裁も「依頼者の希望に沿って」作成されたことも述べており、仮にそれが相続に関する会議で用いるためという希望であれば、それを認識して作成すれば、この書類形式でもあたるといえる。相続に関する会議では、書面が、迅速・正確かつ公平に作られることに利益があるからである。

また、仮に非行政書士の行為が、重要な文書の作成行為であり、報酬を得て業とした行為であるとしても、この目的を逸脱しない（あるいは、可罰的とはいえない）ような場合には、行政書士法に違反しない領域を認めうるものといえよう。

2　行書法19条但書の存在

これと関連して、行書法19条1項但書も検討を要する。というのも、「ただし、他の法律に別段の定めがある場合及び定型的かつ容易に行えるものとして総務省令で定める手続について、当該手続に関し相当の経験又は能力を有する者として総務省令で定める者が電磁的記録を作成する場合[25]は、この限りでない。」ということは、処罰されない類型（調整の余地）が認められていること意味するからである。後半は、「定型的かつ容易に行え」「相当の経験又は能力」があれば、1条に反しない（危険性の低い）行動なので処罰を控える趣旨と考えられうる。

なお、この点について、昭和39年改正までは「正当の業務に附随して行う場合は、この限りでない」という規定があった。この改正法施行通知では、この規定の拡張解釈を防止する趣旨で削除されたとのことであり、「真に必要な範囲内」の附随は禁止されないと説明された[26]。とくに、これは、司法書士、建築士との関係で問題とされ、たとえば、所有権移転登記の申請を嘱託された司法書士が、農地法3条の許可申請書を作成する行為は附随行為には含まれないとされるが、官庁へ提出が認められる書類に添付を必要とする書類の作成は業務範囲とされている[27]。

3　「報酬を得て」について

この文言が導入された経緯の近時の調査[28]では、行書法19条に「報酬を得

25　行政書士法施行規則によれば、新車の新規登録や車庫証明にかかる一定の電磁的記録の申請が日本自動車販売協会連合会に与えられている（同規則20条1項1号、同条2項1号）。

26　詳解・前掲（注1）232頁。

27　詳解・前掲（注1）238頁。

28　飯田森「行政書士法における報酬規定の趣旨——行政書士法制定過程における議論から（前編・後編）」日本行政2023年8月号4頁、9月号5頁。

る目的」を導入するかが議論され、その後、当時の行書法1条の「報酬を得て」という規定に落ち着いたとされる。そして、その「報酬規定の趣旨は、主に『親族や地域コミュニティにおける無償の行為を保護すること』及び『行政書士制度をより国民の利便に資するものにすること』であると解される」とまとめられる。

これは、法外な請求を要求するような悪質業者を排除し、そのうえで、たとえば、法学部の教員が無報酬で頼まれて事実関係に関する書類作成を何度か行うようなボランティアが処罰されることを避けることにあろう。刑法上も、報酬文言の意味するところは、いわゆる利欲犯のように、不当な行為から財産的な利益を得ようとする者をより悪質な者として処罰する趣旨と考えられる[29]。

そうであれば、行書法1条の2からこの文言を外し、それを直接罰則を科す行書法21条1項2号に移動することで、刑罰を科す場合にのみ、「報酬を得て」という要件を活用する[30]ことは可能であろう[31]（あるいは、以前のような「報酬を得る目的」を導入[32]）。裏から言えば、行書法19条違反行為について刑罰は科さなくとも、別の制裁（行政法上の制裁など）にゆだねることができることになる。

もっとも、現在生じているとされる問題は、非行政書士が行政に対して申請をすることで、不備が多く行政窓口業務が停滞したり、審査機関に影響が出たりしており[33]、そこでは報酬とは評価されない形でサービスによる申請[34]がなされていることである。こうした行為が横行することを避けるべく、「報酬を得た」という文言を外した刑罰が必要であろうか。前述のように司

---

[29] 刑法上、「報酬を得る目的」で利欲犯として十分といえる。たとえば、窃盗罪における不法領得の意思であれ、利得目的であれ、利欲的要素をふまえているからである。

[30] 弁護士法72条違反の事案であるが、被告人らが「報酬と立ち退き料等の経費を割合を明示することなく一括して受領し」て立ち退きの実現を図る業務（「その他の一般の法律事件」に該当）をした場合に、「報酬を得る目的」が肯定されている（最1小決平22・7・20刑集64巻5号793頁）。

[31] 制定当時も意識されていた（条解・前掲（注1）9、10頁参照）。

[32] 飯田・前掲論文（注28（前編））6頁以下参照。なお、かつては19条に導入することが検討されていたが、そうすると刑罰を科さない不当な行為が認められる領域の確保は難しい。

[33] 静岡県行政書士会の土田哲行政書士の資料「『報酬を得て』があるために問題となった具体例」による。

法書士法では「報酬を得る」ことは要求されていなかった。

　この点については、精査が必要であるように思われる。個人が自分で書面を作成し、それを行政に提出しても停滞や影響が出ることはありうるが、その行為が処罰されないことは一致をみているように思われる。そうだとすれば、他人に依頼したとしても、１条にいう手続きの円滑な実施には結びつかないが、その目指すところである国民の利便に資し、もつて国民の権利利益の実現に資することに反しない場合には処罰は控えられることもありえよう。ボランティアが本人に代わって提出することで停滞したとしても、その者が停滞を惹き起こしたとして、行書法違反の正犯として、かつ、依頼者本人をその共犯として処罰する必要はない[35]と思われる。

　ただ、ビジネスにおけるサービスの一環としてなされるのは「業として」なされる場合であり、それについては別個の考察は可能であろう[36]。依頼者は、その申請が適正かつ迅速になされ、審査にも影響が出ないことを「前提」にそのサービスを求めており、その「前提」が崩れるような場合にはその利益に資する結果にならないともいえるからである。

　いずれにしても、「報酬を得て」という文言を排除すると、（不当な利益を求める）悪質な業者以外の者が処罰の対象に含まれうる可能性は排除できない。申請に悪影響がなければ、問題にならないともいえる。これを避けるには行書法19条１項但書が置かれた趣旨をもふまえて、どこまでを正当な行為として選別するのか、という議論が不可欠となろう。全国的に問題となっている行為を類型化して分析することが求められる。

---

[34] もちろん、形式的に文書の文言に表れていなくとも、実質的に利益の「上乗せ」と評価されれば、それは「報酬を得た」と評価してよい。

[35] 必要的共犯として、共犯処罰を控えることもありうる（最３小判昭43・12・24刑集22巻13号1625頁。弁護士でない者に、自己の法律事件の示談解決を依頼した者を弁護士法違反の教唆として処罰しないとした。）。

[36] もっとも、先のようなボランティアだとしても、同一の内容の書面作成を繰り返して行う場合には、こちらに該当するとされよう。

V　おわりに

　以上をまとめると下記のようになる。行書法19条違反に刑罰を用いることは目的規定に則ってなされる。「報酬を得て」という文言には不当な利益を得る悪質な業者を排除できる機能があり、通常は利益を得る以上、それ自体は有効である（なお、刑罰を科すことにのみこの規定を活用することで、他の制裁を検討することも可能）。もっとも、ビジネスといえども悪影響が生じている状態の解消のために「報酬を得て」を削除するのであれば、行書法19条但書のような、処罰を排除する行為の内容を（再）検討することが必要になる。

　現在のインターネット環境では、検索することで個人による書面作成が可能な領域も多いであろう。行書法1条の2を改正するのであれば、電磁的記録に関する申請[37]との関係についてもふまえたうえで、妥当な処罰範囲が設定される改正となることを期待したい。

---

[37] 詳解・前掲（注1）233頁参照。

あとがき

　「行政」の名を冠した国家資格である行政書士が、法定の制度として誕生し70余年が経過した。これまでの間、行政手続に精通した法律専門職としての素養を高め、国民と行政の双方から信頼される資格者であるよう研鑽を積むため、日本行政書士会連合会（以下、「日行連」と略す）の中に行政法を研究するセクションを設けるべきとの声があがることは度々あったものの、常設の研究部署というものを設置するまでには至らず、その時々の必要に応じて大学教授や弁護士など有識者に助力を求める形で対応してきた。

　また、社会の変化とともに複雑で多様化するニーズが生まれ、これに即するよう行政書士法の改正がなされてきたが、平成26年改正ではその歴史上はじめて紛争性のある法律事件である行政不服申立手続の代理権を有する特定行政書士が誕生した。特定行政書士が、司法的権利救済とは別に、その専門的業務領域である行政過程における法的紛争事件を取り扱うことができるようになったことからも、これまでより深い行政法への理解が専門家たる行政書士に求められるようになったといえる。

　こうして研究セクション設置の必要性がこれまで以上に高まり、遂には令和4年度に主に行政法を専攻される研究者の方々を招聘し、ここに行政書士も参加し「行政書士制度に関する研究会」が発足したのである。

　およそひと月半に一度の頻度で開催される研究会では、行政書士制度にかかわる法分野、実務や会務への影響が考えられる法解釈、行政書士が行うべき社会貢献のあり方などをテーマに議論がなされており、有意義で示唆に富む成果を日行連として得ているところである。

　研究活動はその成果を外に発表することが肝要であるが、研究会も発足し約2年が経過し、その間ここに参加いただいている研究者の方々、行政書士であるメンバーの「行政書士制度に関する」日々の関心対象にテーマを取った論稿を世に出すことは、行政書士界全体の学術的発信となり意義深いものとなるとの考えから、今般本書の刊行に至ったのである。

研究者と実務家が共同して一冊の論文集を編むことは、実学としての行政法という一面を知ることのできる機会となったのではないかと思う。本書が実務家、研究者、行政に携わる方々など多くの方に届くことを願ってやまない。

本書が成ったのは、お忙しい中にもかかわらず研究会に参加くださり、執筆の労をとってくださった執筆陣の皆様のおかげであり、心より感謝申し上げる。

研究会座長を務めていただいている明治大学専門職大学院橋本博之教授には、議論すべきテーマの選び方、掘り下げるべきポイント、出された意見の集約等、研究会を進めていく上で必要なこと全般にご指導をいただいた。また、研究会幹事を務めていただいている明治大学情報コミュニケーション学部の清水晶紀准教授には、多忙の中に幾度も研究会進行の準備等でご足労いただき、おかげで研究会が差なく続いている次第である。あらためて、両先生に衷心よりお礼申し上げたい。

最後となったが、日行連側の世話役として幹事を拝命していた私の行き届かない点も多々あった中、ご海容いただきました研究会構成員の皆様、日本評論社の皆様、何かと支えてくれた事務局職員の皆様に謝意を表しつつ、このあとがきを閉じたい。

2024（令和6）年10月

行政書士制度に関する研究会 幹事　　徳永　　浩

【参考資料】

行政書士制度に関する研究会とは

　行政書士法（昭和26年法律第4号）制定70年を経て、行政書士を取り巻く状況は、行政書士制度創設当初より大きく変化しています。特に、行政書士の主力業務の一つである行政手続においては、国の進める行政のデジタル化推進のもと、日本行政書士会連合会（以下、「本会」という）も行政手続のオンライン化・デジタル化に対応すべく取り組んでいるところです。

　この点、行政手続のオンライン化・デジタル化は、国民の利便性の向上及び行政コストの削減のために進められているところ、アナログ手続からオンライン・デジタル手続への移行過程において発生する国民と行政それぞれの負担やリスクにつき、これを解消すべく行政書士の活用が望まれるところです。それに伴い、こうした社会変容の中で、行政書士がこれからも国民の利便、権利利益の実現に資し、円滑な行政手続に貢献できるよう、今あらためて行政書士法を見直すべき時機が到来しています。

　そこで本会は、行政法等を専門とする学識者を中心に招聘し、現代社会における行政手続（行政過程）領域の抱える課題を解決し、今後、デジタル社会を見据えた中で、行政書士が更なる活躍をするにはどうすれば良いのか助言を頂き、国民と行政の双方に役立つ行政書士像を描くべく、「行政書士制度に関する研究会」（以下、「本研究会」という）を設置しました。

〈構成員〉

○2022（令和4）年度

※令和5年3月時点、敬称略
※二重下線：座長、下線：幹事

【学識者】
・<u>橋本　博之（はしもと　ひろゆき）</u>明治大学専門職大学院法務研究科教授
・山田　洋（やまだ　ひろし）　　　獨協大学法学部教授
・米丸　恒治（よねまる　つねはる）専修大学大学院法務研究科教授
・川合　敏樹（かわい　としき）　　國學院大學法学部教授
・大江　裕幸（おおえ　ひろゆき）　東北大学大学院法学研究科教授
・<u>清水　晶紀（しみず　あきのり）</u>明治大学情報コミュニケーション学部准教授
・清水　知佳（しみず　ちか）　　　駿河台大学法学部准教授
・伊藤　智基（いとう　ともき）　　山梨県立大学国際政策学部准教授
〈刑法学視点での招聘〉
・穴沢　大輔（あなざわ　だいすけ）明治学院大学法学部教授

【日本行政書士会連合会】
・常住　豊（つねずみ　ゆたか）　　会長
・松村　和人（まつむら　かずひと）副会長
・野田　昌利（のだ　まさとし）　　副会長（令和4年8月迄）
・金沢　和則（かなざわ　かずのり）専務理事
・田後　隆二（たご　りゅうじ）　　専務理事
・関口　隆夫（せきぐち　たかお）　常任理事・中央研修所長
・大塚　謙二（おおつか　けんじ）　常任理事・行政書士制度調査室長
・<u>徳永　浩（とくなが　ひろし）</u>　理事・行政書士制度調査室副室長
〈作業チーム〉
・鎌田　惇（かまた　あつし）　　　行政書士制度調査室室員
・藤原　将史（ふじはら　まさふみ）チーム員
・飯田　森（いいだ　しん）　　　　チーム員

○2023（令和5）年度

※令和6年3月時点、敬称略
※二重下線：座長、下線：幹事

【学識者】
・<u>橋本　博之（はしもと　ひろゆき）</u>明治大学専門職大学院法務研究科教授
・山田　洋（やまだ　ひろし）　　　獨協大学法学部教授
・米丸　恒治（よねまる　つねはる）専修大学大学院法務研究科教授
・川合　敏樹（かわい　としき）　　國學院大學法学部教授
・大江　裕幸（おおえ　ひろゆき）　東北大学大学院法学研究科教授
・<u>清水　晶紀（しみず　あきのり）　明治大学情報コミュニケーション学部准教授</u>
・清水　知佳（しみず　ちか）　　　駿河台大学法学部准教授
・伊藤　智基（いとう　ともき）　　山梨県立大学国際政策学部准教授

【日本行政書士会連合会】
・常住　豊（つねずみ　ゆたか）　　会長
・金沢　和則（かなざわ　かずのり）副会長
・平岡　康弘（ひらおか　やすひろ）副会長
・田後　隆二（たご　りゅうじ）　　専務理事
・関口　隆夫（せきぐち　たかお）　専務理事
・関谷　一和（せきや　かずと）　　常任理事・デジタル推進本部長
・大塚　謙二（おおつか　けんじ）　常任理事・行政書士制度調査室長
・<u>徳永　浩（とくなが　ひろし）　　理事・行政書士制度調査室副室長</u>
〈作業チーム〉
・鎌田　惇（かまた　あつし）　　　行政書士制度調査室室員
・藤原　将史（ふじはら　まさふみ）行政書士制度調査室専門員
・飯田　森（いいだ　しん）　　　　行政書士制度調査室専門員

○2024（令和6）年度

※令和6年10月時点、敬称略
※二重下線：座長、下線：幹事

【学識者】
・<u>橋本　博之（はしもと　ひろゆき）明治大学専門職大学院法務研究科教授</u>
・山田　洋（やまだ　ひろし）　　　　一橋大学名誉教授
・米丸　恒治（よねまる　つねはる）専修大学大学院法務研究科教授
・川合　敏樹（かわい　としき）　　　國學院大學法学部教授
・大江　裕幸（おおえ　ひろゆき）　東北大学大学院法学研究科教授
・<u>清水　晶紀（しみず　あきのり）　明治大学情報コミュニケーション学部准教授</u>
・清水　知佳（しみず　ちか）　　　駿河台大学法学部准教授
・伊藤　智基（いとう　ともき）　　山梨県立大学国際政策学部准教授
〈刑法学視点での招聘〉
・穴沢　大輔（あなざわ　だいすけ）明治学院大学法学部教授

【日本行政書士会連合会】
・常住　豊（つねずみ　ゆたか）　　会長
・金沢　和則（かなざわ　かずのり）副会長
・平岡　康弘（ひらおか　やすひろ）副会長
・田後　隆二（たご　りゅうじ）　　専務理事
・関口　隆夫（せきぐち　たかお）　専務理事
・関谷　一和（せきや　かずと）　　常任理事・デジタル推進本部長
・大塚　謙二（おおつか　けんじ）　常任理事・行政書士制度調査室長
・<u>徳永　浩（とくなが　ひろし）　　理事・行政書士制度調査室副室長</u>
〈作業チーム〉
・鎌田　惇（かまた　あつし）　　　行政書士制度調査室室員
・藤原　将史（ふじはら　まさふみ）行政書士制度調査室専門員
・飯田　森（いいだ　しん）　　　　行政書士制度調査室専門員・国士舘大学法学
　　　　　　　　　　　　　　　　　部助教

〈開催概要〉

○2022（令和4）年度

・第1回行政書士制度に関する研究会（令和4年7月5日（火）17：00～18：45）
【議題】
・他士業法との比較における行政書士法の問題点について
・聴聞弁明及び不服申立て代理に係る制限解除について
・財産管理規定について
・「報酬を得て」の削除について

・第2回行政書士制度に関する研究会（令和4年8月30日（火）15：00～17：00）
【議題】
・「報酬を得て」の削除について
・行政書士法の全面的見直し、法改正について

・第3回行政書士制度に関する研究会（令和4年10月18日（火）17：00～19：00）
【議題】
・「報酬を得て」の文言について
・他士業法に係る「報酬」について

・第4回行政書士制度に関する研究会（令和4年12月20日（火）17：00～19：00）
【議題】
・「報酬を得て」の文言に関する行政書士法制定時の国会議論の経過
・「報酬を得て」に係る刑法学視点
・行政書士法改正案の方向性について

・第5回行政書士制度に関する研究会（令和5年1月24日（火）17：00～19：00）
【議題】
・刑法学視点から見る「報酬を得て」と「報酬を得る目的で」の異同について
・行政書士法第1条の2第1項の電磁的記録の「作成」の具体的意義について
・報告書について

・第6回行政書士制度に関する研究会（令和5年3月24日（金）13：30〜15：30）
【議題】
・報告書について
・その他

○2023（令和5）年度

・第7回行政書士制度に関する研究会（令和5年5月9日（火）17：00〜18：45）
【議題】
・行政書士制度に関する研究会令和4年度報告書について
・今後の研究テーマについて

・第8回行政書士制度に関する研究会（令和5年8月9日（水）15：00〜17：10）
【議題】
・行政不服審査法に係る実務者ヒアリング

・第9回行政書士制度に関する研究会（令和5年9月19日（火）17：00〜19：00）
【議題】
・行政不服審査法に関する総務省行政管理局担当者の講演

・第10回行政書士制度に関する研究会（令和5年11月7日（火）17：00〜19：00）
【議題】
・行政不服申立てについて
・行政書士の事実証明について

・第11回行政書士制度に関する研究会（令和5年12月19日（火）17：00〜19：00）
【議題】
・他士業法における行政手続の一部簡略化について
・研究論文集の出版について

・第12回行政書士制度に関する研究会（令和6年1月30日（火）17：00〜19：00）
【議題】

・行政手続の一部簡略化に係る検討について
・研究論文集の出版について

・第13回行政書士制度に関する研究会（令和 6 年 3 月26日（火）15：00〜17：00）
【議題】
・行政手続の一部簡略化に係る検討について
・韓国訪問視察に係る調査研究結果について

○2024（令和 6 ）年度（同年10月時点）

・第14回行政書士制度に関する研究会（令和 6 年 5 月14日（火）17：00〜19：00）
【議題】
・聴聞弁明に係る制限の解除について
・論文集の作成について
・行政書士法改正条文案について

・第15回行政書士制度に関する研究会（令和 6 年 7 月 2 日（火）17：00〜18：50）
【議題】
・行政書士法改正条文案について
・行政書士業務のデジタル化について（実務者ヒアリング）

・第16回行政書士制度に関する研究会（令和 6 年 8 月20日（火）15：00〜17：00）
【議題】
・行政書士法改正条文案について
・行政書士業務のデジタル化について（実務者ヒアリング）

・第17回行政書士制度に関する研究会（令和 6 年10月15日（火）17：00〜19：00）
【議題】
・災害対策法制の概要と国・地方間関係の課題（室田哲男政策研究大学院大学教授
　による講演）

【執筆者一覧】（執筆順）

橋本博之（はしもと ひろゆき）	明治大学専門職大学院法務研究科教授
山田　洋（やまだ ひろし）	一橋大学名誉教授
飯田　森（いいだ しん）	日行連行政書士制度調査室専門員・国士舘大学助教
清水晶紀（しみず あきのり）	明治大学情報コミュニケーション学部准教授
川合敏樹（かわい としき）	國學院大學法学部教授
清水知佳（しみず ちか）	駿河台大学法学部准教授
鎌田　惇（かまた あつし）	日行連行政書士制度調査室室員
藤原将史（ふじはら まさふみ）	日行連行政書士制度調査室専門員
伊藤智基（いとう ともき）	山梨県立大学国際政策学部准教授
米丸恒治（よねまる つねはる）	専修大学大学院法務研究科教授
穴沢大輔（あなざわ だいすけ）	明治学院大学法学部教授
常住　豊（つねずみ ゆたか）	日行連会長（ごあいさつ）
徳永　浩（とくなが ひろし）	日行連理事・行政書士制度調査室副室長（あとがき）

行政手続の理論と実務——デジタル社会を見据えて

2024年12月20日　第1版第1刷発行

編　者	橋本博之・日本行政書士会連合会
発行所	株式会社　日本評論社
	〒170-8474　東京都豊島区南大塚3-12-4
	電話　03-3987-8621　　FAX　03-3987-8590
	振替　00100-3-16　　https://www.nippyo.co.jp
印刷所	精文堂印刷
製本所	難波製本
装　幀	銀山宏子
検印省略	© 橋本博之・日本行政書士会連合会 2024

ISBN978-4-535-52804-8　　Printed in Japan

JCOPY 〈(社)出版者著作権管理機構 委託出版物〉

本書の無断複写は著作権法上での例外を除き禁じられています。複写される場合は、そのつど事前に、(社)出版者著作権管理機構（電話03-5244-5088、FAX 03-5244-5089、e-mail: info@jcopy.or.jp）の許諾を得てください。また、本書を代行業者等の第三者に依頼してスキャニング等の行為によりデジタル化することは、個人の家庭内の利用であっても、一切認められておりません。